第二版
中央アジアの歴史と考古学

THE HISTORY AND ARCHAEOLOGY OF CENTRAL ASIA
Second Edition

古庄 浩明
HIROAKI FURUSHO

三恵社

目次

ごあいさつ

　ご好評につき初版が完売しましたので、第二版を出版することになりました。
　科学技術の進展や情報化社会の発展、経済や貿易の相互依存などにともなって、社会のグローバル
化が進み、もはや一国だけで政治・経済・社会が成り立つ国家は存在しない状況になっています。この世界
的グローバル化は今後も進み、各国との「おつきあい」の上に世界が成り立っていくことの重要性がもっと増し
てくるでしょう。そのような中で、東西の交通路として、地下資源の産地として、労働力の提供や消費地とし
て、ユーラシア全体の結節点にある中央アジアの存在は、今後注目をあつめる事になると思われます。事
実、中国やヨーロッパ、アラブ諸国、そしてインドにとってシルクロードは、現代の物流・情報・人的移動の大
動脈として再認識されてきています。アジアの一員である日本にとっても、今後、シルクロードは文化や観光だ
けではなく、経済・貿易・政治の分野で重要な位置を占めるものと思います。そのためには、まず、中央アジ
アの歴史を知る事から始めなければなりません。中央アジアの国々がどのような国なのかを知らずに「おつき
あい」をすることは到底不可能だからです。本書が中央アジアの考古学や歴史を知るための第一歩となって
くれれば幸いです。

　さて、初版においてご意見を頂いた点について、私の考え方をご説明させていただきます。
　まず、本書ではウィキペディアを活用しています。特にウィキペディアの図版や写真を多く利用しています。ウ
ィキペディアの問題点は大きく二点です。一つは筆者が分からないこと。もう一つは間違いもあることです。もち
ろんウィキペディアの性質上、安易な利用には注意をはらうべきですが、間違いを精査した上で利用すること
は、私は問題ないと考えています。むしろ、ウィキペディアを参考にしてはならないというのは、資料収集の機会
を減らし、学問の幅を狭め、新しい地平を開く窓を一つ閉ざしてしまうのではないかと恐れています。また、本
書の内容を理解するために大切な写真や図版は、コピーライトが複雑で、他の本の図版や他の方が撮影し
た写真などを引用したり利用することはたいへん難しいのが現状です。その点、ウィキペディアに載せられてい
る写真や図版は、コピーライトが明確で、だれでも一定のルールを守れば引用・利用することができます。した
がってウィキペディアの写真や図版を利用して、内容を学生や読者に出来るだけ理解しやすいようにすること
は懸命な方法だと私は考えています。本書の利用だけに留まらず、私は考古学の報告書や学術的な写真
をウィキペディアに載せてしまえば、世界中の人々が一定のルールの下に利用できるようになるのではないかと
さえ考えております。

　次に、本書は大学の教科書です。残念ですが一般書や雑誌のように何万部も出版することはできませ
ん。出版部数が少なければ、どうしても単価が上がってしまいます。そこで、学生や読者が求めやすいように、
表紙以外で（表紙はプロの方にお任せしています）私にできることは私自身で行って印刷費をできるだけ抑え
ようとしています。したがって、プロのレイアウターのような美しいレイアウトやプロカメラマンの美しい写真など、
「本としての美しさ」には欠けてしまっております。

　いろいろとご不満なところもあるでしょうが、ご理解いただけますよう、お願い申し上げます。

筆者敬白

はじめに

　本書は、大学の教科書として中央アジアの歴史と考古学について記した概説書である。

　現在、日本に住む私たちは、中央アジア地域に対して認識が高いとはいえず、その歴史や考古学にもあまり関心が持たれていない。高校の教科書を見ても、中央アジアに関する記述は多いとはいえないし、体系的でもない。

　法隆寺に用いられているエンタシスや唐草文は、ギリシャで生まれた。仏教はインドで生まれ、それに伴うガンダーラ美術は、ギリシャ・ローマ文化の影響を受けて、現在のアフガニスタンからパキスタンの地で生まれた。これらは中央アジアを介してシルクロードを通り、日本に伝来し、我が国の社会や文化に大きな影響を与えている。

　また、中央アジアのヨーロッパ世界に対する影響も大きく、民族大移動はヨーロッパ社会を大きく変化させた。中国産のシルクや黄金の国ジパングがヨーロッパの人々に夢をあたえ、冒険者を生み、さらに、騎馬民族の服装が現代の洋服の元となり、サイコロやチェスも中央アジアにその始まりがある。

　このように中央アジアは東西文化やインドの文化との交流に重要な役割を果たしてきたことは明らかである。ユーラシア世界の結節点である中央アジアの歴史を、西洋史や東洋史の中で概観することは、日本の歴史を考える上にも世界の歴史を考える上にも必要なのである。

　また、近年、現代のシルクロードともいえるインターネットの普及や、飛行機や自動車・鉄道など交通網の整備普及が進んで、世界のグローバル化がなされ、再びアジアとヨーロッパ・インドを結ぶ陸路に注目が浴びてきた。中国の一帯一路構想や世界文化遺産としてシルクロードが登録されるなど、交易路・地下資源の埋蔵地・製品の消費地・経済圏・歴史遺産・観光地としてのシルクロード・中央アジアの価値が再び見直されており、その重要性は今後ますます増大するであろう。

　グローバル化した社会において、人・もの・情報の自由な往来によって世界と共に繁栄をしようとする日本は、ユーラシアの一員であることを再認識し、今まであまり関心を払ってこなかった中央アジアの歴史にも目を向け、世界を俯瞰的視野でとらえて思考することが必要な時期に来ているように思う。

　本書が、「世界を俯瞰し、グローバルな視点から思考する若者」を育てる一助となってくれればと願う。
　　　　　　　　　　　　　　　　　　　　　　　　　　　　　　（2019 年 7 月 15 日　記）

　好評につき初版が完売し、第二版を出版することになった。日本を含む東アジア世界と南アジア・西アジアそしてヨーロッパを結んでユーラシア世界を俯瞰的に思考しようとするとき、中央アジアを無視することは不可能であり、本書の意図と重要性が認識されたものと考えている。
　　　　　　　　　　　　　　　　　　　　　　　　　　　　　　（2021 年 1 月 18 日　付記）

一、中央アジアの地勢と民族

1, 中央アジアとは
中央アジアの位置と定義

　中央アジアとはユーラシア大陸中央の内陸部を意味しており、その定義は時代や研究者の視点とともに変化している。「トルコ人の地」を意味するトルキスタンとも呼ばれ、中国新疆（しんきょう）ウイグル自治区を東トルキスタン、それ以西の中央アジア 5 カ国を西トルキスタンと呼ぶこともある。一般的には旧ソビエト連邦の中央アジア 5 カ国や、そこからカザフスタンを除いた 4 カ国を指す場合もある。UNESCO では、中央アジア 5 カ国、中国・新疆ウイグル自治区、

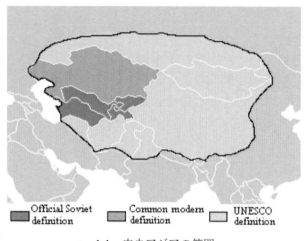

1-1　中央アジアの範囲

モンゴル（モンゴル国・内蒙古（うちもうこ）自治区）、チベット（チベット自治区・青海省）、アフガニスタン、イラン東北部、パキスタン北部、インドのジャム、カシミール、ロシアシベリア南部をも含む地域を指している。また間野英二は、シルクロードの東西交流史、中国による西域統治史、トルコ民族史など、東洋史研究の立場から、東はゴビ砂漠、西はカスピ海、南はコペト・タグ、ヒンドゥークシ山脈、崑崙（こんろん）（クンルン）山脈、北はアルタイ山脈、カザフ高原に囲まれた地域を中央アジアとしている （間野英二 1977「中央アジアの歴史」講談社）。

　地理的には一定の範囲を占めている中央アジアの定義は、歴史的に変容し、今も変容し続けているといえる。それは、人々の移動や営みによって、民族・宗教・文化・政治がめまぐるしく変化したこの地域の特色でもあるといってよい（1-1）。

2, 中央アジアの地勢
東トルキスタンの地勢

　東トルキスタンは、「トルコ人の地」という意味のトルキスタンのパミール高原より東側の地に当たる。地勢的にはアルタイ山脈と崑崙山脈に挟まれた、概ね現在の新疆ウイグル自治区である。

　東トルキスタンのほぼ中央に横たわる天山山脈（ポベーダ山　最高峰 7,439m)を中心とし、その北側には、アルタイ山脈との間にジュンガル盆地が、イリ川上・中流が形成する河谷にイリ盆地が発達している。天山山脈の南では、崑崙山脈との間にタリム盆地が、その東側にはトルファン盆地が広がる。タリム盆地の中心はタクラマカン砂漠で、天山山脈南麓と崑崙山脈北麓に沿ってオアシス都市が点在している。崑崙山脈や天山山脈などからは、570 本ほどの河川が流れているが、そのほとんどは海まで到達しない内陸河川である。東トルキスタン最長の内陸河川はタリム川で全長 2137km である。

カザフステップと西トルキスタンの地勢

中央アジアの北部はカザフステ
ップで、アルタイ山脈、アラル海、
カスピ海沿岸低地の間に位置し、
ヨーロッパとアジアを分けるウラ
ル山脈の南側に横たわっている。
面積は 804,500 ㎢程の大きさがあ
る。春には背の低い草に覆われ、
その草を飼料とした遊牧が行われ
ている。古くから騎馬民族を育ん
できた地域である。

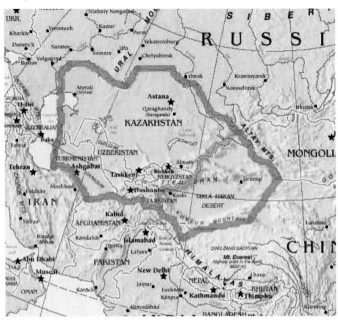

1-2　トルキスタン

カザフステップの南側、パミー
ル高原を境としてトルキスタンの
西側の地を西トルキスタンと呼
ぶ。南部はヒンデュークシ山脈と
コペット・タグ山脈が横たわって
いる。東部は天山山脈とパミール
高原からなる山岳地帯で、標高 7000m 級の山々が連なる。東部山岳地帯から、2000km を
越えるアムダリア川、シルダリア川という二つの大河が、西のカスピ海、アラル海へと流
れている。アムダリア川はヒンドゥークシ山脈に源を発し、いくつかの南下する支流を合
わせながら西方へ流れ、カスピ海に注ぐ。アムダリア川はタジキスタンとアフガニスタン、
ウズベキスタンとトルクメニスタンの国境となっている。シルダリア川は、天山山脈に源
を発し、フェルガナ盆地、カザフスタンを通ってアラル海に注ぐ。両川とその支流の縁辺
部には緑地帯が形成され、そこにタシュケントなどのオアシスと呼ばれる都市や村落が形
成された。

アムダリア川、シルダリア川の間には、パミール高原に源を発してザラフシャン川が、
以前はアムダリア川へと流れ込んでいたが、現在は砂漠に消えてしまう。ザラフシャン川
沿いにもペンジケント、サマルカンド、ブハラなどのオアシス都市が形成された。

これらのオアシス都市は、東トルキスタンのオアシス都市と同様に、シルクロードの要
所として東西貿易で発展した。

川の縁辺部を除いた地域は荒れ地であり、アムダリア川とシルダリア川の間のキジルク
ム(赤い砂)砂漠と、アムダリア川とコペット・タグ山脈の間のカルクム(黒い砂)砂漠
という二つの砂漠が広がっている。

西部は世界最大の湖のカスピ海である。隣のアラル海は世界で 4 番目の大きさであった
が、次第に縮小している(1-2)。

3，中央アジアの民族

中央アジアの民族は、各時期に重層的に流入・流出を繰り返した。したがって民族は多
様であり混血も進んでいる。近代以前は部族意識が強く、民族意識は希薄であった。また、
険しい山脈と草原や砂漠という地勢と、そこに育まれた遊牧生活から、国境という概念に

も乏しかった。

　東トルキスタンでは、突厥（とっけつ）の子孫とされるウイグルのほか、カザフ、キルギス、ウズベク、タタール、サラール、漢民族、モンゴル、ダフール、トンシャン、回族、タジク、ロシア、満族、シボ、ミャオ、チベット、チュワンなど多くの民族が暮らしている。

　西トルキスタンでは、現在はウズベク、カザフ、キルギス、トルクメン、タジクの五族が主要な民族であるが、その他にもカラカルパク人などの民族が暮らしている。主な五民族のうちタジク人はペルシャ語系であるが、それ以外はトルコ語系民族である。各民族は民族国家を形成したことはなく、国境線もなかった。オアシス商人は自らを「ムスリム」あるいは「サルト」と呼んだ。また、カザフ人は自らを「キルギス人」とよび、キルギス人は「カラ・キルギス」と呼んでいた。もともと民族より部族意識が強い集団だったが、ソ連時代スターリンによって「分割、そして統治」という政策がとられ、国境線が引かれて民族意識を持つことになる。

　1991 年のソ連崩壊により相次いで独立し民族国家を形成した。しかし、各国には国名となった民族とは違う民族も含まれており、民族対立を生んでいる。

　ここでは主に西トルキスタンに国を形成している五民族について記す。

　ウズベク人は、トルコ語系モンゴロイドで、13 世紀、キプチャック・ハン国王、ウズベク・ハンに由来する（1-3）。14 世紀には南シベリアから南下し、弱体化したティムール帝国を破り、シャイバーン（シャイバニ）朝をたてた。

　カザフ人もトルコ語系モンゴロイドである。15 世紀ウズベク・ハン王国から分かれた。カザフステップに部族を形成している（1-4）。

　キルギス人もトルコ語系モンゴロイドである。紀元前 2 世紀には鬲昆（へきこん）、堅昆（けんこん）と記されている。16 世紀、シベリア・エニセイ川上流域から現在の領域に移動した（1-5）。

　トルクメン人もまたトルコ語系モンゴロイドである。アルタイ山脈から 10 世紀頃南下した。シルクロードの商人やオアシスを襲って奴隷市場に売りつける騎馬集団であった。主な部族はテッケ、サーリック、サロール、ヨムート、エルサリで、部族意識が強い（1-6）。

　タジク人はペルシャ語系アーリア人である。トルコ人が移動してくる前にはソグド人、バクトリア人、アーリア人がこの地を支配していた。オアシスに定住生活を送るペルシャ語系の人々をタジクと呼び、ステップ地帯で遊牧生活を送るトルコ語系の人々をテュルクと呼んだ（1-7）。

　そのほか、ウズベキスタン共和国内の自治区に住むカラカルパク人、タジキスタン・バダフシャン自治区に住むパミール人、タタール人など多くの民族が居住している。帝政ロシア時代からはロシア人も居住している。第二次世界大戦で抑留された日本人の子孫も少数いる。また、第二次世界大戦後、スターリンによる強制移住によって朝鮮人、ドイツ人も居住している。

　このように中央アジアは、人類の歴史によって作り出された「民族のるつぼ」だといえる。

1-3　ウズベク人

1-4　カザフ人

1-5　キルギス人

1-6　トルクメン人

1-7 タジク人

図版出典

1-1　中央アジアの範囲 https://upload.wikimedia.org/wikipedia/commons/2/29/Central_Asia_borders.png に一部加筆

1-2　トルキスタン https://upload.wikimedia.org/wikipedia/commons/4/46/Cnt_asia_cia1.jpg

1-3　ウズベク人 https://upload.wikimedia.org/wikipedia/commons/a/ae/Uzbek_man_from_central_Uzbekistan.jpg

1-4　カザフ人 https://upload.wikimedia.org/wikipedia/commons/c/c0/Kazakh_woman_serving_tea.JPG?uselang=ja

1-5　キルギス人 https://upload.wikimedia.org/wikipedia/commons/a/a4/Kyrgyz_Manaschi%2C_Karakol.jpg?uselang=ja

1-6　トルクメン人 https://ja.wikipedia.org/wiki/トルクメン人#/media/File:Senior_Citizen_in_Ashgabat.jpg

1-7　タジク人 https://upload.wikimedia.org/wikipedia/commons/6/68/Tajik005.jpg?uselang=ja

参考引用文献

『フリー百科事典　ウィキペディア日本語版』2018「中央アジア」https://ja.wikipedia.org/wiki/中央アジア

間野英二 1977「中央アジアの歴史」講談社

ブリタニカ国際大百科事典 1995　TBS ブリタニカ

間野英二 2007 世界大百科事典「中央アジア」平凡社

間野英二 1977「中央アジアの歴史」講談社

小松久男 2000「中央ユーラシア史」山川出版社

二、中央アジアにおける文明の発生

1，人類の出現

　中央アジアにおける人類の痕跡は、前期旧石器時代にさかのぼる。モンゴルのツァガーンアグイ洞窟遺跡で、アシューリアン（約140万～15万年前）のハンドアックス（握斧）に近い両面石器が発見されている。ウズベキスタンのオビラフマート洞窟遺跡では、中部旧石器（MP・中期旧石器時代）～上部旧石器前期（EUP・後期旧石器前期）までが層位的に確認され、ルヴァロワ石器群と細石刃核が出土している。タジキスタンのシュグノウ遺跡でも、下層でルヴァロワ石器が多く発見されており、中部旧石器（MP・中期旧石器時代）～上部旧石器前期（UP・後期旧石器）移行期に相当する可能性が指摘されている。その他、アマンクタン洞窟（ウズベキスタン）・マチャイ洞窟（ウズベキスタン）では後期旧石器の遺跡が発見されている（2-1・2）。

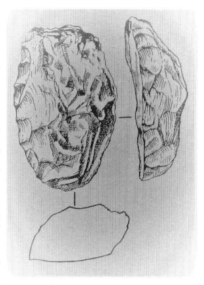

2-1 アマンクタン洞窟出土石器

　中部旧石器時代（MP・中期旧石器時代）の人骨化石としては、テシュクタシュでネアンデルタール人の骨が発見されている（2-3）。また、酸化鉄（赤土）で野牛狩りの場面を描いた、シャフト洞窟（タジキスタン）や、ザラウトサイ岩絵（ウズベキスタン）なども発見された。壁画や岩絵には野牛・山羊・鳥・ダチョウなどのほか、弓矢をもった人物も描かれており、小集団が動物の群れを追って生活していたことが理解できる。

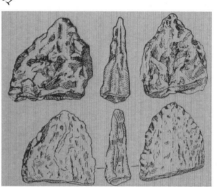

2-2 アマンクタン洞窟出土石器

2，農耕社会の形成
新石器時代

　約8000年前になると、農耕民による定住化が始まった。新石器時代、東ヨーロッパ、アジアから東ロシア、東トルキスタン、中国まで広がる彩文土器文化（彩陶文化）は、紀元前5000年頃から紀元前2000年頃まで続き、その担い手は農耕民であったと考えられる。

　紀元前約5000年～4000年頃には中央アジアでも定住化が進み、イラン方面から農耕牧畜文化を持った人々が移住し、初期農耕集落のジェイトゥンなどを

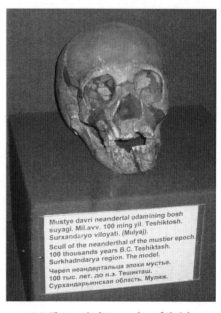

2-3 テシュクタシュ（レプリカ）

営んだ。彼らは原始的な灌漑施設による農耕と牧畜をおこなった。また粘土と日干しレンガで造った住居で定住生活を始め、神殿を造って神を祀った。

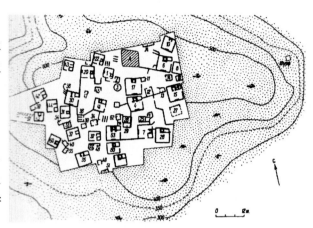

2-4 ジェイトゥン

ジェイトゥン文化（前5000年～前4000年）

ジェイトゥン文化は南トルクメニスタン、コペト・タグ山麓に形成された初期農耕集落の文化である（2-4・5）。狩猟採集から農耕牧畜への移行期とされ、核家族からなる住居の集合体で形成された集落を営み、麦や豆を栽培し、山羊や羊を飼育していた。

ペッセジク・テペ（テパ）*では小神殿に褐色や赤色で描かれた壁画が検出されている。遺物としては、土器は赤や褐色で波状の文様を施した手づくね土器、石製品は石斧やフリント製の細石器、ブレード、スクレーパー、骨製品は鎌、錐などが出土している。これらの遺物からシリア・パレスチナで成立した農耕がメソポタミアを経由してイランへ伝わり、さらにこの地に伝わったことがわかる。ジェイトゥン文化の遺跡からペルシャ湾の子安貝が出土しており、イランとの交流や交易があったことがうかがえる。

2-5 ジェイトゥン出土土器

そのほか代表的な遺跡として、チョパン・テペ、ペッセジク・テペ、チャリガ・テペなどがある。

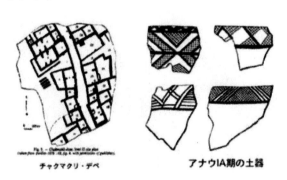

チャクマクリ・デペ　　　アナウIA期の土器

2-6 アナウIA文化

アナウIA文化

南トルクメニスタンではジェイトゥン文化に続いて金石併用文化のアナウIA文化が続く（2-6）。この文化の遺跡としてアナウ、アルティン・テペ、カラ・テパなどが発見されている。住居は小路に沿って規格的に並び、町並みを形成するようになる。土器は彩文土器が使用されていた。

代表的な遺跡はアナウ遺跡最下層やチャクマクリィ・テペである。

アナウ文化に続いてナマーズガ文化が成立し、青銅器時代まで続く。

ケルテミナル文化（前4000年後半～前3000年）

アムダリア川下流、アラル海に面して形成されたアクチャダリア・デルタに生まれた新石器文化で、その経済基盤は狩猟と漁労であった。住居は木とアシでつくられた円錐形の

屋根を持つものであった。大きく前期と後期の2期に分けられ、前期はフリント製の細石器を多く伴っている。その他、スクレーパーや錐なども発見されている。土器は手づくねの尖底土器である。表面には波形・山形などの圧痕文が施されている。後期になると、両面加工の石鏃、石槍、斧などの石製品と平底の壺などが出現している。

カラカルパキスタンのジャンバス4号住居址は火災のあと川の氾濫で埋没した住居址で、良好な保存状況から住居の構造などが明確になった遺跡である（2-7）。

住居は長さ16m幅10mで、8〜10個の焚火址のほか、中央に炉が検出されている。住居址の周辺には大量の魚の骨が廃棄され、川カマスの骨が80％を占めていた。その他、コイ、ナマズなどの魚の骨や、イノシシ、シカの骨も検出されている。犬の骨も検出され、狩猟に犬を使っていたと考えられている。

ヒッサール文化（前6000年〜前3000年）

タジキスタン・ヒッサール渓谷で発見された、山地と渓谷を生活の舞台とした新石器時代の文化である。主な生業は牧畜と原始的な農耕で、狩猟採集も行われている。狩猟採集生活から牧畜生活への移行期と位置づけられている。ヒッサール文化は前期・中期・後期の3期に分類されている。

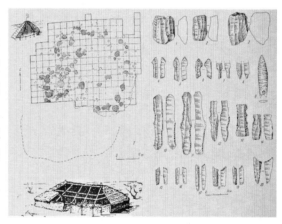

2-7 ジャンバス4号

3，青銅器時代（前3000年〜前2000年）
ナマーズガ文化

ジェイトゥン文化、アナウ文化に続いて、南トルクメニスタンに起こった文化で、金石併用時代から青銅器時代に栄えた。

本文化はⅠ期からⅥ期に分けられるが、この編年が中央アジアの基礎編年となっている。

ナマーズガⅡ期〜Ⅲ期にはテジェンデルタ、ムルガプデルタが開発され、Ⅲ期からⅣ期は遺跡が拡大し、Ⅳ期〜Ⅴ期には都市国家が成立する。Ⅴ期以降、南トルクメニスタンの文化は衰退する。人口集中と農耕による塩化現象、森林荒廃によって文明と環境とのバランスが崩れたことがその原因だと考えられている。

一方、マルギアナやバクトリアでは人口が増加し、新たな文明を生むことになる。アフガニスタン、バタフシャンの鉱山で採

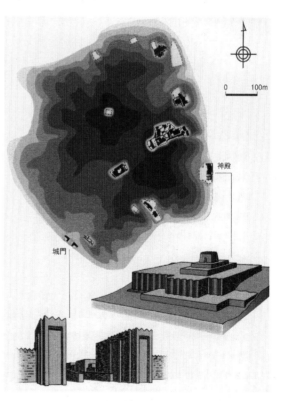

2-8 アルティン・テペ

掘されたラピスラズリが、西アジアや中国、インドに流通していることから、この時期には広範囲な流通圏が形成されていたことが分かる。

代表的な遺跡としてナマーズガ・テペ、アルティン・テペ、テペ・ヒッサールなどがある（2-8）。

4，オクサス文明の始まり

マルギアナからバクトリアにかけて展開した青銅器文化をさしてバクトリア＝マルギアナ考古文化複合（BMAC）（前 3000 年中葉～前 2000 年前葉）と呼ぶ。ナマーズガⅤ期に出自を持つ。

青銅器時代になると南トルクメニスタンの人々は、いわゆる西トルキスタンの南部の河川やオアシス周辺の農耕可能地帯まで進出し、運河や灌漑施設を造って農耕定住文化を形成していた。いわゆるオクサス文明と呼ばれるものである。

彼らは青銅の道具や武器を使用し、ジャルクタンのような円形や方形の城塞遺跡を形成することも特徴の一つで、内城（チタデル）を持つものもある(2-9)。城塞の内側には宮殿や神殿が造られていた。さらに城塞の外側に大規模な墓地を造営しており、まさに初期都市国家と呼べる集落を形成していた。カラと呼ばれる近代まで続く城郭都市との関連を指摘し、灌漑農耕を指導した地域社会の主導者の居住地であったとする意見もある。

主な生業は、灌漑農耕と牧畜および金属や土器製作など専門的な手工業であった。遺物は利器や道具のほか、剣や鏃、斧などの武器、轆轤成形の土器などが出土しており、鏡、装飾品、容器など、金、銀、銅の工芸生産も発達していた。これらはイラン、インダス地方との交流を示しているが、独自の神々の図像が描かれているものもある。円筒印章ももちいられていた。

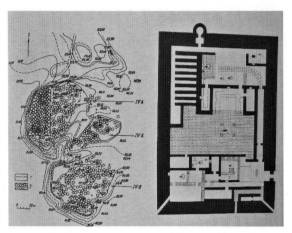

2-9 ジャルクタン

2-10 ジャルクタン土壙墓

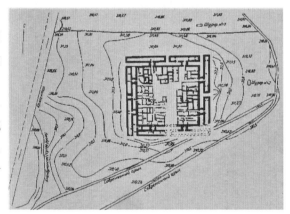

2-11 サパリ・テペ

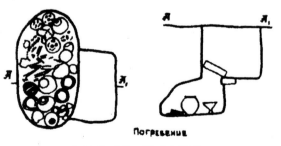

2-12 サパリ・テペ土壙墓

- 8 -

すでに階級社会を形成しており、防御壁や武器は敵との戦いを示し、集団同士の組織的な戦闘行為があったことを知ることができる。

死者は床下に作られた地下式横穴墓に副葬品とともに葬られたり、集落とは別に墓地をもうけて葬られた。代表的な遺跡としては、ジャルクタン、モラリ、ブスタン 1-5 号墓地、ケレッリ遺跡群（Kelleli）、ゴヌール遺跡群（Gonur）、タイプ・テペ遺跡（Taip Tepe）、トゴロク遺跡群（Togolok）、サパリ・テペ遺跡（Sapalli Tepe）、ダシュリー・オアシス遺跡群（Dashli Oasis）などがある（2-10~14）。

本文化はイラン高原やインダス川、西インドなどでも散見され、周辺地域との交流がうかがえる。さらに、遊牧民の文化であるアンドロノヴォ文化やスルブナヤ文化と関係があったことが知られている。

本文化の後に続くのは初期鉄器時代のヤズ文化で、標準遺跡はマルギアナのヤズ遺跡である。

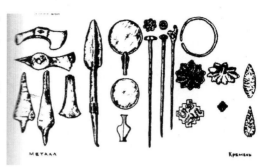

2-13 サパリ・テペ出土遺物

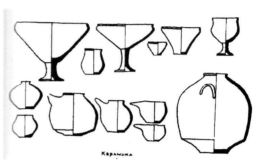

2-14 サパリ・テペ出土遺物

ザマンババ文化

ザラフシャン川下流にはザマンババ文化が栄えた（2-15・16）。彼らは農耕牧畜を生業とし、半地下式で炉と貯蔵穴を持つ住居址に住んでいた。フリントの鏃（やじり）、錐（きり）、鎌に埋め込む石刃や鍬（くわ）、紡錘車（ぼうすい）などの石製品、青銅のナイフ、鏡、テラコッタの小像などが発見されている。土器は、手づくね土器で平底と丸底があり、様々な文様を施している。墓はブーツ形に掘り込んだ地下式の直下墳に副葬品を伴った屈葬である。

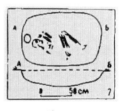

2-16 ザマンババ

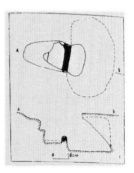

2-15 ザマンババ

その他、タジキスタン南部にはビシュケント文化、トルクメニスタン西部には木槨墳文化が栄えた。

5，遊牧民の成立と中央アジアの農耕社会

一方、遅くとも紀元前 6600 年頃には西アジアで動物の家畜化が始まり、紀元前 5000 年頃には黒海北岸地域で野生馬の飼育が始まった。

紀元前 3000 年紀には先アンドロノヴォ文化圏が黒海の北側付近まで広がった。

紀元前 2500 年頃からは徐々に乾燥化が進み、農耕よりも牧畜に適した環境が生まれてきた。その頃、西アジアから車輪が伝わり、移動能力の飛躍的な進歩がみられ、南シベリアから中央アジアに広がったアンドロノヴォ文化ではスポークを持つ車輪が出現している。

アンドロノヴォ文化は単一の文化ではなく、いわゆる文化複合で、黒海、カスピ海以北の、後に「草原の道」と呼ばれるステップ地域を中心として広がった文化である。その後、南のオアシス地域にも影響を与えた。この前 3000 年紀末から前 2000 年紀にかけて、ユーラシア草原地帯で発達した青銅器文化をユーラシア冶金文化圏と呼ぶ場合もある。

　アンドロノヴォ文化には次のような文化が含まれている。

　紀元前 2200-1600 年頃のウラル南部、カザフスタン北部に存在したシンタシュタ・ペトロフカ文化。チェリャビンスク州シンタシュタ遺跡は紀元前 1800 年頃、近くのアルカイム遺跡は紀元前 17 世紀とされる。

　紀元前 2100-1400 年頃、アムダリヤ・シルダリヤ両川間のキジルクム砂漠に存在したアラクル（Alakul）文化。

　紀元前 1300-1000 年頃の青銅器時代末、カザフスタン東部トルクメニスタンのナマーズガ（Namazga）VI 期（バクトリア・マルギアナ複合に含まれる）と接触したアレクセーエフカ（Alekseyevka）文化。

　紀元前 1500-1200 年頃、シベリア南部のフョードロヴォ（Fedorovo）文化。

　紀元前 1000-800 年頃、タジキスタンのベシケント・ヴァクシュ（Beshkent-Vakhsh）文化。

　紀元前 15 世紀頃には、アンドロノヴォ文化に類似した青銅器を持つ文化が内モンゴル東部にも発見されている。紀元前 10 世紀頃には草原の乾燥化とともに、北部草原地帯は遊牧生活をおくる人々が生まれ、南部のオアシス地帯では前述のように農耕民が定住生活をおくるようになった。

　一方、中央アジアの農耕社会では前 2000 年後半頃の青銅器時代後半に、都市国家が形成された。その後、都市国家は有力な都市国家を治める王の下に統一されて王国となるが、川沿いのオアシスと砂漠からなるトルキスタンの地理的要素により、特色ある国家形成の道程をたどった。

　BMAC のバクトリアとマルギアナの地域では、アルティン・テペ、ナマーズガ・テペ、ジャルクタンなど、いくつかの都市国家が形成された。さらに一部の支配的地位にある大都市は、灌漑による農地を確保し、運河や大河による水上交通網を保持した。これによってバクトリアでは統一国家が形成されていった。このことは、ギリシャの歴史家クニドスのクテシアスが前 5 世紀に書いた『ペルシャ誌』に「バクトリア王オクシアルトが大アッシリアと戦った」と記していることからも分かる。

　やや遅れてソグディアナでも統一国家が形成された。

　サカ族の居住地とされるアムダリア川とシルダリア川の間の地域の北部とホラズムでは、都市国家連合体が形成され、連合体によって選ばれた国王が統治した。

タザバギャブ文化（前 2000 年後半〜前 1000 年）

　アムダリア川の下流、アクチャダリアでは後期青銅器時代のタザバギャブ文化が生まれている。この文化の生業は原始的な灌漑（かんがい）をもちいた農耕と牧畜であった。木の骨組みにアシの葉で作った半地下式の住居に住み、まだ城壁を持っていなかった。青銅製のナイフ、ブレスレット、下げ飾りなどのほか、石器も発見されている。土器は平底の手づくねで、砂礫（されき）

や貝殻の粉末を練り込んだ粘土で作られている。表面には三角形の文様をつける。磨きを施した土器もある。埋葬は地下式の直下墳で屈葬である。副葬品を伴う。この文化とアンドロノヴォ文化の間には類似点が見られ、アンドロノヴォ文化の影響を受けていたことが分かる。

スユルガン文化（前2000年～前1000年初頭）

　南アクチャダリアにはケルテミナル文化から起こったスユルガン文化が発達した。人々はアムダリア川の支流の川辺に地上式の住居を造って住んでいた。スユルガン文化はカミシュリ期とカウンディ期の二期に分けられる。

　カミシュリ期はフリントと石英で作った石鏃、ナイフ、スクレーパーが特徴的な遺物である。土器は手づくねで作られた平底で、砂礫（されき）や貝殻の粉末を練り込んだ粘土で作られている。磨きを施したものもある。生業は狩猟と漁労であった。

　カウンディ期は青銅製のナイフや鎌がもちいられた。土器は良く焼成され、磨きを施されており、浮き彫りの文様帯で飾られている。生業は農耕と牧畜である。

アミラバド文化（前1000年初頭）

　後期青銅器時代になると、スユルガン文化にかわってアミラバド文化が登場した。生業は灌漑農耕で、集落は運河沿いに形成された。住居は半地下式で、中央に炉を持っている。また多くの貯蔵穴がある。青銅製の鎌、鏃、針などが出土している。石製鋳型も出土している。土器は手づくねの平底で、磨かれているものもある。代表的な遺跡としてヤッケーパルサン2号遺跡があげられる。

チュスト文化（前2000年末～前1000年初頭）

　フェルガナ盆地では後期青銅器時代にチュスト文化が起こった。主に農耕、牧畜を行い、金属加工や土器生産などの手工業も盛んであった。集落は城壁を持つ集落と、持たない集落がある。城壁を持つ集落にはチタデル（内城）がある。住居は半地下式で木とアシの葉で作られたものと、粘土積みの平地式住居があった。青銅器が多くもちいられ、短剣、鏃、馬銜（はみ）、ナイフ、鎌、針、装飾品などがある。その他、石器、骨角器なども出土している。土器は型作りの粗製土器と、赤色の化粧土（アンゴーブ）をかけ、磨きを施し、黒色の絵の具で彩色された精製土器がある。埋葬は屈葬、伸展葬、集団墓、甕棺墓（かめかん）など多岐にわたっている。

　チュスト文化は彩文土器文化で、後期青銅器時代から初期鉄器時代に広く中央アジアに広まった。本文化の代表的な遺跡として、チュストとナマンガン地方のダルベルジン・テパがあげられる（2-17）。

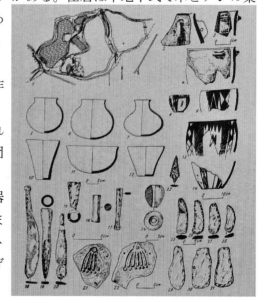

2-17 ダルベルジン・テパ

ブルグリュク文化（前1000年前半）

　タシュケント近郊にはブルグリュク文化が栄えた。生業は牧畜と農耕であった。川沿いの自然丘陵上に位置し、防壁を持つ集落には半地下式で木の骨組みの住居址が検出されている。青銅のナイフ、闘斧、鎌、鏃などのほか、石製品も出土している。土器は布を張った型に粘土ひもを巻き上げて作った平底と丸底の土器である。文様はほとんどなく、まれに三角や斜線、点などが赤褐色の絵の具で描かれる。

　本文化は後期青銅器から初期鉄器時代の彩文土器文化に属する。代表的な遺跡はブルグリュク1号集落址とシャシ・テパ（タシュケント）である。

　アンドロノヴォ文化をもつ遊牧民は次第に南下し、アムダリア側とシルダリア川の間やその周辺地域へ浸透していった(2-18)。農耕民は河川やオアシス周辺の農耕可能地域を利用し、集落を形成して居住していたが、遊牧民は草原や低木が生える荒野で遊牧生活を送

っていた。農耕民と遊牧民はそれぞれその生活環境が違っており、両者で住み分けが可能であった。両者は互いに依存して生活しており、特に遊牧民にとっては農耕民の農作物などが必要であった。一方、農耕民にとっては遊牧民のもたらす肉類や毛皮、乳製品の他、遠地の情報や産物などが必要とされた。従っていつもは平和的な物々交換が行われて、両者は影響し合い双方の特色を持った文化も生まれた。しかし、時として遊牧民による略奪行為が行われ、そのために農耕民は、農耕民同士の戦闘だけではなく遊牧民の略奪を防ぐためにも防衛施設の建設や武装が必要となった。

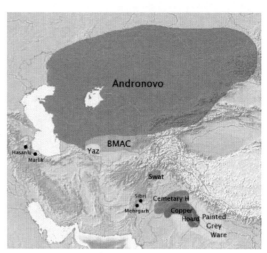

2-18 アンドロノヴォ文化とBMAC

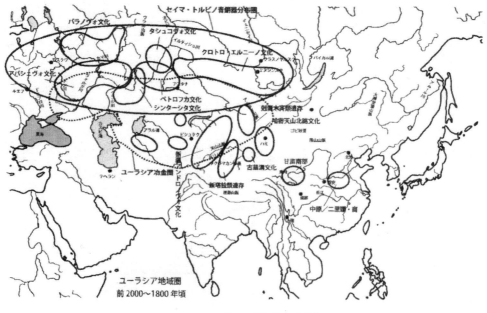

2-19 ユーラシア冶金文化圏

2-20 斧

2-21 女神座像

図版出典

2-1 アマンクタン洞窟出土石器 E.V.Rtveladze 2013 "The most significant archeological monuments of Uzbekistan" San'atp23

2-2 アマンクタン洞窟出土石器 E.V.Rtveladze 2013 "The most significant archeological monuments of Uzbekistan" San'atp22

2-3 テシュクタシュ（レプリカ）ウズベキスタン共和国立タシュケント歴史博物館 筆者撮影

2-4 ジェイトゥン エドワルド・ルトベラゼ 加藤九祚訳 2011「考古学が語るシルクロード史」平凡社 p5

2-5 ジェイトゥン出土土器 堀晄 2008 「古代中央アジア文化の起源」『金沢大学考古学紀要』29 金沢大学 p56

2-6 アナウ I A文化 堀晄 2008 「古代中央アジア文化の起源」『金沢大学考古学紀要』29 金沢大学 p56

2-7 ジャンバス4号 E.V.Rtveladze 2013 "The most significant archeological monuments of Uzbekistan" San'at p29

2-8 アルティン・テペ 堀晄 2008 「古代中央アジア文化の起源」『金沢大学考古学紀要』29 金沢大学 p52

2-9 ジャルクタン E.V.Rtveladze 2013 "The most significant archeological monuments of Uzbekistan" San'at p41

2-10 ジャルクタン土壙墓 ウズベキスタン共和国立テルメズ考古学博物館 筆者撮影

2-11 サパリ・テペ E.V.Rtveladze 2013 "The most significant archeological monuments of Uzbekistan" San'at p47

2-12 サパリ・テペ土壙墓エドワルド・ルトベラゼ加藤九祚訳 2011「考古学が語るシルクロード史」平凡社 p13

2-13 サパリ・テペ出土遺物エドワルド・ルトベラゼ加藤九祚訳 2011「考古学が語るシルクロード史」平凡社 p13

2-14 サパリ・テペ出土遺物エドワルド・ルトベラゼ加藤九祚訳 2011「考古学が語るシルクロード史」平凡社 p13

2-15 ザマンババ E.V.Rtveladze 2013 "The most significant archeological monuments of Uzbekistan" San'at p44

2-16 ザマンババ E.V.Rtveladze 2013 "The most significant archeological monuments of Uzbekistan" San'at p44

2-17 ダルベルジン・テパ E.V.Rtveladze 2013 "The most significant archeological monuments of Uzbekistan" San'at p60

2-18 アンドロノヴォ文化と BMAC

Chttps://ja.wikipedia.org/wiki/バクトリア・マルギアナ複合#/media/File:Indo-Iranian_origins.png

2-19 ユーラシア冶金文化圏 小林青樹 2014「ユーラシア東部における青銅器文化」『国立歴史民俗博物館研究報告』第185集 国立歴史民俗博物館 p216

2-20 斧 https://upload.wikimedia.org/wikipedia/commons/d/d8/Bactria-Margiana%2C_late_3rd_-_early_2nd_BC_figure.jpg

2-21 女神座像 https://ja.wikipedia.org/wiki/中央アジアの美術#/media/File:Kaunakes_Bactria_Louvre_AO31917.jpg

参考引用文献

E.V.Rtveladze 2013 ″The most significant archeological monuments of Uzbekistan″ San'at

エドワルド・ルトベラゼ 加藤九祚訳 2011「考古学が語るシルクロード史」平凡社

加藤九祚監修 2005「偉大なるシルクロードの遺産展」図録キュレイターズ

堀晄 2008 「古代中央アジア文化の起源」『金沢大学考古学紀要』29 金沢大学

堀晄 1999「バクトリアの先史美術」『世界美術大全集 中央アジア』東洋編15 小学館

小林青樹 2014「ユーラシア東部における青銅器文化」『国立歴史民俗博物館研究報告』第185集 国立歴史民俗博物館

松本圭太 2017「セイマ・トルビノ青銅器群分布の背景：ロストフカ墓地の分布から」『史淵』九州大学大学院人文科学研究院

＊テペとテパは同じであるが、特に統一せず、慣習の名称に従って表記した。

三、中央アジアの鉄器時代

1，ヤズ文化

　紀元前 10 世紀初めには、後期青銅器時代から初期鉄器時代にあたるヤズ 1 号文化が、西はカスピ海から東はパミールまで、南はアフガニスタンから北はアムダリア中流域まで広がった。主な生業は灌漑農耕と定住牧畜であった。大運河も造営された。住居は日干しレンガで造った内城（チタデル）のある集落と、部分的に半地下式で木の骨組みをもつ住居であった。利器や武器は青銅や石で作られていたが、鉄製品も出現している。土器はシャモットを混ぜた粘土を手づくねで成形し、赤色の絵の具で斜線と直線や三角形などの文様を施した。また、ろくろ成形の土器も製作されている。

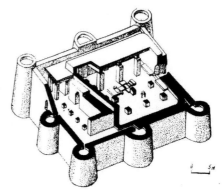

3-1 ティリヤ・テペ

　この時代の代表的な遺跡は、マルギアナのヤズ 1 号遺跡、北バクトリアのクチュク・テパ、バンディハン 1 号遺跡、南バクトリアのティリヤ・テペがある（3-1・2）。

　ヤズ 1 号文化の起源は東部イランにあり、イランからの影響を受けた文化である。

　ヤズ 2 号文化（前 7 世紀〜前 5 世紀中頃）はバクトリアとマルギアナに広がった。時期的にはアケメネス朝初期にあたる。

　この時期に各地域に防壁を持つ中心都市都市と周辺集落から構成された領域を持つ地域国家が成立した。これらの地域国家は地理的・文化的要因もしくは民族的要因によって生まれたものである。また、ゾロアスター教が成立した。ゾロアスター教は、これを国教としたアケメネス朝ペルシャの支配下に入ったこともあり、地域国家の垣根を越えて広がった。

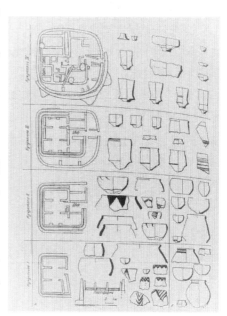

3-2 クチュク・テパ

2，地域国家の形成（青銅器時代から鉄器時代）
マルギアナ

　ムガブ川中流域とメルブ付近の地をさす。青銅器時代の前 3000 年中葉〜前 2000 年前葉、南トルクメニスタンからの移住してきた人々によって運河や灌漑施設が造られ、農耕定住文化が形成された（BMAC）。前 2000 年頃には防護壁を

3-3 ゴヌール遺跡

もつ集落群と要塞が造られた。その中心がゴヌール遺跡で、拝火殿や王宮、大墓地などが調査され、黄金の装飾品や石像、印章、骨角器、土器などが発見されている(3-3)。トゴロク 21 号などゾロアスター教につながるような神殿跡もある(3-4)。

鉄器時代には大規模な灌漑を行い、ヤズ・テパやアルワリ・テパのような内城をもつ大集落が営まれた。

前 1000 年中頃には南方へ場所を移し、古メルブが形成された。

ベヒスタン碑文に、即位したダリウス 1 世に対し、紀元前 522 年にペルシャ全土で反乱がおこり、アケメネス朝ペルシャの支配下にあったマルギアナでもフラーダによる反乱が発生し、ダリウス 1 世はバクトリアのサトラップ、ダーダルシに鎮圧を命じたと記されている。

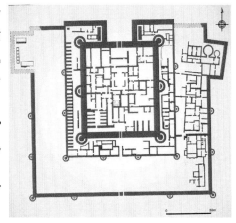

3-4 トゴロク 21 号

バクトリア

アムダリア川中流域のヒンドゥークシ山脈とヒッサール山脈の間の地域をさす。青銅器時代の前 3000 年中葉〜前 2000 年前葉、南トルクメニスタンからの移住してきた人々によって運河や灌漑施設が造られ、農耕定住文化が形成された（BMAC）。アムダリア川やその支流のオアシスに防護壁をもつ中心集落と周辺集落が形成された。灌漑農耕など農耕技術の進歩に伴う生産性の向上とともに、土器製作や金属加工などの手工業も専業集団化して発展した。社会構造の複雑化によってジャルクタン、ダシュリ 3 号などの神殿や宮殿などの構造物も造られるようになった(3-5)。

3-5 ダシュリ 3 号

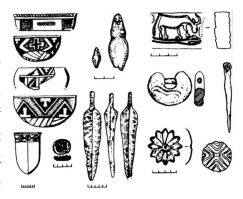

3-6 サラズム遺跡

前 2000 年後半には都市国家の形態をとり、さらには統一国家を形成し、古代バクトリア王国となった。首都はバクトラ（現バルフ）であった。前 6 世紀の終わり頃にはアケメネス朝ペルシャのサトラペイアとなった。

ソグド

ザラフシャン川流域を中心とした地域。サラズム遺跡から、前 4000 年頃には農耕民が住んでいたことが分かる(3-6)。

前 6 世紀末からアケメネス朝ペルシャの第 16 サトラペイアとなった。

ホラズム

　アムダリア川下流域の地域で、新石器時代にはケルテミナル文化を生み出している。後期青銅器時代にはタザバギャップ文化とスユルガン文化が生まれた。前1000年頃にはアミラバド文化が広まっている。

　ベヒスタン碑文によると、前640年代にキュロス2世によって征服され、ダリウス1世のときにアケメネス朝ペルシャの第16サトラペイアに組み込まれた(3-7)。

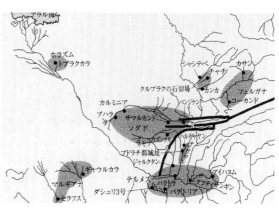

3-7 ベヒスタン碑文

チャチ

　シルダリア川の右岸のチルチック川とアングレン川の流域にあたる。青銅器時代にはアンドロノヴォ文化をもつ住民が次第に農耕を始め定住していった。前9世紀から前7世紀にはブルグリュク文化が広まった。この時期、サカ族の一部が居住したとも考えられている。前3世紀にサルマタイ系の部族によってブルグリュク文化は終焉を迎えた。彼らによって日干しレンガと粘土(パフサ)による建築技法がもたらされ、代表的な遺跡としてカンカ遺跡やシャシ・テパが造られた。

3-8 文化地域

図版出典

3-1　ティリヤ・テペ　エドワルド・ルトベラゼ　加藤九祚訳 2011「考古学が語るシルクロード史」平凡社 p19

3-2　クチュク・テパ E.V.Rtveladze 2013 "The most significant archeological monuments of Uzbekistan" San'at　p64

3-3　ゴヌール遺跡 エドワルド・ルトベラゼ　加藤九祚訳 2011「考古学が語るシルクロード史」平凡社 p26

3-4　トゴロク21号 堀晄 1999「バクトリアの先史美術」『世界美術大全集　中央アジア』東洋編 15　小学館　p52

3-5　ダシュリ3号 エドワルド・ルトベラゼ　加藤九祚訳 2011「考古学が語るシルクロード史」平凡社 p24

3-6　サラズム遺跡 エドワルド・ルトベラゼ　加藤九祚訳 2011「考古学が語るシルクロード史」平凡社 p30

3-7　ベヒスタン碑文

https://upload.wikimedia.org/wikipedia/commons/thumb/d/dc/Bisotun_Iran_Relief_Achamenid_Period.JPG/1024px-Bisotun_Iran_Relief_Achamenid_Period.JPG

3-8　文化地域　エドワルド・ルトベラゼ　加藤九祚訳 2011「考古学が語るシルクロード史」平凡社 p34

参考引用文献

エドワルド・ルトベラゼ　加藤九祚訳 2011「考古学が語るシルクロード史」平凡社

加藤九祚監修 2005「偉大なるシルクロードの遺産展」図録キュレイターズ

E.V.Rtveladze 2013 "The most significant archeological monuments of Uzbekistan" San'at

堀晄 1999「バクトリアの先史美術」『世界美術大全集　中央アジア』東洋編 15　小学館

四、スキタイ

1，スキタイの社会

　紀元前 10 世紀頃には草原の乾燥化とともに、北部草原地帯は遊牧生活、南部のオアシス地帯では農耕民が定住生活をおくるようになる。

　紀元前 8 世紀頃から紀元前 3 世紀には騎馬民族の遊牧民のスキタイ文化が栄える(4-1)。スキタイ文化では墳丘を持つ墳墓が造られ、多くの副葬品を伴っている。スキタイ文化は草原地帯の東西に広まっていたが、単一民族の文化というわけではなく、草原地帯に生きる騎馬民族がお互いに交流し、類似した文化を作ったと考えられる。

4-1 スキタイの櫛

　スキタイが文献に現れるのは紀元前 8 世紀末から 紀元前 7 世紀初めのアッシリアの粘土板で、「ギミリまたはガミラ」「アシュクザイ」という北方からの侵入者について記されている。ギミリとキンメリオイは子音が共通であり、アシュクザイとスキタイは子音が一致している。

　ヘロドトスによると、「スキタイはアジアの遊牧民であったが、マッサゲタイに侵略によってアラクセス河を超えてキンメリア地方に移った。この時からキンメリアはスキュティアと呼ばれることとなった。」といい、東方から移り住んできたと記している。また、彼はスキタイの諸部族について、ギリシャ系スキタイで農耕を行っているカッリピダイ、輸出用の雑穀を栽培している農耕スキタイ、純粋な遊牧生活を送っている遊牧スキタイ、他のスキタイを隷属している王族スキタイ、王族スキタイに背いた人々で東の地にすむ別種スキタイなどとしている(4-2)。

　さらに、アッシリア碑文やヘロドトスの『歴史』に、スキタイが中央アジアや西アジアを征服し、アケメネス朝ペルシャのダリウス 1 世やマケドニアのヒリッポス 2 世と戦ったことが記されている。

　スキタイの起源については、「アッシリア帝国の影響を受けてスキタイが成立した」という説と、「もともとは南シベリア・モンゴル方面の出身で、そこで独自の文化を発展させ、西へ移動してきた」という説がある。現在、確認されている資料では西部よりも東部で古いスキタイ様式が発見されてきていることから、南シベリア・モンゴル方面の出身説が優位である。

4-2 スキタイ

前4世紀頃、黒海北岸には後期スキタイ文化が栄えていたが、カスピ海の北側にはサルマタイという遊牧民が出現している。前2世紀にはドニエプル川流域からスキタイを排除し、2世紀まではドン川流域がサルマタイの中心地であった。

　スキュティア地方に広く住んでいた大部分のスキタイ人はゲルマン人と混血してスラヴ人を形成していった。スキタイ人はその国家がサルマチア人によって滅亡すると、農耕民の社会に次々と同化吸収されていったのである。サルマチア人もまたヨーロッパの中世初期にフン族の侵入により政治的に瓦解し、当地の農耕民の社会に吸収同化されていった。

　プリンストン高等研究所のパトリック・ゲーリー教授（歴史学）はその著書『The Myth of Nations』（2002年）において「スラヴ人は、古代の人々がスキタイ人、サルマチア人、ゲルマン人と呼んでいた人々が混じり合うことにより形成された」としている。

スキタイの習俗（『フリー百科事典　ウィキペディア日本語版』「スキタイ」https://ja.wikipedia.org/wiki/スキタイより転載）

　　スキタイの習俗についてはヘロドトスが書き残している。

政治

　　スキタイの王国は3人の王によって分割統治される。これは第2代の王であるコラクサイスに始まるものであり、コラクサイスは広大なスキュティアの国土を3つの王国に分け、自分の息子たちに所領として分け与えた。そのうちの一国は特に大きくして黄金の器物を保管し、宗主国としての役割をもたせた。

宗教

　　スキタイが祀る神として最も重んずるのがヘスティアー（かまどの女神）で、ついでゼウスとゲー（大地の女神）で、スキタイはゲーをゼウスの妻としている。さらにアポローン、ウーラニアー・アプロディーテー（天上のアプロディーテー）、ヘーラクレース、アレースがある。これらはスキタイ全民族が祀る神であるが、王族スキタイはさらにポセイドーン（海の神）にも犠牲を供える。これは王族スキタイがアゾフ海沿岸に住んでいるためだと思われる。

　　以上の神々はギリシア風に訳したものであり、スキタイ語にすれば以下のようになる。

ヘスティアー→タビティ

ゼウス→パパイオス

ゲー→アピ

アポローン→ゴイトシュロス

ウーラニアー・アプロディーテー→アルギンパサ

ポセイドーン→タギマサダス

　　基本的にスキタイでは神像や祭壇や社は造らないが、アレースだけには神像や祭壇を設ける。

犠牲式

　　どの犠牲式でもその祭式の作法は同じで、犠牲獣が前足を縛られて立つと、犠牲を執行する者が獣の背後に立って綱の端を引いて獣を転がす。獣が倒れると、

犠牲をささげる神の名を唱えた後、獣の首に紐を巻き付け、それに棒をはさんでぐるぐると回して絞め殺す。その際、火も燃やさず、お祓いもせず、灌奠（かんてん：獣の頭から酒をかける）も行わない。獣を絞殺した後は皮を剥いで煮て、肉が煮上がると犠牲の執行人はその一部を初穂として取り、前方へ投げる。犠牲獣はさまざまであるが馬が多い。また、アレスに対する犠牲式は次のように行われる。スキタイの諸王国内の各地区には、それぞれアレスの聖所が設けられている。アレスの聖所は縦横3スタディオン、高さは3スタディオンいかないくらいで、薪の束が積み重ねられ、その上に四角の台が設けてあり、三方は切り立って一方だけが登れるようになっている。そこへアレスの御神体として古い鉄製の短剣がのせてあり、毎年スキタイがこの御神体に家畜を生贄として捧げるのである。

　また、戦争で生け捕った捕虜の中から100人に1人の割合で生贄を選び、その者の頭に酒をかけてから喉を切り裂いて血を器に注ぎ、その血を御神体である短剣にかける。一方で、殺された男たちの右腕を肩から切り落として空中に投げ、儀式が終わるとその場を立ち去り、右腕と胴体は別々の場所に放置される。

料理

　スキタイは極度に木材の乏しい国なので、彼らは肉を煮るのに次のような手段を用いる。犠牲獣の皮を剥ぎ終わると、肉を骨からそぎ落とし、鍋の用意があるときはスキュティア特有の鍋に入れて煮る。そのとき先ほど肉をそぎ落とした骨を薪代わりに使って燃やす。鍋がない時は犠牲獣の胃の中へ肉を入れて水を加え、骨の薪を燃やして煮る。

家畜

　スキタイでは馬を始め、数々の家畜を飼育しているが、豚だけは飼育しておらず、生贄にも使わない。

戦争

　スキタイは最初に倒した敵の血を飲む。また、戦闘で殺した敵兵の首はことごとく王のもとへ持っていき、その数に応じて褒美がもらえる。首は頭蓋骨から皮をきれいに剥ぎ取って手巾とし、馬勒にかけて勲章とする。またある者は敵兵の皮をつなぎ合わせて衣服にしたり、矢筒にしたりする。頭蓋骨は最も憎い敵に限り、髑髏杯として用いる。年に一度、戦争で手柄のあった者はその地区の長官から一杯から二杯の酒がもらえる。逆に手柄のないものは酒がもらえず、恥辱をしのんで離れた席に座る。

占い師

　スキュティアには多数の占い師がおり、多数の柳の枝を使って占いをする。まず、占い師は棒をまとめた大きい束をもってくると、地上に置いて束を解き、一本一本並べながら呪文を唱える。そして呪文を唱え続けながら再び棒を束ね、一本ずつ並べてゆく。このト占術はスキタイ伝統のものであるが、エナレスにおいては菩提樹の樹皮を3つに切り、それを指に巻きつけたりほどいたりして占う。

死刑

　たいていの場合は斬首だが、誤った占いをした者は後ろ手に縛られ、足掛けと猿轡をされ薪の中に押し込まれ、その薪を満載した車を牛にひかせた上、火を

放って牛を走らせる。牛は一緒に焼死
するか、火傷を負って焼死を免れるも
のもある。死刑人の子供も容赦なく殺
されるが、女子の場合は殺されない。

葬制

　スキタイ王陵はゲッロイの国土内に
ある。スキタイの王が死ぬと、この土
地に四角形の大きい穴を掘り、穴の用
意ができると遺骸を取り上げる。遺体
は腹を裂いて内臓を取り出し、つぶし
たキュペロン（かやつり草）、香料、
パセリの種子、アニスなどをいっぱい
に詰めて縫い合わせ、全身に蝋が塗ら
れる。取り上げられた遺骸は車で別の

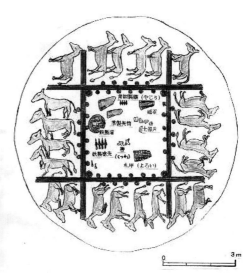

4-3 コストロムスカヤクルガン

国へ運ばれ、その国で耳の一部を切り取り、頭髪を丸く剃り落とし、両腕に切り
傷をつけ、額と鼻を掻きむしり、左手を矢で貫くといった作業をする。その後も
遺体はスキタイのすべての属国をめぐり、最後に王陵のあるゲッロイの国に到着
する。遺体を墓の中の畳の床に安置し、その両側に槍をつき立てて上に木をわた
し、むしろをかぶせる。墓中の広く空いている部分には故王の妾を一人絞殺し
て陪葬し、酌小姓, 料理番、馬丁、侍従、取次役、馬も陪葬し、副葬品として万
般の品々から選び出した一部と、黄金の盃を一緒に埋める。その後は全員で巨
大な塚を盛り上げるが、なるべく大きな塚にしようとわれがちに懸命になって築
く。一年後、今度は故王の最も親しく仕えた者 50 人、最も優良な馬 50 頭を絞殺
して内臓を取り除き、中にもみ殻を詰めて縫い合わせる。その死体たちを杭で固
定して騎乗の状態にさせ、王墓の周りに配置する。以上が王の葬式である。一般
人の葬式では遺体を車に乗せて知人の家を廻り、馳走を受けながら 40 日間これ
を繰り返して埋葬される（4-3）。

2，スキタイの美術と考古資料

　17 世紀・18 世紀、スキタイやサルマタイ時代の古墳は盗掘され、その副葬品はほとん
どが散逸してしまった。1715 年、ロシア皇帝のピョートル 1 世（在位：1682 年〜 1725 年）
はその副葬品の金製品を収集した。現在、これは「シベリア・コレクション」あるいは「ピ
ョートル・コレクション」と呼ばれ、エルミタージュ美術館に所蔵されている。

　このコレクションの中で初期スキタイに属するものとして、体を丸めた豹の飾板があ
る。「体を丸めた動物」は初期スキタイの最大の特徴であり、アルジャン古墳, ケレルメ
ス古墳, ウイガラク墓地のものと同じモチーフである。他には「つま先立ちの動物」、「脚
を折りたたんだ動物」などのモチーフがある。

　初期スキタイ美術はカザフステップ以東で発見されており、西アジアの影響は見られな
かったことから、スキタイ文化はカザフステップ以東で生まれたと考えられている。

　19 世紀末から 20 世紀初めにかけて北カフカスと黒海北岸でスキタイの古墳が多く発掘

され、いくつかの金銀製品が発見された。その様式は、スキタイ固有のものではなく、西アジア（後期ヒッタイト、アッシリア、ウラルトゥ）の影響も見られた。

初期スキタイ

スキタイ文化を特徴づける共通要素は、スキタイ風動物文様，馬具（鑣形銜と三孔・二孔銜留め具），武器（アキナケス型短剣と両翼・三翼鏃）である。

初期スキタイ美術には、次のような特徴がある。

1 鹿や野生山羊などの草食動物は足を折り曲げている（4-4）。

2 草食動物は首を後ろに向けていることもある。

3 肉食動物は体を丸め、手足や尾も丸く表現される（4-5）。

4 動物の体の一部を連続してつなげる。

後期スキタイ（紀元前4世紀後半 ～ 紀元前3世紀初め）

黒海北岸や北カフカスなど、西部の後期スキタイ美術では、ギリシア文化の影響も見られる。当時黒海北岸に住んでいたギリシア人職人がスキタイ王侯の注文に応じて作ったものと考えられている（4-6・7）。

後期スキタイ美術には、次のような特徴がある。

1 パルメット（ナツメヤシの葉が広がったような文様）や唐草模様のような植物文様が普及した。

2 動物表現がより写実的になった。

3 人間や神々が表現されるようになった。

この時代の作例としては、1971年に発掘さ

4-4 スキタイ美術

4-5 スキタイ美術

4-6 スキタイ美術

れたトヴスタ・モヒーラ（トルスタヤ・モギーラ）古墳で発見された女性の胸飾りが挙げられ、「体をひねった動物」という表現もこの時代の特徴である。

古墳

スキタイ文化では古墳を形成しており、その分布は、西はウクライナから東はロシアのトゥヴァ共和国の広範囲にまで及んでいる。

初期スキタイ時代

　初期の古墳はカフカス地方を中心に所在し、木材をくみ上げ木槨を造りマウンドを持っている。

アルジャン古墳群（トゥヴァ共和国）…全2基

アルジャン1号墳…紀元前9世紀末〜紀元前8世紀初のもの

アルジャン2号墳…紀元前7世紀末のもの（4-10・11）

チリクタ古墳群（カザフスタン）…全51基

チリクタ5号墳（黄金古墳）…紀元前7世紀のもの

ベスシャトゥル古墳群（カザフスタン）…全14基

クラースノエ・ズナーミャ古墳群（北カフカス）

ケレルメス古墳群（北カフカス）

ウルスキー・アウル古墳群（北カフカス）

コストロムスカヤ　（南ロシア）紀元前7〜6世紀頃

4-7 スキタイ美術

後期スキタイ時代

　後期の古墳はドニエプルとクリミア半島を中心に所在しており、地下に墓室を造り横穴を掘っている。

　クルオバでは切石を持送り式に積んでいる。

チョルトムリク（チョルトムリク）古墳（ウクライナ）…紀元前4世紀後半のもの

トゥエクタ古墳群（アルタイ共和国）

パジリク古墳群（アルタイ共和国）…紀元前5世紀末-紀元前4世紀のもの（4-8・9）

4-8 パジリク5号墳壁画

3，文献にみるスキタイ

（『フリー百科事典　ウィキペディア日本語版』「スキタイ」より転載　https://ja.wikipedia.org/wiki/スキタイ）

アッシリア碑文の記録

　　　『アッシリア碑文』においてスキタイはアシュグザあるいはイシュクザーヤと記される（紀元前7世紀）。

　　　アッシリア王エサルハドン（在位：前681年〜前669年）は、マンナエの地（現：西北イラン）でマンナエ軍とマンナエを救援するためにやってきたアシュグザ国（スキタイ）王イシュパカーの軍を撃ち破った。その後、イシュパカーは前673年頃アッシリアによって殺される。ところがその翌年、エサルハドンは自分の娘をイシュクザーヤ（スキタイ）

4-9 パジリク古墳出土絨毯

の王バルタトゥア
に与えて結婚させ、
同盟関係となる。
この「バルタトゥ
ア」はヘロドトス
『歴史』に登場す
る「プロトテュエ
ス」と考えられ、

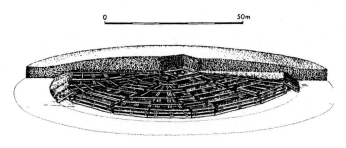

4-10 アルジャン古墳復元図

プロトテュエスの息子であるマデュ
エス率いるスキタイ軍がメディア軍
を破り、全アジアを席捲するという
ヘロドトス『歴史』のエピソードに
つながっていく。

リュディア・メディア戦争の原因

松平訳 1982, pp. 26-27.（ヘロドトス
『歴史』1 巻 73-74）

　スキタイの一隊が本国で謀反を起
こしてメディア領内に逃れてきた。
当時、メディアの王であったのはキ
ュアクサレス 2 世（在位：前 625 年

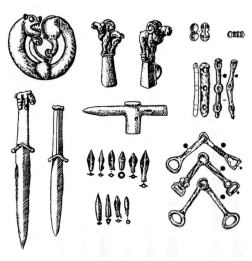

4-11 アルジャン古墳出土青銅器

～前 585 年）であったが、彼はこれらのスキタイを保護歎願者（ヒケテス）とみ
なし、親切に面倒を見てやった。キュアクサレスは彼らを高く評価していたので、
自分の子供たちを彼らに預け、スキタイ語や弓術を学ばせたりした。スキタイた
ちは毎日のように狩猟に出かけ、獲って来た獲物をキュアクサレスに献上してい
たが、あるとき獲物が一匹も獲れず、手ぶらで帰って来たことがあり、キュアク
サレスの怒りを買って手ひどい目に遭った。このためスキタイたちは獲物の代わ
りにキュアクサレスの子供を調理してキュアクサレスに食べさせ、その間にリュ
ディア王アリュアッテス（在位：前 605 年～前 561 年）のもとへ亡命した。事に
気づいたキュアクサレスは直ちにスキタイたちの引き渡しを要求したが、アリュ
アッテスが応じなかったため、5 年に及ぶリュディア・メディア間の戦争が引き
起こされた。

スキタイのアジア支配

松平訳 1982, pp. 37-38.（ヘロドトス『歴史』1 巻 103-106）

　アジア（西アジア）において、メディア王のキュアクサレス 2 世がアッシリア
軍と戦い、ニノスの町を攻囲していた時、スキタイ王のマデュエス率いるスキタ
イの大軍はメディア軍を強襲し、交戦の末にメディア軍を破って全アジアを席捲
した。スキタイ王のマデュエスらは北の草原地帯からキンメリア人（キンメリオ
イ）を駆逐し、それを追ってコーカサス山脈の東側からアジアに侵入してきたの

であるが、この地ではちょうどアッシリア帝国からの独立運動が盛んで、メディア軍がアッシリア軍を攻撃している最中であったため、スキタイ軍はそのすきを狙ってメディア軍を破り、続いてエジプトを目指して南下した。スキタイ軍がパレスチナ・シリアまで来た時、エジプト王プサメティコス1世（プサムテク1世）が自ら出向いて贈り物と泣き落とし戦術でもってスキタイの進軍を思いとどまらせたため、スキタイ軍は後戻りしてアジアを28年間統治することとなった。このスキタイのアジア統治は乱暴で投げやりなものであり、住民の一人一人に課税して取り立て、貢税のほかに各地を回って個人の資財を略奪したので、全アジアは荒廃に帰してしまった。そのためメディア人の怒りを買い、メディア王キュアクサレス2世の指揮のもと、スキタイたちを宴席に呼んで殺害し、スキタイの大部分を駆逐することに成功し、メディア人は再びアジアを取り戻すことができた。

アジアからの帰国

松平訳 1982, pp. 177-178.（ヘロドトス『歴史』4巻 3-4）

　メディア人によってアジアから駆逐されたスキタイたちは、28年ぶりに故郷の草原地帯へと帰っていった。しかし、28年間留守にしていたため、スキタイ戦士の妻たちが奴隷と情を通わせて子供をつくってしまい、成長したその子供たちは帰国しようとするスキタイ戦士たちを迎え撃ってしまう。交戦の末、スキタイ戦士のある者が「我々が武器に代えて鞭（むち）を持てば、彼らが奴隷であることを自覚し、抵抗しなくなるだろう」と提案し、それを実行したところ、奴隷の息子たちは抵抗をやめて遁走（とんそう）した。こうしてスキタイ戦士たちは28年ぶりに故郷へ帰国することができた。

ダレイオスのスキュティア遠征

　アケメネス朝のダレイオス1世（在位：前522年〜前486年）はボスポラス海峡を渡ってトラキア人を征服すると、続いて北のスキタイを征服するべく、イストロス河（現：ドナウ川）を渡った。これを聞いたスキタイは周辺の諸民族を糾合してダレイオスに当たるべきだと考え、周辺諸族に使者を送ったが、すでにタウロイ、アガテュルソイ、ネウロイ、アンドロパゴイ、メランクライノイ、ゲロノイ、ブディノイ、サウロマタイの諸族の王は会合し、対策を練っていた。スキタイの使者は「諸族が一致団結してペルシアに当たるため、スキタイに協力してほしい」と要請した。しかし、諸族の意見は二手に分かれ、スキタイに賛同したのはゲロノイ王、ブディノイ王、サウロマタイ王のみであり、その他の諸族は「スキタイの言うことは信用できない」とし、協力を断った。こうして全ての民族が同盟軍に加わらなかったため、スキタイは正面からの攻撃をあきらめ、焦土作戦によってペルシア軍を迎え撃つことにした。スキタイはまず、ペルシア軍の前に現れてペルシア軍を誘（おび）き寄（よ）せ、東へと撤退していった。両軍は追い追われながらタナイス河を渡り、サウロマタイの国を越えてブディノイの国に達した。この間の土地には焦土作戦のため水も食料もなく、ペルシア軍はただもぬけの殻となったゲロノスの木造砦（とりで）を燃やして進軍を続けた。やがて無人の地に入ったため、

ダレイオスは進軍をやめてオアロス河畔（現：ヴォルガ川）に駐屯し、8つの砦〔とりで〕を築き始めた。この間にスキタイ軍は北を迂回〔うかい〕してスキタイ本国へ帰った。スキタイが姿を消したので、ダレイオスは砦の築城を放棄して西へ転じ、スキタイ本国へ向かった。ペルシア軍はそこでブディノイを含むスキタイ二区連合部隊と遭遇し、ふたたび追跡を始める。しかし、スキタイ軍は逃げるばかりで戦おうとしないため、ダレイオスは遂にスキタイのイダンテュルソス王に使者を送って降伏勧告をした。イダンテュルソス王はダレイオスの態度に腹を立て、ふたたびペルシア軍を翻弄するとともに、両者一進一退の攻防を繰り広げた末、遂にペルシア軍をスキュティアの地から追い出した。

スキュレス王のバッコス信仰

　スキュタイの王アリアペイテス（Ariapeithes）がアガテュルソイ王スパルガペイテスによって謀殺されると、アリアペイテスの子であるスキュレス（Scylas）が王位を継いだ。スキュレスの母はイストリアの出身でギリシア人であったため、子のスキュレスにギリシア語とギリシア文字を教え、ギリシア風の教育をさせた。そのためスキュレスはスキュティアの王位を受け継いだものの、スキュティア風の生活（遊牧生活）が好きになれず、ギリシア風の生活を好むようになり、スキュタイの人目を忍んではボリュステネス人（農民スキタイ）の町（オルビア）へ出入りし、ギリシア風の服をまとい、ギリシア風の生活を送っていた。さらにスキュレスはスキュタイが嫌っているディオニュソス・バッケイオス（バッコス）の信仰に入信してしまう。のちにこれらのことが、あるボリュステネス人の密告によって明らかとなり、スキュタイらはスキュレスの異母弟であるオクタマサデスを立ててスキュレスに反旗を翻した。スキュレスはこれを知るなりトラキアへ逃亡し、オクタマサデスらはスキュレスを追ってイストロス河畔に達した。この時、トラキア・オドリュサイ王のシタルケスはスキュタイとの戦闘を避けるべく、互いの亡命者を引き渡すことを和平案として、甥〔おい〕でもあるオクタマサデスと交渉し、スキュレスを引き渡した。スキュレスはその場でオクタマサデスによって斬首された。

マケドニア軍の侵攻とアテアス王

　紀元前4世紀、スキュティア王アテアス（アタイアス）はヒストリアの住民との戦争で苦しみ、アポロニア人を介してマケドニア王ピリッポス2世（紀元前359年〜紀元前336年）に援助を求め、養子縁組をもちかけた。しかし、途中でヒストリア王が死去したため、アテアスは援軍に来ていたマケドニア兵を帰国させ、この話をなかったことにさせた。その頃のピリッポス2世は長引くビュザンティオン攻囲戦の出費を取り返すべく、スキュティア遠征を画策しており、初めは率直に攻囲に要する費用を求めたものの、相手にされなかったため、すぐさまビュザンティオン攻囲を解いてスキュティア遠征にとりかかった。ピリッポス2世は初め、スキュティア人を安心させるためにヒステル河口（ドナウ川）に神像を建

4-12 スキタイ（ペルセポリス　アパダナ東階段）

てるという口実で軍隊を差し向けたが、アテアス王が警戒し、「国境を越えて神像を建てたならば、マケドニア軍が去った後、神像を 鏃 にかえてしまうであろう」と敵意を募らせたため、結局全面戦争となった（前 339 年）。初めはスキュティア軍が勝っていたものの、ピリッポス 2 世の狡猾さに敗れ、2 万人の少年・婦人が捕えられ、膨大な数の家畜が奪われた。その中から 2 万頭の血統の良い雌馬が純血種を作るためにマケドニアに送られた。この戦いでスキュティア王アテアスが戦死したが、年齢は 90 歳を超えていた。

ボスポロス王国の後継争いとアガロス王

　紀元前 4 世紀末、ケルチ半島のギリシア系国家ボスポロス王国で王のパイリサデス 1 世（在位：前 349/47/46 年〜前 311/10 年）が亡くなり、長子のサテュロス 2 世が王位を継承した。しかし、その弟のエウメロスが王位に就こうとしてサテュロス 2 世に対して権力闘争を始めた。この権力闘争の中でギリシア，トラキア，スキタイの傭兵がサテュロス 2 世側に付き、サルマタイの一部族シラケスの王アリファルネスの軍隊や、その他近隣の異民族がエウメロス側に援軍を送り、黒海北東岸の勢力が二分される戦いとなった。サテュロス 2 世が戦死すると末弟プリュタニスが後を継いだが、エウメロスに敗北して王国の安定を保てず失脚した。エウメロスが権力を握ると、サテュロス 2 世とプリュタニスの縁者を粛清した。唯一生き残ったサテュロス 2 世の子パリュサデスは馬で逃亡してスキタイ王アガロスに救いを求めたため、アガロスはパリュサデスを 匿 った。

図版出典

4-1　スキタイの櫛 https://upload.wikimedia.org/wikipedia/commons/1/15/Scythian_comb.jpg?uselang=ja

4-2　スキタイ https://upload.wikimedia.org/wikipedia/commons/2/2f/スキタイとその周辺国.png に加筆

4-3　コストロムスカヤクルガン

https://upload.wikimedia.org/wikipedia/commons/7/7a/Horse_burials_and_artifacts_of_Kostromskaya_Kurgan.JPG

4-4　スキタイ美術

https://commons.wikimedia.org/wiki/Category:Art_of_Scythia?uselang=ja#/media/File:Stag_plaque,_400-300_BCE,_gold,_Scythia n,_Cleveland_Museum_of_Art.JPG

4-5　スキタイ美術

https://upload.wikimedia.org/wikipedia/commons/d/d3/Placca_pantera%2C_da_regione_di_krasnodar%2C_kurgan_chertomlyk%2
C_oro_a_sbalzo_e_cesellato%2C_fine_VII_sec_ac..JPG?uselang=ja

4-6　スキタイ美術　チャスティエ3号墳出土

https://commons.wikimedia.org/wiki/Category:Art_of_Scythia?uselang=ja#/media/File:Targitay.jpg

4-7　スキタイ美術

https://commons.wikimedia.org/wiki/Category:Art_of_Scythia?uselang=ja#/media/File:Scythians_shooting_with_bows_Kertch_anti
que_Panticapeum_Ukrainia_4th_century_BCE.jpg

4-8　パジリク5号墳壁画

https://ja.wikipedia.org/wiki/パジリク古墳群#/media/File:PazyrikHorseman.JPG

4-9　パジリク古墳出土絨毯

https://ja.wikipedia.org/wiki/パジリク古墳群#/media/File:Scythiancarpet.jpg

4-10　アルジャン古墳復元図　林俊雄2000「第一章　草原世界の展開」小松久男編『中央ユーラシア史』新編世界各国
史4山川出版社　p028

4-11　アルジャン古墳出土青銅器　林俊雄2000「第一章　草原世界の展開」小松久男編『中央ユーラシア史』新編世界
各国史4山川出版社　p025

4-12　スキタイ（ペルセポリス　アパダナ東階段）

https://commons.wikimedia.org/wiki/Category:Reliefs_of_gift-bearing_delegations,_Apadana_of_Persepolis?uselang=ja#/media/Fil
e:Relif_Passargard.jpg を一部改変

参考引用文献

ポンペイウス，トログス合阪學訳 1998『地中海世界史』 ユニアヌス，ユスティヌス抄録　京都大学学術出版会〈西洋
古典叢書〉1998年1月

飯尾訳編 1999『ディオドロス 神代地誌』 飯尾都人訳編　龍溪書舎　1999年6月

林俊雄 2007『スキタイと匈奴 遊牧の文明』 講談社〈興亡の世界史 02〉　2007年6月16日

松平訳 1982『ヘロドトス』 松平千秋訳、筑摩書房〈世界古典文学全集 10〉　1982年3月

雪嶋宏一 2008『スキタイ騎馬遊牧国家の歴史と考古』 雄山閣〈ユーラシア考古学選書〉、2008年9月

エドワルド・ルトベラゼ　加藤九祚訳 2011「考古学が語るシルクロード史」平凡社 ISBN　978-4-582-44117-8

加藤九祚監修 2005「偉大なるシルクロードの遺産展」図録キュレイターズ

林俊雄 2000「第一章　草原世界の展開」小松久男編『中央ユーラシア史』新編世界各国史4山川出版社

五、サウロマタイとサルマタイ

1, サウロマタイ

　前 4 世紀頃、カスピ海の北側にはサウロマタイがいた (5-1)。サウロマタイはスキタイ文化と類似する文化で、紀元前 7 世紀から紀元前 4 世紀の西部カザフスタンからウラル地方南部、ヴォルガ川下流域、北カフカス、ドン川下流左岸に至る広い範囲に分布していた。その起源については明らかではないが、土着の文化に先スキタイ文化や中央アジアの初期遊牧文化が

5-1 サウロマタイ

影響して発展した文化であるとみなされている。サウロマタイはイラン系言語の騎馬遊牧民集団であり、埋葬儀礼や動物様式に独自の特徴がある。サウロマタイ文化では女性戦士や巫女（みこ）の埋葬址（あと）が多数知られており、女性の社会的地位が高かったことが判明している。ヘロドトスはサウロマタイの起源について、スキタイとアマゾネスの結婚に起源をもつとしている。また、その習俗についての記述でも女性の地位の高さをうかがわせる。

（『フリー百科事典　ウィキペディア日本語版』「サウロマタイ」https://ja.wikipedia.org/wiki/
サウロマタイ）

　　ヘロドトス『ヒストリアイ（歴史）』

　　ギリシア人は女性戦士集団アマゾン族と戦ったとき、テルモドン河畔の戦いで勝利を収め、その捕虜を船に乗せてギリシアへ帰ろうとした。ところが船中でアマゾンが反乱を起こし、ギリシア人を一人残らず殺してしまったため、船は漂流し、黒海北岸のアゾフ海沿岸に漂着した。そこはスキタイの領地であったため、アマゾンはスキタイと戦うことになった。スキタイの方では新来者が何者であるかわからなかったが、それが女性たちであることを知ると、戦いをやめてアマゾンと同じくらいの人数の若者たちを選んで彼女たちに差し向けた。若者たちは適当な距離を保って敵意のないことを示し、徐々にアマゾンに近づいて行った。あるとき一人のアマゾンが用便をしているところに一人のスキタイの若者が近寄っていくと、彼女は拒まずに彼のなすがままになった。お互いに言葉はわからなかったが、身振り手振りで意思を通わせ、翌日仲間を連れてくることを約束した。こうして両グループは次第に親しくなり、遂（つい）に一緒に生活するようになった。そのうちアマゾンの方がスキタイの言葉を理解するようになり、会話も可能になった。アマゾンたちはすでにスキタイと戦って殺してもいるので、スキタイの中に入ることを拒み、一緒に東方に逃げることを望んだ。若者たちもそれに同意し、

タナイス河（ドン川）を渡って東方に移住した。このアマゾンとスキタイの若者の子孫がサウロマタイになったという。

　サウロマタイの女性は祖先の伝統を受け継いで男性と同じ服装で馬に乗り、狩猟をして戦場に出かける。また、娘は敵の男子を一人殺さぬうちは嫁に行かない。そのため、中には一人も殺せず、嫁に行かないまま老いていく者もいた。
サウロマタイの住居は荷車と一体であるので、古代のギリシア人は同じ習俗を持つアガテュルソイとともに彼等を「ハマクシビオイ（車上暮らし族）」とも呼んだ。

考古資料

　サウロマタイの遺跡はほとんどが古墳である。ヴォルガ川以東では中央アジアや北アジアの文化と関係が強く、ヴォルガ川以西ではスキタイ文化の影響が強くみられる。

　紀元前 7 世紀から紀元前 6 世紀に編年される早期のサウロマタイの墓では、被葬者は方形の竪穴墓に仰臥伸展葬（足を軽く曲げている場合もあり）、北西あるいは西を枕にして葬られていた。

　ベレジュノフカ（Berezhnovka）第 1 古墳群 6 号墳 4 号墓やボアロ（ボロダエフカ、Boaro、Borodaevka）村 D24 号墳 6 号墓では墓壙が丸太で覆われ上から火が放たれていた。

　古墳は、地下墓ばかりでなく、地上墓もみられ、ウサトヴォ（Usatovo）F13 号墳と F14 号墳やボアロ E23 号墳 3 号墓は旧地表面に作られた木槨墓であった。やはり、火を放つ儀礼が行われている。

　副葬品は少なく、土器と青銅製鏃が主である。土器は土器内側から押して口縁部に丸い小さな突起を 1 列に施した鉢型土器、頸部が短くややくびれて胴部が卵形で頸部に沿って 1 列に小孔が穿たれた壺型土器。頸部に 1 列の刺突文が施された壺型土器などの粗製の手づくね土器。北カフカスに特徴的な頸部が細く胴部が梨形に膨らんだ壺型土器などの磨研土器がある。青銅製鏃は古い型式の両翼鏃や袋穂が長い三翼鏃、袋穂が短い三翼鏃である。

　ノルカ（Norka）村の埋葬址やエンゲルス（Engel's）市 5 号墳 3 号墓などでは棒状の柄頭と蝶形の鍔のある鉄製アキナケス型剣が注口付きの大型壺型土器とともに出土した。

　エンゲルス市 12 号墳 3 号墓では紀元前 6 世紀後半に編年される青銅製鏃と共に、幅の広いハート形の鍔をもつ剣が発見された。

　ヴォルガ・ウラル両河間のリュビモフカ（Lyubimovka）村ラパシン（Lapasin）自然境界 1 号墳 5 号墓では紀元前 6 世紀に編年される「腎臓型」鍔をもつ鉄製アキナケス型剣が発見された。この墓は土壙墓で丸太で覆われ、上から火が放たれていた。

　チェリャビンスクのチュリロヴォ（Churilovo）村 27 号墳とスホメソヴァ（sukhomesova）村 7 号墳では裏面に鈕がある円形の青銅鏡が出土した。同様な鏡はアルタイのマイエミール期の資料やシルダリヤ下流のサカの墓でも知られ、紀元前 7 世紀から紀元前 6 世紀に編年されている。

　オルスク市西方のビシュ・オバ（Bish-oba）古墳ではいわゆるオルビア型青銅鏡が発見された。これは紀元前 6 世紀から黒海北岸のギリシア人植民市オルビアあるいはスキタイ

の古墳で知られている柄の先端や基部にスキタイ動物文が付く柄鏡である。ビシュ・オバ古墳は鏡によって紀元前6世紀後半に編年されている。

　紀元前6世紀に編年されるトリ・ブラータ（Tri brata）古墳群25号墳2号墓で前期スキタイに特徴的な環状に体を丸めた猛獣が表現された青銅製飾板が出土し、またゾロトゥシンスコエ（Zolotushinskoe）村の砂丘とスースルィ（Susly）古墳群では猛獣が型押しされた金製飾板が発見された。

　紀元前6世紀から紀元前5世紀はサウロマタイ文化が最も発展した時期である。サウロマタイの古墳の分布は、北ではバシコルトスタン、南では北カフカスのクマ川とテレク川方面まで拡大し、アケメネス朝ペルシアなどの西アジアの製品がもたらされた。

　サウロマタイ文化の中心地はサラトフ南方のヴォルガ川下流左岸やイレク川左岸流域にあり、多数の古墳が残されている。

　ヴォルガ川下流左岸のブリューメンフェリト（Blyumenfel'd）村A12号墳は墳丘の高さが1.6m、主体部の深さが3.25m、5.4m×4.9mの隅丸方形の墓壙であり、墓壙の壁は板張りであったと推測されている。墓壙は焼けた植物層で覆われ、さらに旧地表面で動物骨の堆積が検出され、ここで追悼宴が行われたことを示していた。墓壙南東部に2本の被葬者が西南西を枕に安置されていた。被葬者の南西側には馬骨と鉄製ナイフがあり、また左側には鉄製剣と矛が置かれていた。剣の柄頭はアンテナ型で鍔（つば）はハート形である。剣には木製鞘（さや）の一部が残存していた。矛の柄の下端には鉄製石突があった。また、青銅製鏃145点を含む箙（えびら）が右側の被葬者の足下に置かれ、左側の被葬者の枕元には青銅製鏃95点と7点の鉄製鏃の入った箙があった。第1の箙には古い型式の両翼鏃が含まれていた。両被葬者の左側には緑色で透明な玉が1点ずつあり、報告者はギリシアとの関係を示唆している。また、イノシシの牙に歯をむき出した猛獣が彫刻された馬具の一部が発見された。このような猪牙製品と歯をむき出した猛獣の表現はサウロマタイに特徴的である。

　墓壙北西角と北東角に見られた方形のくぼみでは牝牛と牡羊の骨の堆積が検出された。南西角付近には東西に分かれる間仕切りがあったようで、西側の部分は撹乱されていた。墓壙西側には鉄製轡（くつわ）3対と青銅製鏃、鹿が彫刻された骨製品があった。馬具には半球形の辻金具やグリフィン頭部や馬頭部をかたどる飾りなどがあった。A12号墳は鏃の型式などから紀元前6世紀から紀元前5世紀初頭に編年される。

　イレク川左岸のクマクスキー（Kumakskii）村周辺のメチェト・サイ（Mechet-Sai）墓群2号墳は墳丘の高さが2.03m、直径が30mである。古墳には全部で8基の地下式横穴墓が造られていた。主体部は古墳中央部に位置する2号墳である。墓は入り口から北東方向に羨道（長さ3.3m、最大幅1.8m）があり、隅丸方形の墓壙（4.7m×4.1m、深さ2.45m）の南西角に下りながら接続していた。羨道および墓壙全体は上からポプラの丸太や木材で覆われていたが、後にその上から作られた4号墓で破壊されていた。墓壙の床面直上では草あるいは葦（あし）の腐敗物や白亜が検出された。墓壙中央に3人の被葬者が別々なレベルに扇状に安置されていた。遺体の保存状態は不良で、右側の遺体のみが仰臥伸展葬、南枕で安置されていたことが判明した。他の2遺体はレベルから判断して追葬である。それと同じレベルに牡羊の骨があり、更にその上の埋土から53点の青銅製鏃を伴う白樺と毛皮から作られ

た箙が発見された。右側の被葬者の頭部付近からは練り物のビーズと箙を懸垂するための鉄製鈎(かぎ)が発見された。墓壙北隅には馬の骨と、鉄製銜と銜留具（3点）、革紐に付く鉄製と青銅製金具、大型の鉄製環などの馬具があった。銜留具は2孔式S字形で、一対のものは両端に動物の頭が表現されていた。青銅製品では牙形飾りと幅の太い環があり、前者は幅の広い部分に山岳山羊頭部がかたどられ、後者にはフック状の突起に蹄(ひづめ)が表現されている。これ以外の場所でも馬骨と羊骨が発見され、馬2頭と牡羊2頭が墓に納められたとみなされる。また、発掘中に発見された断片によって銅製鍑が羨道に置かれていたことが推測されている。墓の東側の旧地表面で煤(ススナ)や炭が大量に検出され、そこで大きな焚火(たきび)が行われたことが判明した。墓は青銅製鏃により紀元前6世紀から紀元前5世紀前半に編年される。また、主体部以外の他の追葬墓も紀元前5世紀に編年されている。

　メチェト・サイ古墳群の東側に位置するピャチマルィ（Pyatimary）第1古墳群8号墳は南北径28m、東西径26.5mの不正円形の古墳で、墳丘の高さは3mであった。主体部には旧地表面に作られた東西10m、南北7mの方形の木造構築物があり、四隅で構築物を支えた柱の穴が4か所ずつ確認された。構築物の西半分に2.9m×2m、深さ0.8mの墓壙が作られ、男女と子供の3人が仰臥伸展葬、南枕で埋葬されていた。青銅製棍棒頭あるいは矛の石突、青銅製三翼鏃、鉄製ナイフ断片、鉄製札甲断片、中央アジアに起源する大型の赤色磨研土器片が副葬されていた。さらに、東半分には2人の戦士が旧地表面上に仰臥伸展葬で南南西を枕にして葬られており、構築物の南側には5頭の馬が陪葬されていた。戦士の頭の近くには長さ1.1mの鉄製長剣が置かれ、柄には太い金製環と房飾り、鉄製鈎があった。剣の南側には74本の矢が入った革製箙があり、鉄製鈎を伴っていた。戦士は腰に砥石を吊るしていた。陪葬馬はいずれも鉄製轡(くつわ)が装着され、革紐に青銅製の辻金具や環、ラクダを表現する動物文様の飾板などがつけられていた。馬具は装着された状態で発見されたため、それらの使用方法が明らかになった。古墳は出土した剣や鏃の型式によって紀元前5世紀初頭に編年されている。地表に葬られた2人の戦士は土壙墓に葬られた家族に仕える者で、殉葬とみなされている。このような、埋葬全体を木造の構造物で覆う方法はサウロマタイに特徴的な埋葬儀礼である。

　紀元前5世紀末から紀元前4世紀にもサウロマタイの古墳はウラル川流域およびヴォルガ川流域に広く分布している。この頃、南ウラル地方では前期サルマタイ時代（プロホロフカ文化）の埋葬が出現したが、ヴォルガ川下流域にはまだ及んでいない。この時期に属するウラル川流域のサウロマタイの古墳では、竪穴墓に被葬者が仰臥伸展葬、西枕で葬られ、いずれも紀元前5世紀後半から紀元前4世紀に特徴的な青銅製鏃を含む箙が副葬されていた。紀元前4世紀以降、ウラル川流域ではサウロマタイ文化にサルマタイ文化が浸透するようになり、サウロマタイの古墳をサルマタイが再利用している。

2，サルマタイ

　紀元前 4 世紀以降、サウロマタイ
に東方遊牧民が流入してサルマタイ
文化を形成した。

　前 2 世紀にはドニエプル川流域か
らスキタイを排除し、2 世紀までは
ドン川流域がその中心地であった。
その墓はスキタイと違って大きな墳
丘は造らなかったが、中国の模造鏡
やローマの影響を受けた遺物が出土
している。

5-2 トラヤヌス記念柱　サルマタイとの戦い

　1 世紀から 2 世紀頃出現したサル
マタイの一派アランは、中国では「阿蘭」と記されており、2 世紀から 4 世紀は彼らが北
カフカスから黒海北岸で活躍した。

　4 世紀の半ばになってアランは東から侵攻してきたフンの襲撃に遭い、その一部となっ
て西の東西ゴート族侵攻に加わり、民族大移動を引き起こした。アランはドナウ川流域か
ら北イタリアに侵入し、一部はガリアに入植した。さらにその一部はバルバロイを統治す
るためにローマ人によってブリテン島へ派遣された。また、他の一部はイベリア半島を通
過して北アフリカにまで到達した。

考古資料

（『フリー百科事典　ウィキペディア日本語版』「サルマタイ」https://ja.wikipedia.org/wiki/
サルマタイから転載）

古墳の特徴

　サルマタイの遺跡は低平な墳丘の古墳である。被葬者はその墓室に 仰 臥伸展
葬、南枕で葬られた。また、サウロマタイと同様に地下式横穴墓や竪穴墓も知ら
れている。サウロマタイと比較して墓室・墓壙は小さい。竪穴墓の天井は丸太や
板、樹皮などで覆われた。大きな墓壙の場合は、天井の構造が複雑になり、羨道
を伴うものもある。方形の墓壙では被葬者は墓壙の対角線上に安置されていた。
このような対角線埋葬は紀元前 5 世紀のサウロマタイで若干知られていたが、サ
ルマタイ時代にとくに発達した儀礼である。副葬品としては、特徴的な丸底土器、
青銅製鏃、長剣および短剣などがあり、前肢を伴う牡羊の肉が供えられた。

前期サルマタイ時代の遺跡

　前期サルマタイ文化は、オレンブルク州プロホロフカ村古墳群の発掘によって
明らかにされたため、プロホロフカ文化と呼ばれる。プロホロフカ文化は紀元前 4
世紀には南ウラル地方に分布の中心があったが、同世紀末までにヴォルガ・ドン
川流域に、さらに紀元前 3 世紀にはドン川を越えてドニエプル川流域に拡大して
いる。

　ノーヴイ・クマク村古墳群

オルスク市近郊ノーヴイ・クマク村古墳群ではプロホロフカ文化の早期の 19
基の古墳が発掘された。19 基の古墳のうち、サウロマタイのものが 12 基、サル
マタイのものが 4 基であった。サルマタイに関係づけられた 12 号墳では副葬品
のセットはサウロマタイと同様であった。しかし、プロホロフカ文化に特徴的な
丸底の壺型磨研土器や頸部が高く胴部が洋梨型に膨らんだ水差型土器が発見さ
れ、両文化の混合が見られた。この墓は鏃と剣の形式から紀元前 400 年頃に比定
された。

　地下式横穴墓の例としてはメチェト・サイ 8 号墳 5 号墓がある。長さ 4.6m、
幅 1.7m 〜 1.9m の羨道が北から南にのび、墓室に通じていた。墓室には細い木材
で枠組みされた台に、巫女とみなされた身分の高い 2 人の女性が、豊かな副葬品
とともに並んで葬られていた。耳飾りや腕輪などの金銀製品を身につけた右側の
女性は、長さ 50cm、底部直径が 14cm の箙を左足下に置いていた。箙には 10
本の矢が残されていた。矢柄は白樺あるいはポプラ製、鏃は青銅製であった。西
側には白亜の塊と貝殻があり、その南側で青銅製の大きな柄鏡とその木製ケース
片が発見された。左側の女性は 25 〜 30 歳の年齢で、銀製装飾品を身につけてい
た。東側には第二の青銅製柄鏡があった。直径 15.5cm。鏡の下には植物を編ん
で作った入れ物の痕跡があり、革と木が残存していた。鏡は鏡面と鏡背が別々に
鋳造され、接合されたものである。柄は短く中子状に先端に向かってすぼまって
いる。鏡背の中央部には円錐形の突起があり、その外側に断面が半円形の第一の
突帯がめぐり、さらに鏡の縁に沿って断面が高い五角形の第二の突帯がめぐって
いる。中央部と第一の突帯との間には二重同心円文があり、第一と第二の突帯の
間には小アジア起源の人物と動物が表現された図像がある。中央部に突起があり、
縁が高く盛り上がった円形の柄鏡は、前期サルマタイ時代に特徴的な形式であり、
中央アジアからヴォルガ川流域にかけて広く分布した。墓は鏃によって紀元前 4
世紀に編年されている。

カリノフカ村古墳群

　ヴォルガ川下流左岸に達したプロホロフカ文化の古墳の一例としては、ヴォル
ゴグラードの北 35km に位置するカリノフカ村古墳群が知られている。発掘され
た 62 の古墳には全部で 253 基の埋葬が行われ、サウロマタイ・サルマタイ時代
に関係づけられているものが 159 基あった。サウロマタイ時代が 5 基、前期サル
マタイ時代が 63 基、中期サルマタイ時代が 60 基、後期サルマタイ時代が 31 基
である。前期に編年される墓はいずれも前代の古墳を再利用したもので、幅の狭
い隅丸方形の竪穴墓、墓室の広いポドボイ墓、入口坑が横穴の長軸側にある地下
式横穴墓の 3 型式に分類される。とりわけポドボイ墓では単独葬ばかりでなく、
入口坑から左右にポドボイが造られ家族が埋葬された合葬墓がみられた。12 号
墳 28 号墓では入口坑から東西にそれぞれ墓室が造られていた。西側墓室には奥
から未成年者、成人男性、子供、成人女性の 4 体が安置されていた。未成年者の
埋葬は、ポドボイの西壁に造られた小さな掘り込みに行われていた。東側墓室で
は成人男性 2 体が埋葬されていた。被葬者は仰臥伸展葬で、頭位は子供を除いて
いずれも南南西である。墓室は木材で閉塞され、さらに上から草や葦の層で充填

されていた。副葬品は、西側墓室の男性にはガラス製ビーズ、牡羊の肩甲骨と白亜。女性には青銅製指輪 2 点とガラス製ビーズ、壺型土器などが供えられていた。また、東側墓室の一方の男性は青銅製鏡断片や、鉄製ナイフなど、他方の男性は鉄製鏃などを伴っていた。鏡は縁が高く盛り上がった形式である。

クヴァシノ埋葬址

アゾフ海北岸のクヴァシノ駅で発見された埋葬址（あと）では、鉄製矛 2 点、鉄製銜 3 点と銜留具 1 対が出土した。矛はクバン川流域のマイオタイで発見される型式に類似し、銜（よ）は全体が撚ったようなねじれ文様があり、両端がくるりと丸められ環となる。銜留具は 2 孔式の彎曲（わんきよく）した形で、紀元前 3 世紀までに編年されている。さらにドニェプル川下流域では紀元前 4 〜 3 世紀までに編年されるサルマタイの墓が少なくとも 5 基知られている。それらは対角線埋葬や鏃（やじり）などの特徴によって判断されている。

中期サルマタイ時代の遺跡

サルマタイ文化は中期サルマタイ時代に最盛期を迎えた。この時代の文化はサラトフ市の北のヴォルガ川左岸に位置するスースルィ村古墳群にちなんでスースルィ文化と呼ばれる。サルマタイの墓はヴォルガ川下流域から北カフカス、黒海北岸、ドナウ川流域にいたる広範囲に分布する。トルコ石やザクロ石、練り物などを動物の体躯などに象嵌（ぞうがん）した多色装飾の動物様式を持つ金製の武器、馬具、ディアデム、容器などがイタリアおよびローマ辺境諸州から輸入された銀製容器などと一緒に発見されることがこの時代の大きな特徴である。このような資料が出土した例としては、ドン川下流域右岸のホフラチ古墳や、サドーヴィ古墳がよく知られている。とりわけサドーヴィ古墳出土の多色動物様式の金製馬具装飾は、ピョートル大帝シベリア・コレクションの中にも類例が知られている。また、青銅製鍑も多数発見されている。鍑は前期サルマタイ時代から知られているが、この時代になると、さまざまな形態の鍑が登場している。主要な形式としては、胴部が卵形で、半円形の柄に突起が 3 つあり、垂直に立った柄の付け根から口縁部に口ひげ形の小さな突帯が連続するように付き、胴部の一番幅の広い部分に縄目を模した突帯がめぐるものであり、円錐台形の圏台がつくものと、圏台がないものとがある。また柄が動物形となるものもしばしば見られる。このような特徴的な資料は、特にドン川流域を中心に分布しており、当時のサルマタイ文化の中心がこの地域にあったことを示唆している。

一方、前期サルマタイ時代の中心地であった南ウラル地方ではこの時代にはサルマタイの埋葬址が減少しており、サルマタイが全体的に西に移動したことを示している。

中期の埋葬の多くは先行する時代の古墳を利用した再利用墓であるが、一部は低平で比較的小規模な古墳を築いたものもある。埋葬儀礼は前代とほぼ同様である。墳丘では木炭や灰の層と馬や牡羊の骨が検出され、また時折青銅製鍑が発見されることから、埋葬後に墓上で火を炊き、家畜を生贄（いけにえ）にして追悼宴が行われたことを物語っている。

ソコロヴァ・モギーラ

　ブグ川下流右岸コヴァリョフカ市郊外のソコロヴァ・モギーラは青銅器時代に造営された墳丘高 6.4m、直径 70m の古墳である。さまざまな時代の墓が 26 基作られていたが、墳丘中央部に造られた 3 号墓が中期サルマタイ時代のものであった。

　墓壙は深さ 1.6m ～ 1.3m、プラン方形で、上から木材で覆われていた。被葬者は 45 ～ 50 歳の女性で、仰臥伸展葬で西南西を枕にしていた。女性はさまざまな形の金製アップリケが施された豪華な衣服を着ていた。そして螺旋形（らせん）のペンダントや、金製耳飾り、3 種類の頸飾り、金製腕輪、金製フィブラ（ブローチ）、金製ビーズなどの装飾を身に着けていた。被葬者の頭部左側には銀製オイコノエとカンタロス、右側には柄が銀製の青銅鏡、柄が銀製で金製の枠がある木製団扇（うちわ）、青銅製バケツ型容器などがあった。足元右側には大理石製容器、アラバスター製容器、石製容器（さじ）、銀製匙、骨製櫛（ぐし）など、足元には木製の壇の上にガラス製皿、ファイアンス製皿、骨製団扇が置かれていた。さらに、被葬者の右側には護符とみなされる遺物がまとめられていた。とくに注目されるのは鏡である。鏡面の直径は 13.3cm、鏡背は縁が盛り上がったサルマタイに特徴的な形式であるが、柄に丸彫りされた胡座（あぐら）して両手で角杯を持つ有髭の人物は、東方的な特徴を示す。墓は金製フィブラなどにより、1 世紀前半から中葉に編年された。これらの儀礼的な資料によって、被葬者がサルマタイの高貴な巫女（みこ）であったと推定されている。

ダーチ 1 号墳

　ドン川下流アゾフ市郊外のダーチ 1 号墳は、耕作されて墳丘の高さが 0.9m、直径は 35m が残存していた。墳丘中央に位置する 1 号墓は 3.1m × 3.2m、深さ 3.3m の方形の竪穴墓であり、すでに攪乱（かくらん）を受けて、副葬品はアンフォラやガラス器の破片などわずかなものしか残っていなかった。しかしながら墓壙西側で発見された方形の隠し穴からは、豪華な馬具のセット、短剣、半球形胸飾り、鹿形腕輪が出土した。

　馬具は金製飾板が前面に付けられた馬覆い、銜留具の両端に金製象嵌の円形小型ファレラが接合された鉄製銜（くつわ）、同様な楕円形のファレラ、半球形の金製胸飾り、縞（しま）メノウが象嵌された金製大型ファレラ 1 対などからなる。大型ファレラのメノウの周りを丸彫り風に表現された横たわる 4 頭のライオンが取り巻いている。ライオンの目、腿、尻は象嵌されている。ライオンとライオンの間には大粒のザクロ石が象嵌され、一方のファレラは女性像が彫り込まれている。さらにファレラの縁にはトルコ石、ガラスの象嵌がめぐっている。また、メノウの頂点にもロゼット文が象嵌されている。

　短剣は、柄と鞘（さや）が豪華な金製装飾版で覆われていた。装飾版には鷲（わし）がフタコブラクダを襲う闘争文が繰り返しあらわされている。柄頭にはフタコブラクダが単独で表現されている。鞘の基部と先端部の両側に半円形の突出部があり、そのうち基部左側を除く 3 か所に同様な闘争文を表現する半球形の突起がついている。基部左側の突出部には、体を後方へよじったグリフィンが表現されている。動物の体躯と鞘の縁にトルコ石とザクロ石が細かく象嵌されている。特に縁に沿った

象嵌は、サルマタイには珍しいひし形であり、トルコ石2個おきにザクロ石が置かれている。

半球形胸飾りは金製で、頂点に円形の珊瑚（さんご）が象嵌され、その周りをトルコ石とザクロ石が象嵌された連続三角文が2重に取り囲んでいる。三角文の文様帯は四方に伸びて縁をめぐる文様帯に接続している。胸飾りの縁の一方側に1個の金製環が、反対側に2個の環が取り付けられている。

鹿形腕輪も金製であり、全体は左右から2頭ずつ鹿が直列して向かい合い、中央で前肢の蹄（ひづめ）を合わせている形であるが、各鹿の頭部と枝角はそれぞれ輪から突出して表現されたユニークなものである。鹿の胴部にはトルコ石、珊瑚、ガラスが象嵌されている。

墓は主体部で発見された鉄製袋穂式鏃から1世紀後半に編年されている。

4か所の突出部のある剣の鞘は、アルタイの木製鞘に起源があると考えられるが、金製象嵌の装飾版の類例はアフガニスタンのティリャ・テペと北西カフカスのゴルギッピアで発見され、また彫像に表現された例としてはパルミュラやアナトリア東部のアルサメイアで知られており、広範囲な文化関係があったことが推測される。

ポロギ村2号墳1号墓

ブグ川中流域のポロギ村2号墳1号墓は青銅器時代の古墳の中央部に造られた地下式横穴墓である。地下式横穴墓はウクライナのサルマタイの埋葬址では稀な型式である。羨道は長さ3.5m、幅2.1mで、南側から墓室に接続していた。墓室入り口は石で閉鎖されていた。墓室北西部に男性の被葬者が木棺に葬られていた。

副葬品としては、鉄製環頭短剣、鉄刀、鉄鏃、金製帯飾板2対、金製首輪、動物形片手銀製杯などであった。

短剣は木の台に赤い革が張られた鞘に納まっていた。柄と鞘の上部に金製ライオン形飾り、鞘中央にタムガ文の金製板が付き、さらに柄の上部と下部、鞘の4か所に連続ハート形文の金製飾りがあった。鐺（こじり）には金製の半球型飾りが3点ついていた。多色動物様式で装飾された帯飾板の一方の1対の飾板は馬蹄形（ばていけい）であるが、左右で形と幅が異なったものである。飾板中央にはライオンのような猛獣頭部が丸彫りで付き、その両側からグリフィンが前肢で猛獣の後肢を掴み噛みついている。猛獣の背後には両手でグリフィンの後肢と尾を鷲掴み（わしづか）にした人物が立っている。飾板の周囲は方形の象嵌がめぐっている。人物の顔は丸顔で目が切れ長で、髪を剃（そ）って頭頂で饅頭（まんじゅう）のように丸めており、モンゴロイド的な特徴をもっている。

剣に見られたタムガ文様が西暦70年～80年代に黒海北岸のオルビアで発行されたサルマタイ王イニスメウスの貨幣に見られるものと同様であり、墓をそれと同時代に編年することを可能にしている。

コビャコヴォ10号墳

ドン川下流ロストフ・ナ・ドヌー市郊外のコビャコヴォ10号墳は、墳丘の高さが3mの古墳である。墳丘下には激しく焼けた箇所があり、ローマの青銅製容器断片が発見され、追悼宴が行われたことを示していた。

古墳中央からやや南東側に方形の墓壙があり、内部に 2.5m 四方の正方形の木槨墓室が造られ、25 〜 30 歳の女性が埋葬されていた。女性は頭に赤色の薄い革で作られたディアデムを、頸（くび）には多色動物様式の金製透かし状の首輪、腕にも同様な金製腕輪、右手の指にも金製指輪をつけていた。

　ディアデムには薄い金製板を打ち抜いて作られた生命の樹を中心に、その両側に 3 頭ずつの鹿と 2 羽ずつの鳥、小円文のアップリケが取り付けられていた。

　首輪は、長髪有髭で長剣を膝に置く戦士の故座像を中心にして、両側に獣頭で鎧（よろい）を着た 3 人の人物が、グリフィンと闘争する図が表現されている。人物の耳や鎧、グリフィンの顎、耳、脚、胴、腿、翼などにトルコ石が象嵌されていた。

　腕輪にはグリフィンが連続して表現され、目、腿、爪などのトルコ石とザクロ石が象嵌されていた。

　指輪には滴形の練り物 2 個が象嵌されていた。

　女性の衣服にはロゼット文などのアップリケが多数縫い付けられていた。

　主な副葬品としては表面に石膏（せっこう）が塗布された木製蓋付小箱、多色動物様式の文様で装飾されたフラスコ型の金製小型香油入れ、鉄製斧、蓋付灰色磨研型土器、鉄製ナイフ、銀製匙（さじ）、ライオン頭部を正面観で表現する金製象嵌ファレラ、半球形青銅製ファレラ各 2 点、鉄製轡（くつわ）などがあった。

　ディアデムの生命の樹と鹿・鳥のモチーフと香油入れはホフラチ古墳出土の例と類似してるが、首輪の闘争図のモチーフはセミレチエのカルガルゥの金製ディアデムに類例があり、長髪有髭の人物も東方との関係が指摘されている。

　さらに、中期サルマタイ時代の埋葬址から多数出土する鏡の大半は柄鏡であるが、中国鏡やコビャコヴォの例のように中国からの搬入品も発見されており、サルマタイが中央アジアを通じて中国と間接的あるいは直接的に関係していたことを示している。

　コビャコヴォ 10 号墳は 1 世紀末から 2 世紀に編年されている。

後期サルマタイ時代の遺跡

　後期サルマタイ時代は、1 世紀に黒海北岸に登場したアラン（アラノイ）の民族名から、アラン文化期と呼ばれる。

　後期サルマタイ時代の埋葬の特徴は、ヴォルガ・ドン地方では小規模な墳丘を築く円墳であるが、ウラル川流域ではこの時代に新たに築かれた東西に長い墳丘が見られることである。墳丘下には小規模なポドボイ墓や幅の狭い方形墓壙が作られた。ポドボイでは入口坑の西壁に墓室が穿たれた。

　北カフカスでは地下式横穴墓が分布し、ドニェストル・ドナウ両河間では墳丘を築かない土壙墓が見られる。墓は旧地表面で丸太や木材、芝土、枝や葦（あし）で閉塞された。埋葬は単独葬が大半であり、仰臥伸展葬で北あるいは南を枕にした。ポドボイ墓や狭い墓壙では北枕が主流である。

　この時代の最大の特徴は南ウラル地方、ヴォルガ川下流域、ヴォルガ・ドン両川間でみられる被葬者の頭骸変型である。頭骸変型は紀元前後から散発的にみられたが、この時代に非常に発展した風習である。

死者に供える家畜は肢などの一部のみである。

墓では前時代同様に白亜の塊がみられたが、硫黄の塊や火打石を削った痕跡も
しばしば検出された。墓に火を放った痕跡はすくなく、儀礼は簡素化されたとみ
なされている。

副葬品は武器、道具、装飾品、化粧道具、香炉、護符などである。武器では環
頭剣と短剣、鏃が見られ、剣は被葬者の左、短剣は右に置かれ、鏃は少数である。

馬具は通例被葬者の足下に置かれた。

装飾品としては帯飾板、フィブラ、頸飾りの一部として発見される小型柄鏡あ
るいは垂飾などがある。小型の柄鏡は前代から発展していたものであるが、この
時代には鏡というよりも垂飾として使用されたと考えられている。

土器は手づくねや轆轤（ろくろ）製であり、後者はドン川やクバン川流域あるいはボスポ
ロス王国で製作されたものである。動物形把手が付いた轆轤製水差型土器は、こ
の時代に特徴的な資料である。また、ヴォルガ川左岸ではホラズム製の化粧土の
かかった赤色土器が登場している。

レベデフカ村古墳群

後期サルマタイ時代の注目される遺跡の例としては、ウラル川左岸流域にある
レベデフカ村古墳群が挙げられる。

レベデフカの古墳群は 8 群に分かれ、サウロマタイからサルマタイの埋葬が
101 基発掘された。そのうちの 50 基が後期サルマタイ時代に編年されている。

埋葬形態は 23 基がポドボイ墓、17 基が幅の狭い竪穴墓、4 基が墓壙の広い墓
であった。被葬者は仰臥伸展葬、北枕で安置されていたが、2 基のポドボイ墓で
は屈葬であった。また、20 体に頭骸変型が確認されたが、そのうちの半数以上
がポドボイ墓で検出された。

第 5 墓群 23 号墳の主体部は墓壙が広く、副葬品が豊かな墓であった。主体部
には男性が安置され、中国の内行花文鏡、青銅製フィブラ、金製アップリケ、中
央アジア起源の轆轤製赤色片手壺型土器、低い器台のある青銅製パテラ、長い柄
のある鉄製柄杓（ひしゃく）などが副葬されていた。

23 号墳には追葬墓が造られ、棺に男性が安置され、玉髄の柄頭をもつ鉄製長
剣、短剣、長い砥石（といし）、青銅製フィブラ、可動式舌の付く青銅製小型バックル、ガ
ラス製ゴブレットが副葬されていた。

墓は共に 2 世紀から 3 世紀前半に編年された。

第 6 墓群 1 号墳は、東西に並ぶ 2 つの墳丘を長さ 34m、幅 10 〜 14m、高さ 0.3
〜 0.5m の土塁が連結した形であった。埋葬は東側の墳丘下のポドボイ墓で行わ
れていた。副葬品は鉄製長剣、鉄製鏃、ボスポロス製ガラス容器片、青銅製フィ
ブラ、円形の金製アップリケ、鉄製ナイフなどである。

長剣は”金属製柄頭のない剣”に分類される型式であり、柄頭の部分に円盤状
の玉髄を伴ういわゆる”玉具剣”である。この玉髄の上にはシーレーンの顔ある
いは獅子＝人面が型押しで表現された金製装飾板が取り付けられていた。飾板の
縁と額および両頬にガラスが象嵌され、象嵌座の周りは細粒が取り巻いている。
A.M.ハザーノフによれば、金属製柄頭のない剣は 2 世紀〜 4 世紀に盛行してい

るが、玉具剣はサルマタイでは類例が少ないという。

ガラス容器とフィブラによって墓は2世紀〜3世紀前半に編年された。

文献にみるサルマタイ

　ヘロドトスなどによると、紀元前4世紀末にはサルマタイ諸部族はドン川に迫り、そのうちのシラケス族はボスポロス王国の権力闘争に深く関与してクバン川流域を支配下に置いた。時にスキタイ（第二スキタイ国家）は紀元前339年のアテアス（アタイアス）王の死後から弱体化し、紀元前3世紀にはドン川を越えて侵攻してきたサルマタイによって征服されてしまう。スキタイはクリミア半島に押し込まれ、第三スキタイ国家を形成した。その地域は小スキティアと呼ばれた。

　サルマタイは黒海北岸を征服すると、そこにあったギリシア植民市にも侵略し、自由民たちを捕虜にして売りさばいた。

ポントス・ボスポロス王国に従軍

　ポントス・ボスポロス王のパルナケス（在位：紀元前63年〜紀元前47年）がローマと戦うことになったため、シラケス王のアベアコスは騎兵2万、アオルソイ王のスパディネスは20万、高地アオルソイ族はさらにそれ以上の騎兵を送って従軍させた。

パルティアとローマの戦い

　35年、パルティア王アルタバヌス2世（在位：10年頃〜38年）の王位に不満を持ったパルティア貴族がローマ帝国に支援を求めた。ローマのティベリウス帝（在位：14年〜37年）は援軍を派遣するとともにティリダテス3世を新たなパルティア王に据え、前年にアルタバヌス2世が奪ったアルメニア王国を取り返した。この戦いでサルマタイは両方の側にかり出され、互いに争ってアルメニア奪還に貢献した。

ボスポロスとローマの戦い

　ボスポロス王国のミトリダーテス（在位：41年〜45年）は王位を弟のコチュスに奪われて以来、各地を彷徨っていたが、ボスポロス王国からローマの将軍ディーディウスとその精兵が撤退し、王国にはコチュス（在位：45年〜62年）とローマ騎士ユーリウス・アクィラの率いる少数の援軍しか残っていないことを知った。

　ミトリダーテスは二人の指揮者を見くびって部族を煽動して離反を促し、軍勢を集めてダンダリカ族の王を放逐し、その王国を掌中に収めた。

　これを聞いたアクィラとコチュスは、自分らだけの手勢に自信が持てなかったため、アオルシー族の強力な支配者であったエウノーネスに使節を送り、同盟条約を結んだ。

　両軍は合同して縦隊をつくり、進軍を開始した。前部と後尾はアオルシー族が、中央はローマの援軍とローマ風に装備したボスポロスの部族が固める。こうした

隊形で敵を撃退しながら、ダンダリカ王国の首邑ソザに達した。すでにミトリダーテスがこの町を放棄していたため、ローマ軍は予備隊を残して監視することにした。

　ついでシラキー族の領地に侵入し、パンダ河を渡り、首邑ウスペを包囲した。この町は丘に建てられ、城壁や濠で守られていたが、城壁は石ではなく、柳細工や枝細工を積み重ねたものに土をつめただけのものであったため、突破するのにさほど時間がかからなかった。包囲軍は壁より高い楼を築き、そこから松明や槍を投げ込み、敵を混乱に陥れた。

　翌日、ウスペの町は使節を送ってきて「自由民に命を保証してくれ」と嘆願し、奴隷を一万人提供しようとした。ローマ軍はこの申し出を断り、殺戮の号令を下した。ウスペの町民の潰滅は、付近の人々を恐怖のどん底に陥れた。

　シラキー族の王ゾルシーネスはミトリダーテスの絶体絶命を救ってやろうか、それとも父祖伝来の王位を維持しようかと、長い間考えあぐねた。遂に自分の部族の利益が勝って、人質を提供し、カエサルの像の下にひれ伏した。

　こうしてローマ軍はタナイス河を出発して以来、三日間の行軍で一滴の血も失わずに勝利を勝ち取ることができた。

　しかしその帰途、海を帰航していた幾艘かの船が、タウリー族の海岸に打ち上げられ、その蛮族に包囲され、援軍隊長とその兵がたくさん殺された。

　ミトリダーテスは自分の軍隊を少しも頼れなくなり、アオルシー族のエウノーネスに依ろうとした。ミトリダーテスは服装も外見も現在の境遇にできるだけ似つかわしく工夫し、エウノーネスの王宮に赴いた。

　エウノーネスは盛名をはせたこの人の運命の変わり方と、そして今もなお尊厳を失わぬ哀訴にひどく心を動かされた。そして嘆願者の気持ちを慰め、ローマの恩赦を乞うために、アオルシー族とその王の誠意を択んだことに感謝した。

　さっそくエウノーネスは使節と次のような文書をカエサルの所へ送った。「ローマの最高司令官らと偉大な民族の王たちの友情は、まず地位の相似から生まれている。予とクラウディウスはその上に勝利を分けあっている。戦争が恩赦で終わる時はいつも、その終結は輝かしい。このようにして、征服されたゾルシーネスはなにも剥奪されなかった。なるほどミトリダーテスはさらに厳しい罰に価する。彼のため権力や王位の復活を願うのではない。ただ彼を凱旋式に引き出したり、斬首で懲らしめたりしないようにと願うだけである。」

ウァンニウスに従軍するイアジュゲス族

　かつてローマのドルスス・カエサルがスエビ族の王位に据えていたウァンニウスが内紛によって放逐されたため、ウァンニウスはローマに支援を求めた。しかし、クラウディウス帝（在位：41年 ～ 54年）は蛮族同士の争いに軍を派遣したくなかったので、戦闘はせず、最低限の軍を川岸に配備するのみで、ウァンニウスには避難所を与えてやった。

　ウァンニウスには彼の部族（クァディー族）の歩兵とサルマタイのイアジュゲス族の騎兵が味方となった。敵はヘルムンドゥリー族、ルギイー族など数が多く、

太刀打ちできないと思ったウァンニウスは、砦（とりで）にこもって籠城戦に持ち込もうとした。しかし、敵の包囲にたまりかねたイアジュゲス族が打って出たため、ウァンニウスも出る羽目になり敗北を喫した。

図版出典

5-1　サウロマタイ

https://upload.wikimedia.org/wikipedia/commons/e/eb/Scythians_map%28ja%29.png　に加筆

5-2　トラヤヌス記念柱　サルマタイとの戦い

https://commons.wikimedia.org/wiki/File:028_Conrad_Cichorius,_Die_Reliefs_der_Traianssäule,_Tafel_XXVIII.jpg?uselang=ja

参考引用文献

『フリー百科事典　ウィキペディア日本語版』「サウロマタイ」2018.8.24　https://ja.wikipedia.org/wiki/サウロマタイ

松平千秋訳 1988（ヘロドトス『歴史』）『ヘロドトス』筑摩書房

林俊雄 2007『興亡の世界史 02 スキタイと匈奴 遊牧の文明』講談社

藤川繁彦 1999『世界の考古学 6 中央ユーラシアの考古学』同成社

飯尾都人 1999『ディオドロス 神代地誌』龍溪書舎

『フリー百科事典　ウィキペディア日本語版』「サルマタイ」2018.8.24　https://ja.wikipedia.org/wiki/サルマタイ

岡田護編 1990『中央ユーラシアの世界』 護雅夫・岡田英弘、山川出版社〈民族の世界史 4〉

雪嶋宏一 2008『スキタイ騎馬遊牧国家の歴史と考古』 雄山閣〈ユーラシア考古学選書〉

小松久男・梅村坦他編 2005『中央ユーラシアを知る事典』

國原吉之助訳 1965『世界古典文学全集 22　タキトゥス』筑摩書房

ストラボン・飯尾都人訳 1994『ギリシア・ローマ世界地誌 II』龍溪書舎

六、アケメネス朝ペルシャとアレキサンドロス大王

1, アケメネス朝ペルシャ

　紀元前 7 世紀末ごろ、メディア王国がバクトリアからアナトリア東部までを支配した (6-1)。

　メディア王国（紀元前 715 年頃～紀元前 550 年頃）は、現在のイラン北西部を中心に広がっていたメディア人の王国である。アッシリアが紀元前 612 年頃崩壊し、影響力を拡大したエジプト、リディア、新バビロニア（カルデア）とともに当時の大国となった。

　イラン高原地方には、ペルシャ人（イラン系）が進出し、砦（とりで）を築いて軍事力によって社会秩序を維持した。

　前 6 世紀半ば、メディア王国から独立したアケメネス朝ペルシャは、初代の王キュロス 2 世（在位：前 559 年頃～前 529 年）のとき、バビロニア、バクトリアを支配し、北方サカ族を従えた (6-2)。このとき、すでに中央アジアオアシス地帯にはいくつもの都市国家が成立していたのである。

　キュロス 2 世は、さらに、スキタイ人をヤクサルテス（シルダリア）川北方に追いやった (6-3)。そして、彼らの南下を防ぐためオクサス（アムダリア）川北方のソグディアナ・キュロポリスを建設し、王子スメルディスをバクトリアのサトラップ（総督）に任命した。彼は、バクトリア北方のスキタイ系マッサプタイ人との戦いで戦死し、国は混乱したが、ダリレイオス 1 世が即位して世界帝国が完成した。

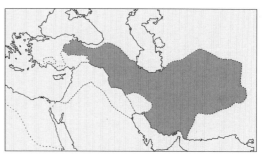

6-1 メディア王国

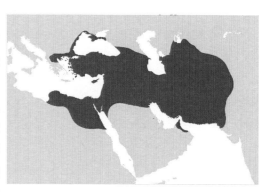

6-2 アケメネス朝

6-3（伝）キュロス 2 世の墓

6-4 ペルセポリス

ダリレイオス 1 世（在位：前 522 年～前 486 年）は全国を 30 の行政区に分けて、それぞれに総督を置き、定額の税金を納付させた。バクトリアも、12 番目の行政区として 360 タレントを納めていた（1 タレントは約黄金 25kg）。これらの行政区と首都をつなぐ道路を建設し、駅伝を整備した。また、通貨制度を統一し、公用語としてアラム語・アラム文字が導入されたのである。ベヒスタン碑文は彼の功績を記した磨崖碑である(6-5)。

6-5 ベヒスタン碑文

ダリレイオス 1 世以降、スキタイ・サカ族（イラン系）などの騎馬民族を自軍に取り込み、アケメネス朝ペルシャにとって中央アジア西部は重要性を増していく。クセルクセス 1 世（在位：前 486 年～前 465 年）は弟のマシステスをバクトリア総督に任じ、前 480 のギリシャ遠征ではバクトリア軍サカ族の騎兵隊が加わっていたことは有名である。

エルク・カラ（メルブ）やアフラシアブ（サマルカンド）など、アケメネス朝ペルシャ支配地域には現在にも続く大規模な都市が建設された。しかしこれらの都市国家は、一部を除いて、自力で統一国家を形成する強力な支配体制を形成することができず、オアシス連合体を形成するに止まったのである。

2，アレキサンドロス大王

前 333 年、イッソスの戦いでダリレイオス 3 世を敗北させ(6-6)、前 331 年のアルベラの戦いでアケメネス朝ペルシャ帝国を崩壊させたアレキサンドロス大王は、バクトリアへ敗走するダリレイオス 3 世を追撃した。バクトリアの総督だったベッソスは、ダリレイオス 3 世を捕らえ、これを殺害してペルシャの大王・アルタクセルクス 4 世と自称した。

ダリレイオス 3 世の亡骸を手厚く葬ったアレキサンドロスは、ベッソスを追って前 329 年にヒンドゥークシ山脈を越え、バクトリアに向かった。アレキサンドロスの追撃を知ったベッソスは、オクサス川を超えてソグディアナに逃亡し、河岸にあった渡し船を焼却して追っ手を逃れようとした。ギリシャ軍は羊や牛の皮袋の浮き輪や筏を急造して渡河し、

6-6 イッソスの戦

ソグディアナでベッソスを捕らえた。

その後、マラカンダ（サマルカンド）・ブハラを占領し、ヤクサルティス川（シルダリア川）に進んだが、ヤクサルティス川北岸のサカ族の兵力集中を知り、南岸に要塞都市アレキサンドリア・エスカテ（ホジャンド）を建設して、サカ族と交戦し、これを敗走させた。

一方、支配下の地域では内乱が勃発し、ベッソスをアレキサンドロスに引き渡したスピタメネスは、サマルカンドのギリシャ軍に攻撃を加えた。

アレキサンドロスはスピタメネスを追

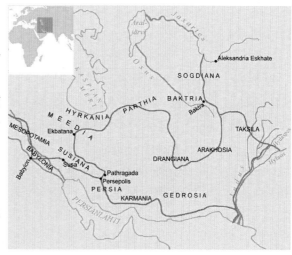

6-7 アレキサンドロス大王の進路

って南転し、北方への拡大は終了することになる。前328年にはマルギアナに進出し、メルブを攻略した。スピタメネスは遊牧部族に殺害され、その首がアレキサンドロスに届けられた。

アレキサンドロスは、その後の反乱も各地に部隊を派遣して鎮圧し、前327年には西トルキスタンを平定して、インドへ向かった。しかし、前323年に32歳の若さでバビロンにて病死した（6-7）。

アレキサンドロスは、バクトリア豪族オクシュアルテスの娘ロクサネを娶（めと）り、マケドニア人やギリシャ人にも各地で通婚を奨励した。また、部下の移住を進め、ヘレニズム社会の拡大と東方との融合を進めた（東方融合政策）。これによって、ギリシャ文化が中央アジアに流入し、都市文化・言語・文字・貨幣・貿易などに影響を与えることになる。

図版出典

6-1　メディア王国 https://ja.wikipedia.org/wiki/メディア王国#/media/File:Median_Empire.svg

6-2　アケメネス朝 https://commons.wikimedia.org/wiki/File:Achaemenid_Empire_(flat_map).svg

6-3　（伝）キュロス2世の墓（パサルガダエ）

https://upload.wikimedia.org/wikipedia/commons/0/04/CyrustheGreatTomb_22059.jpg?uselang=ja

6-4　ペルセポリス https://upload.wikimedia.org/wikipedia/commons/0/0f/PersepolisPanorama2007.jpg

6-5　ベヒスタン碑文 https://commons.wikimedia.org/wiki/File:Bisotun_Iran_Relief_Achamenid_Period.JPG

6-6　イッソスの戦 https://commons.wikimedia.org/wiki/File:Battleofissus333BC-mosaic.jpg

6-7　アレキサンドロス大王の進路 https://upload.wikimedia.org/wikipedia/commons/7/70/Aleksanteri_Suuri_331-323.png

参考引用文献

『フリー百科事典　ウィキペディア日本語版』2018.8.24「アケメネス朝」https://ja.wikipedia.org/wiki/アケメネス朝

『フリー百科事典　ウィキペディア日本語版』2018.8.24「アレキサンドロス3世」https://ja.wikipedia.org/wiki/アレクサンドロス3世

梅村坦 2000「第二章　オアシス世界の展開」小松久男編『中央ユーラシア史』新編世界各国史4 山川出版社

七、サカと塞

1，サカ族

　紀元前 6 世紀頃から中央アジアに現れるイラン系遊牧民族で、ペルシアの呼び名でサカ、古代ギリシアではサカイ（Sakai）と呼んだ。また、中国の『漢書』西域伝では塞（そく）と呼ばれるとされるが異論もある。ヘロドトスは、『歴史』巻 7-64 で、「ペルシア人がスキタイ人すべてをサカイと呼ぶため…」と記している。スキタイもしくはスキタイの一部族を指す(7-1)。

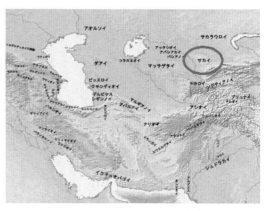

7-1 サカ族

　紀元前 6 世紀、アケメネス朝は古代オリエントを統一してさらに東へ遠征し、中央アジアで遊牧騎馬民族のサカと接触した。ダレイオス 1 世（在位：前 522 年 ～ 前 486 年）の『ベヒストゥン碑文』では、サカ・ティグラハウダー（尖がり帽子のサカ）、サカ・ハウマヴァルガー（ハウマを飲む、あるいはハウマを作るサカ：ハウマとは、霊草、薬草から作る酒と考えられているが、実態はよくわからない。）、サカ・（ティヤイー・）パラドラヤ（海のかなたのサカ）の三種に分けていた。

　サカ・ティグラハウダーは中央アジアの西側、サカ・ハウマヴァルガーは中央アジアの東側に住んでおり、サカ・パラドラヤは「海のかなた」すなわちカスピ海もしくは黒海の北となり、ギリシア文献に出てくるスキタイを指すものと思われる(7-2)。

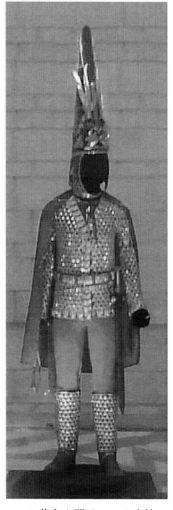

　サカ人はアケメネス朝のキュロス 2 世（在位：前 559 年頃～前 529 年）の東方遠征によって支配下に入り、ダレイオス 1 世によって第 15 番目の属州（サトラッピ）となり、カスピオイ人とともに 250 タレントを納税した。

　ペルシア軍がギリシャに進軍した紀元前 490 年、マラトンの戦いにおいて、サカ人はペルシア軍に従軍したが敗北した。

　ヘロドトスはサカをサカイと表記し、紀元前 480 年にクセルクセス 1 世（在位：前 486 年～前 456 年）のギリシア遠征に参加した「尖がり帽子のサカイ」について言及している。

7-2 黄金人間イッシク古墳

ヘロドトス『歴史』巻 7-64
　　　「サカイ、すなわちスキタイは、先が尖ってピンと立ったキュルバシアという帽
　　　子を頭にかぶり、ズボンをはき、自国産の弓、短剣、さらにサガリスと呼ばれる
　　　双頭の戦斧を携えていた。彼らは"アミュルギオンのスキタイ"なのであるが、
　　　ペルシア人がスキタイ人すべてをサカイと呼ぶため、彼らもサカイと呼ばれてい
　　　た。」
　この部隊を指揮したのはクセルクセス 1 世の弟であるヒュスタスペス（ヒスタスペス）
であった。

マルドニオスの指揮下
　サラミスの海戦（前 480 年 9 月）以降、メディア人，サカ人，バクトリア人，インド人
などの外人部隊は将軍マルドニオスの指揮下に入り、その後のプラタイアの戦い（前 479
年 8 月）に配備された。この戦いでペルシア側が敗北したものの、ペルシア人部隊に次い
で勇敢に戦ったのがサカ人部隊であったという。

アレキサンドロスの侵入
　紀元前 334 年から紀元前 331 年の 4 年間に東方へ進軍したアレキサンドロスは中央アジ
アを支配下に置き、ヤクサルテス川（シルダリア川）を挟んでサカ人と対峙した。ソグ
ディアナにおいてスピタメネスが抵抗運動を行い、サマルカンドを攻撃してアレキサンド
ロスの後方を脅かしたため、マケドニア軍の数部隊が壊滅した。アレキサンドロスは緘口令
を敷いて敗残兵を全員処刑した。
　これ以降、サカ人はアレキサンドロスおよびその後継勢力と一進一退を繰り返したが、
紀元前 3 世紀半ばになると、西方では同じ遊牧民であるパルティアに服属し始め、東方で
はトガリ（トハラ人）が勢力を拡大し、ソグディアナを占領して南のグレコ・バクトリア
王国を脅かした。

2，塞について
　塞が登場したのは中国史料の『漢書』西域伝においてであり、それまでの『史記』には
登場しない。以下は『漢書』西域伝の罽賓国の条と烏孫国の条である。
罽賓国の条
　　　「昔匈奴は大月氏を破り、大月氏は西の大夏で君主となり、塞王は南の罽賓で
　　　君主となった。塞種は分散し、数国となった。疏勒より西北では、休循，捐毒の
　　　となり、皆故に塞種なり。」
烏孫国の条
　　　「本は塞の地なり、大月氏は西の塞王を破って敗走させ、塞王は南の縣度を越え、
　　　大月氏はその地に住み着いた。後に烏孫の昆莫が大月氏を撃破すると、大月氏は
　　　西に移って大夏を臣従させ、烏孫の昆莫はこれに住み着き、故に烏孫の民には塞
　　　種，大月氏種がいると云う。」
　イシック・クル湖周辺の地域（現在のキルギス）にいた塞民族は、匈奴（老上単于）の攻
撃によって逃れてきた大月氏により追い出され、縣度（ パミール高原，ヒンドゥークシ

山脈）を越えてガンダーラ地方に罽賓国を建てた。また、分かれてパミール山中に休循国、捐毒国を建てた者や、残って烏孫国に属した者もあったという。

　また、発音上この塞民族とサカ族を同一視する「塞＝サカ説」が、E.J.Rapson1922 "The Scythian and Parthian Invaders"、W.W.Tarn1938 "The Greeks in Bactria and India"、A.K.Narain1962 "The Indo-Greeks"、白鳥庫吉 1917-19『塞民族考』などによって議論されており、広く通説となっている。しかし、小谷仲男は『ガンダーラ美術とクシャン王朝』（1996 年）において塞民族は存在しなかったと主張したように、一部には否定的な意見もある。

図版出典

7-1　サカ族 https://ja.wikipedia.org/wiki/サカ#/media/File:Various_races_of_Central_Asia_in_The_1st_century_BC.(ja).png に加筆

7-2　黄金人間イッシク古墳 https://upload.wikimedia.org/wikipedia/commons/5/56/Issyk_Golden_Cataphract_Warrior.jpg

参考引用文献
『フリー百科事典　ウィキペディア日本語版』2018.8.24「サカ」https://ja.wikipedia.org/wiki/サカ
林俊雄 2007『興亡の世界史 02 スキタイと匈奴 遊牧の文明』講談社
ヘロドトス・松平千秋訳 1988『歴史』『ヘロドトス』筑摩書房
岩村忍 2007『文明の十字路＝中央アジアの歴史』講談社
『漢書』（西域伝）
小谷仲男 1996『ガンダーラ美術とクシャン王朝』同朋舎出版

八、パルティアとグレコバクトリア

1，パルティア

　アレキサンドロスの死が
伝えられると、各地では反
乱が勃発し、また、支配者
の交代が起こった。

　前312年、この地を平定
したのが、軍の指揮官セレ
ウコス・ニカトール（勝利
王）である(8-1)。かれはセ
レウコス朝シリアを起こし
たが、前280年に部下によ

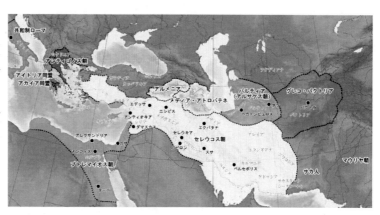

8-1 紀元前240年頃のパルティアとバクトリア

って暗殺された。その後即位したのが、セレウコスとスピタメネスの娘の間に生まれたア
ンティオコス1世である。

　アンティオコス1世の時代には中央アジア西部の統制は弱まり、インド西部からヒンド
ゥークシ山脈はマウルヤ朝に奪われた。あとを継いだアンティオコス2世が前246年に死
去すると、バクトリアの総督だったディオドトスが独立し、グレコ・バクトリア王国を建
国した。

　同じ頃、コペトタグ北麓からカスピ海東南地域のヒルカニアで遊牧生活を送っていたイ
ラン系パルニ族のアルサケスとティリダテス兄弟が、セレウコス朝のパルティア地方のサ
トラップを襲撃して、アルサケス朝パルティア（安息国）を建国した。兄アルサケスは戦
死したが、弟ティリダテスが王位につき、パルティア王は代々アルサケスと称した。

　グレコ・バクトリア王国は、4代目のデメトリオス1世のころにはマルギアナからイン
ダス川に接する北インドまでその領土を広げ、ギリシャ的な文化を花開かせたが、ヘイリ
クレオス（在位：前156年～前136年）の時代にはサカ（塞）・月氏・トハリ（大夏）など
ど、イラン系遊牧民の侵入に対抗できなくなっており、ギリシャ人たちは北インドへ移動
して土着化してしまった。

　アルサケス朝パルティアはミトラダテス2世（在位：前123年頃～前87年頃）の時代
に最盛期を迎え、メソポタミアからインダス川までを支配する大国となった。前92年に
は共和制ローマのカッパドキア総督ルキウス・コルネリウス・スッラ・フェリクスの元に
使者を派遣している。張騫が訪れたのもこの王の治世であった。

　その後、ローマ軍とパルティアは幾たびか戦闘を繰り返すことになる（第1～8回パル
ティア戦争）。

　220年、国内の内乱に乗じてペルシャ王アルダシール1世の侵攻を受け、224年にはパ
ルティア王アルタバヌス4世が殺され、その子アルタバステスも処刑されて、226年滅亡
した。

2，アルサケス朝パルティア

起源

初代王とされるアルサケス 1 世は、もと
もと、古代中央アジアのイラン系部族ダハ
エ氏族連合に属する遊牧民パルニ氏族の族
長であった(8-2)。

8-2 アルサケス 1 世

前 240 年代初頭にセレウコス朝のサトラ
ップであったアンドラゴラスは、セレウコ
ス朝から離脱して独立した。彼を破ってパ
ルティア地方を支配下に置いたのが、アル
サケス 1 世と弟のティリダテス 1 世（ティルダート 1 世）である。

アルサケス 1 世の死後、弟のティリダテス 1 世がそのあとを継いだ。以後、アルサケス
朝の王たちは初代王の名前アルサケス（アルシャク）を受け継ぐことになった。このため、
アルサケス（英雄）という名前は個人名ではなく、王を意味する普通名詞であったとする
考え方もある。

西アジアの様相

セレウコス朝領域にエジプト王プトレマ
イオス 3 世（在位：前 246 年～前 222 年）
が侵入し、第三次シリア戦争（前 246 年～
前 241 年）が勃発したことで、セレウコス
朝は東方への関心が薄れ、パルティアは権
力基盤を確立することができた。しかし、
セレウコス 2 世（在位：前 246 年～前 225
年）の軍勢によって、アルサケス 1 世（ま

8-3 アルサケス 2 世

たはティリダテス 1 世）は一時的にパルティアから駆逐された。

シリア戦争の情勢が安定化すると、セレウコス朝アンティオコス 3 世は、パルティアと
バクトリアを再び支配下に置くため、前 210 年から前 209 年にかけて大規模な遠征を開始
したが、目的を達成できなかった。しかし、パルティア王アルサケス 2 世はセレウコス朝
を上位と認め、代償としてセレウコス朝から王（Basileus、バシレウス）の称号が付与さ
れた(8-3)。

セレウコス朝は前 190 年のマグネシアの戦いで共和制ローマに敗れ、パルティアへの介
入が不可能になった。パルティアではアルサケス 2 世のあとをプリアパティオス（在位：
前 191 年～前 176 年頃）が、続いてプラアテス 1 世（フラハート 1 世、在位：前 176 年～
前 171 年頃）が継いだ。

領土拡大

プラアテス 1 世のあとを継いだ弟のミトラダテス 1 世（ミフルダート 1 世、在位：前 171
年～前 138 年頃）の治世に、パルティアの勢力は領土を大幅に拡大した。

ミトラダテス 1 世は、グレコ・バクトリアの内紛に乗じて、タプリナとトラクシアナを

奪取し、その後、西方に転じた（8-4・5）。

セレウコス朝のアンティオコス 4 世がユ
ダヤ人の反乱に対応するためパレスチナに
軍を集結させている間に、アルメニア王ア
ルタクシアス 1 世とメディア王ティマルコ
スが、セレウコス朝の統制下から離れた。
アンティオコス 4 世はこれらを鎮圧するた
め遠征を開始した。アンティオコス 4 世は
メディアの首都エクバタナ、ペルシスのペ
ルセポリスを経てエリュマイスへ進軍した
が、現地人の抵抗によって敗退し、ガバエ
（現：イスファハーン）で死亡した。

8-4 ミトラダテス 1 世

パルティアのミトラダテス 1 世は、前 161
年には東側からメディアに侵入し、前 155
年までにティマルコス王を倒してメディア
を征服し、さらに、前 141 年までにはバビ
ロニアを征服した。その後ミトラダテス 1
世はヒュルカニアへと戻ったが、残された
軍隊はエリュマイスとカラケネを征服し、
スサ市を占領した。

8-5 ミトラダテス 1 世のレリーフ

セレウコス朝は前 142 年にディオドトス・トリュフォン将軍が反乱を起こしたため、こ
のパルティアの進撃に対応することができなかった。しかし、前 140 年までにはセレウコ
ス朝デメトリオス 2 世はパルティアに対する反撃を開始した。ミトラダテス 1 世はこれを
撃退し、デメトリオス 2 世を捕らえた。ミトラダテス 1 世はデメトリオス 2 世を王者とし
て扱い、娘のロドグネと結婚させた。

ミトラダテス 1 世の治世の間、ヘカトンピュロスがパルティアの首都として機能してい
たが、新たにセレウキア、エクバタナ、クテシフォンなどの都市と、ミトラダトケルタ（ト
ルクメニスタンのニサ）に王宮を建設した。

ミトラダテス 1 世のあとを継いだのは、幼い王子プラアテス 2 世（フラハート 2 世、在
位：138 年〜前 129 年）であり、セレウコス朝ではデメトリオス 2 世の兄弟のアンティオ
コス 7 世（在位：前 138 年〜前 129 年）が王位を引き継いだと想定される。

アンティオコス 7 世はバビロニアを征服し、スサを占領した。その後、彼の軍隊がメデ
ィアへ進軍すると、パルティアは和平を求めてデメトリオス 2 世を開放し、セレウコス朝
へ送った。

前 129 年、アンティオコス 7 世はメディアで越冬する間に物資を使い果たし、住民から
厳しい徴発を行ったため、メディア人は反逆を起こした。この反乱の鎮圧を行っている間
に、アンティオコス 7 世は攻めてきたパルティア軍によって殺害された。

パルティアはアンティオコス 7 世の死体を銀の棺に入れてシリアに送り返し、彼の幼い
息子のセレウコスと、アンティオコス 7 世に同行していたデメトリオス 2 世の娘を捕らえ
た。彼女はプラアテス 2 世の後宮に入った。

一方、東方では、前177年から前176年にかけ、匈奴（きょうど）の遊牧民部族連合が、月氏を彼らの故地（中国西北部の甘粛省）から追いやっていた。

月氏は西へ逃れバクトリアに移住した。これに伴い、サカ（スキタイ）人の部族は西へと追い立てられ、パルティアの北東国境地帯へ侵入していた。

サカ人は、セレウコス朝アンティオコス7世と戦うパルティア軍の傭兵（ようへい）として、プラアテス2世に雇われたが戦闘には間に合わなかった。プラアテス2世は彼らへの賃金の支払いを拒否したため、サカ人たちは反乱を起こした。プラアテス2世は捕虜にしたセレウコス朝の元兵士たちを使って反乱を鎮圧しようとしたが、セレウコス朝の元兵士たちはサカ人の下へと寝返った。これによってプラアテス2世は虐殺され、次の王となったアルタバノス1世もトカロイ族（吐火羅、月氏と推定される）によって殺害された。

さかのぼって、プラアテス2世は、バビロニア総督ヒメロスにカラケネ王国を征服するように命令したが失敗し、前127年にカラケネ王国ヒスパネシオスはバビロニアに侵入しセレウキアを占領した。

新たにパルティア王となったミトラダテス2世（ミフルダート2世、在位：前124年～前90年頃）は、ヒスパネシオスをバビロニアから排除し、パルティアの宗主権下に置いた（8-6）。また、サカ人によって奪われたシースターンの領土を回復した。

8-6 ミトラダテス2世

ミトラダテス2世は前113年にドゥラ・エウロポスを占領してパルティアの支配をさらに西方まで拡大した後、アルメニア王国を撃破し、アルメニア王アルタヴァスデス1世を廃位して息子のティグラネスを人質とした。このティグラネスが後のアルメニア王ティグラネス2世（大王、在位：前95年頃～前55年）である。

インド・パルティア王国

アルメニアを巡るローマとの抗争や、紀元前92年のミトラダテス2世の死などによってパルティア王国が弱体化すると、パルティアの大貴族スーレーン氏族（王族から分岐した氏族）は東方領土に侵入を開始した（8-7）。

ガンダーラ地方で、大月氏など多くの地方領主と戦った後、全バクトリアと北インドの領域を支配下に治め、紀元前1世紀にパルティア人の政権を成立させ、ゴンドファルネス（ゴンドファレス）はパルティア

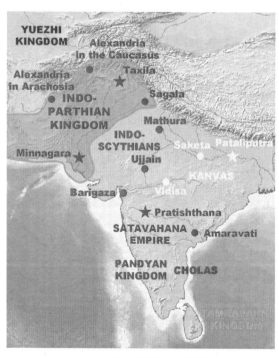

8-7 インド・パルティア王国

からの独立を宣言し、インド・パルティア王国
を建国した。

　インド・パルティア王国はカーブル周辺のギ
リシア人の王国を滅ぼし、インダス川河口部の
サカ人たちも支配下に置いた。

　ゴンドファルネスの後継者アブダガセスの時
代になると(8-8)、75 年頃にはクシャン朝のクジ
ュラ・カドフィセスによって北インド地方を再
征服されて、失ってしまう。

8-8 アブダガセス

　その後、王国の領域はほぼアフガニスタンの
みとなり、最後の王パコレス（100 年〜 135 年）
は、サカスタンとトゥーラーンを支配するに過
ぎなかった。

8-9 ミトラダテス 2 世

ローマとの争い

　北部インドで月氏のクシャン朝が成立した結
果、パルティアの東部国境の大部分が安定した。

　東部の脅威がなくなったアルサケス朝は、前 1
世紀半ば、西部での領土を争って、ローマに対
して積極策に出た。

　ミトラダテス 2 世(8-9)がアルメニアを征服し
た翌年(8-10)、ユーフラテス川でパルティアの外
交官オロバズスとローマのキリキア属州総督（プ
ロコンスル）ルキウス・コルネリウス・スッラ
が会談した。この会談で両者は恐らくユーフラ
テス川をパルティアとローマの国境とすること
に合意したものとみられる。

8-10 アルメニア王国

　その後、パルティアはセレウコス朝のアンテ
ィオコス 10 世（在位：前 95 年〜前 92 年?）を殺害し
た。セレウコス朝のデメトリオス 3 世はバロエア（現
：アレッポ）の包囲を試みたが、パルティアは現地住
民に援軍を送り、デメトリオス 3 世を撃退した。

　ミトラダテス 2 世の後、ゴタルゼス 1 世が王位に就
いたが、次のオロデス 1 世（ウロード 1 世、在位：前 90
年頃〜前 80 年頃）との間で政治的な混乱をきたした。
この間にアルメニア王ティグラネス 2 世(8-11)が西部
メソポタミアのパルティア領土を征服し「諸王の王」
と称した。

　この混乱は次のシナトルケス王（サナトルーク、在

8-11 ティグラネス 2 世

位：前 78 年頃〜前 71 年頃）によって収められ、再びパルティア領となった。

　アナトリア地方では、ローマとポントス王国の間で戦争が勃発し（第三次ミトラダテス戦争 8-12）、ポントス王ミトラダテス 6 世（在位：前 119 年〜前 93 年）と同盟を結んでいたアルメニア王ティグラネス 2 世は、パルティアにローマに対抗するための援軍を依頼した。しかし、パルティア王シナトルケスは、高齢を理由にこれを拒否した。

8-12 第三次ミトラダテス戦争

　前 69 年、ローマの将軍ルキウスがアルメニアの首都ティグラノケルタに進軍したため、ポントス王ミトラダテス 6 世とアルメニア王ティグラネス 2 世は、再びパルティアのプラアテス 3 世（フラハート 3 世、在位：前 71 年〜前 58 年）に援軍を依頼した。しかし、プラアテス 3 世は援軍を送ることはなく、ティグラノケルタ陥落の後に、ユーフラテス川がパルティアとローマの国境であることを再確認する協定をローマと結んだ。

　この混乱の中でアルメニア王ティグラネス 2 世の息子、小ティグラネスは王位の簒奪を企んで失敗し、パルティア王プラアテス 3 世の下へ逃亡した。彼はプラアテス 3 世を説得してアルメニアの新たな首都、アルタクシャタに進軍させたが失敗した。

　小ティグラネスは、今度はローマの将軍ポンペイウスの下へと逃亡し、ポンペイウスにアルメニアの道案内をすると約束した。しかし、アルメニア王ティグラネス 2 世がローマの属王となることを受け入れたので、小ティグラネスは人質としてローマに送られた。

　パルティア王プラアテス 3 世はポンペイウスに小ティグラネスを渡すよう求めたが拒否された。そこで、プラアテス 3 世はゴルデュエネ（現：トルコ南東部）への侵攻を開始したが、ローマの執政官（コンスル）ルキウス・アフラニウスによって退けられた。

クラッススとアントニウスとの戦い

　パルティア王プラアテス 3 世は息子のオロデス 2 世（ウロード 2 世、在位：前 57 年頃〜前 37 年頃 8-13）とミトラダテス 3 世（ミフルダート 3 世、在位：前 57 年頃〜前 55 年 8-14）によって暗殺された。

8-13 オロデス 2 世

　その後二人は争いを始め、敗れたミトラダテス 3 世はローマ領シリアへと逃げ込み、ローマのシリア属州総督（プロコンスル）アウルス・ガビニウスの支援を得た。しかし、プトレマイオス朝（エジプト）の王プトレマイオス 12 世（在位：前 80 年〜前 58 年・前 55 年〜前 51 年）が多額の謝礼金

8-14 ミトラダテス 3 世

を積んで、ガビニウスに反乱の鎮圧支
援を依頼すると、ガビニウスはエジプ
トへ転身した。

ローマがあてにならないことを悟っ
たミトラダテス 3 世は、自力での再起
を目論んで、バビロニアの征服に成功
した。しかし、前 55 年、オロデス 2
世配下のスレナス（スーレーン氏族の
者の意）将軍がセレウキアを再占領し、
ミトラダテス 3 世は処刑された。

8-15 カルラエの戦い

三頭政治の一角でもあり、新たにローマのシリアの属州総督（プロコンスル）となった
マルクス・リキニウス・クラッススは、前 53 年にミトラダテス 3 世の支援のためパルテ
ィアへの侵攻を開始した。

シリアをスレナスに任せ、オロデス 2 世はアルメニアへ進軍し、ローマと同盟を結んで
いたアルメニア王アルタヴァスデス 2 世（在位：前 53 年〜前 34 年）に、パルティアの王
太子パコルス 1 世（前 38 年死去）とアルタヴァスデス 2 世の姉妹との婚姻同盟を結ぶよ
うに迫った。

一方、スレナスの軍勢は、カルラエで、数で圧倒していたクラッススのローマ軍を撃破
した（カルラエの戦い 8-15）。敗れたクラッススは講和の席で殺害された。

この戦で絹がヨーロッパへもたらされ、シルクロードが西ヨーロッパまで延長されたと
いわれている。

スレナスはセレウキアまで 700km の道のりを凱旋し勝利を祝ったが、王位に対するス
レナスの野心を恐れたオロデス 2 世は、スレナスを処刑した。

パルティアはさらに西アジアにおけるローマ領の奪取を試み、王太子パコルス 1 世と彼
の将軍オサケスは、前 51 年にはアンティオキアまで達した。しかし、彼らはガイウス・
カッシウス・ロンギヌスに撃退され、オサケスは殺害された。

前 49 年以降、ポンペイウスがユリウス・カエサルと戦ったローマの内戦で、パルティ
アはポンペイウスに味方した。ポンペイウスはカエサルに敗れ、カエサルがローマで独裁
的な権力を握ったが、前 44 年に暗殺された。

カエサルを暗殺したブルトゥスとカッシウスたちは、カエサルの後継者オクタウィアヌ
スに対抗するため、フィリッピの戦い（前 42 年）でパルティアに援軍を求めた。

援軍はブルトゥスらの敗死によって実現しなかったが、使者としてパルティアに派遣さ
れたクィントゥス・ラビエヌスは、パルティア軍の司令官パコルス 1 世に随伴して、前 40
年にローマ領シリアに侵攻した。三頭政治の一角であったマルクス・アントニウスは、イ
タリアへ進発していたため、ローマ領防衛を指揮することができなかった。ラビエヌスは、
シリアを占領した後、パルティア軍の一部を率いてアナトリアに侵攻した。

一方、パコルス 1 世と将軍バルザファルネスはローマ
領のレヴァント地方へ侵攻した。

8-16 ヘロデ

　ラビエヌスはアナトリアのほぼ全ての都市を占領し、
パコルス 1 世は地中海の海岸に沿って、南はティルス市
を除いてプトレマイス（現：イスラエル領アッコ）まで
の全ての都市を制圧した。

　ユダエア（ユダヤ）では、パルティア軍と共にアンテ
ィゴノス 2 世マッタティアス（在位：前 40 年〜前 37 年）
率いる親パルティア派のユダヤ人が、大祭司ヨハネ・ヒ
ュルカノス 2 世、ファサエル、そしてヘロデらの指揮す
るローマ派のユダヤ人を打破した（8-16）。

　アンティゴノス 2 世マッタティアスはユダエアの王と
なり、ヘロデはマサダの砦（とりで）へと逃亡した（8-17）。

　しかし、ローマの反撃によってパルティアはレヴァン
ト地方から放逐された。

8-17 マサダの砦

　マルクス・アントニウスの部下プブリウス・ウェンテ
ィディウス・バッススは、前 39 年にキリキア門の戦い（現
：トルコ領メルシン県）でラビエヌスを破ってこれを処
刑し、その後すぐに、ファルナパテス率いるシリアのパ
ルティア軍もアマヌス街道の戦いで打ち破った。

　この結果、パコルス 1 世は一時的にシリアから撤退し
たが、前 38 年の春に再びシリアに入り、アンティオキア
の北東にあるギンダロス山の戦いでウェンテ
ィディウスに相対した。パコルス 1 世はこの
戦いの最中戦死し、パルティア軍はユーフラ
テス川を渡って後退した。

8-18 プラアテス 4 世

　パコルス 1 世に代わってプラアテス 4 世（フ
ラハート 4 世、在位：前 38 年〜前 2 年頃 8-18）
が王となった。プラアテス 4 世は即位直後に
兄弟たちを殺害し、数多くのパルティア貴族
を追放した。モナエセスはローマのアントニウスの下へ逃げ、パルティアへ侵攻するよう
に説得した。

　前 37 年にアントニウスはユダヤのアンティゴノス 2 世を打倒し、ヘロデを属王として
ユダヤの王に据えた。

　翌年、アントニウスはアルメニアのエルズルム市に進軍し、アルメニア王アルタヴァス
デス 2 世にローマとの同盟を強要した。アントニウスはパルティアと同盟を結んだメディ
ア・アトロパテネ（現：イラン、アーザルバーイジャーン）の王アルタヴァスデス 1 世を
攻撃した。しかし、パルティア王プラアテス 4 世は、アントニウス軍の後方を襲って孤立

化させ、プラースパ包囲も撃退した。アルメニア王アルタヴァスデス 2 世は、アントニウスの軍を見限って逃亡した。ローマ軍は大きな損害を受けてシリアへと帰還した。

　この後、前 34 年にアントニウスは、ローマ軍敗北の原因を作ったアルタヴァスデス 2 世を捕縛して、ローマに送って処刑し、アルメニアを平定した。

　さらに、パルティア王プラアテス 4 世とメディア・アトロパテネ王アルタヴァスデス 1 世の関係が悪化すると、アントニヌスはアルタヴァスデス 1 世との同盟を試みた。しかしオクタウィアヌスとの内戦に備えなければならず、前 33 年にアントニウスと彼の軍勢はアルメニアから撤退した。

　オクタウィアヌスに敗れたアントニウスが前 31 年にエジプトで自殺する前後、パルティアと結んだアルタクシアス 2 世がアルメニア王となった。

8-19 プリマポルタのアウグストゥス像

アルメニアを巡るローマとの対立

　オクタウィアヌスは前 31 年のアクティウムの海戦でアントニウスを破り、前 27 年にはアウグストゥス（尊厳者）と名付けられてローマの初代皇帝となった。同じ頃、パルティアではティリダテス 2 世（ティルダート 2 世）が反乱を起こしたが、スキタイ系遊牧民の支援を得たプラアテス 4 世はすぐに支配権を回復した。ティリダテス 2 世はプラアテス 4 世の息子の一人を連れ去ってローマに逃亡した。

8-2 プリマポルタのアウグストゥス像（部分）

　前 20 年にローマとの間で交渉が持たれ、プラアテス 4 世は息子の解放をもとめ、ローマは見返りとして前 53 年にカルラエで失われたレギオン（ローマ軍団）の軍旗と、生存していた当時の捕虜の返還を受けた。アウグストゥスはこれをプロパガンダとして利用し、パルティアに対する政治的勝利として記念コインが発行され、軍旗を収める新たな神殿も建設された。同様にプリマポルタのアウグストゥス像の胸当てにもその場面が再現された（8-19・20）。

　アウグストゥスはプラアテス 4 世に王子とともにイタリア人の女奴隷を贈った。後の王妃ムサである（8-21）。彼女は自分の子プラアタケスが王位を継承できるように、他の息子たちを人質としてアウグストゥスのもとに送るよう、プラアテス 4 世を説得した。アウグストゥスはこの人質もプロパガンダとして活用した。

8-21 ムサ王妃

プラアタケスが王位に就いた時、ムサはプラ
アテス5世（フラハート5世、在位：前2年頃
〜後4年頃）となった自分の息子と結婚し、彼
とともに統治した。パルティアの貴族たちはこ
の近親相姦関係を拒否し、二人は排除された。

プラアテス5世の次のオロデス3世（ウロー
ド3世）は僅か2年で真偽の疑わしい残虐行為
を理由に排除された。続いて、ローマに人質と
して送られていたヴォノネス1世（在位：6年
〜 12年 8-22）が王となったが、彼のローマの
行動様式・習慣を嫌うパルティアの貴族たち
は、アルタバノス2世（アルタバーン2世、在
位：10年頃〜38年頃 8-23）を支持した。ヴォ
ノネス1世は追放され、一時期アルメニアの王

8-22 ヴォノネス1世

8-23 アルタバノス2世

位についたが、アルタバノス2世に追われてローマへと逃走した。

アルタバノス2世のころ、ネハルダ（現：イラク、ファルージャ近郊）からやってきた
ユダヤ人平民の兄弟、アニライとアシナイ（アニラエウスとアシナエウス）はパルティア
のバビロニアで反乱を起こした。アルタバノス2世は反乱が飛び火するのを恐れ、彼らに
バビロニアを統治する権利を与えた。その後、アニライのパルティア人妻は、異教徒と結
婚したアニライをアシナイが攻撃することを恐れ、アシナイを毒殺した。アニライはアル
タバノス2世と義理の息子との武力衝突に巻き込まれ、排除された。

ユダヤ人政権が瓦解すると、バビロニア人はユダヤ人コミュニティを嫌うようになり、
ユダヤ人はセレウキア市へ強制的に移住させられた。

西暦35年から36年にかけて、セレウキア市はパルティアに反乱を起こした。セレウキ
ア市のギリシア人とアラム人は、ユダヤ人を再び追放し、彼らはクテシフォン、ネハルダ、
そしてニシビスへと逃れた。

パルティア王アルタバノス2世とローマ皇帝ティベリウス（在位：14年〜37年）は、
アルメニア王の擁立に介入した。さらに、ローマは、人質としていたパルティアの王子テ
ィリダテス3世（ティルダート3世）を開放してバビロニアに送り込み、自らの同盟者と
してパルティアを統治させようとした。アルタバノス2世は一時ヒュルカニアまで撤退し
たが、間もなくティリダテス3世を排除した。

38年にアルタバノス2世が死去すると、ゴタルゼス2世（ゴータルズ2世）は、兄弟
のアルタバノスを殺害し、もう一人の兄弟のヴァルダネス1世は逃亡したので、権力を握
った。しかし、ゴタルゼス2世と対立する貴族たちは、ヴァルダネス1世を呼び戻し、1
年後にはヴァルダネス1世が王位についた。その後も両者は戦い、西暦48年頃にヴァル
ダネス1世は暗殺された。

西暦49年、パルティアの貴族たちはゴタルゼス2世に対抗するため、ローマ皇帝クラ

ウディウス（在位：41 年〜 54 年）に人質となって
いた王子メヘルダテスを解放することを求めた。し
かし、エデッサ総督モノバゾスの子イザテスたちが
裏切った事で、この計画は失敗に終わった。メヘル
ダテスは捕らわれて耳を切断され、王位を継ぐ資格
を喪失した。（パルティア王位に就くためには五体
満足である必要があった。）。

　51 年頃ゴタルゼス 2 世は死去し、数カ月のヴォ
ノネス 2 世の治世の後、ヴォロガセス 1 世（ワルガ
シュ 1 世、在位：51 年頃〜 77 年頃 8-24）が即位し
た。

8-24 ヴォロガセス 1 世

　ヴォロガセス 1 世はアルメニアの混乱に乗じて、
兄弟のティリダテス（ティルダート）を、ティリダ
テス 1 世としてアルメニア王位につけた。これによってアルサケス朝のアルメニア王家が
誕生し、パルティアはアルメニアを支配の下に置いた。

　グルジアでもアルサケス朝のイベリア王国が成立し、コーカサスのアルバニアでもアル
サケス朝の王家が継続し、アルメニア以外の周辺国にもアルサケス王家は確立した。この
アルメニアのアルサケス王家は、パルティアの滅亡後も存続した。

　アルメニアでアルサケス朝が成立したことがローマに伝わると、ローマはただちに介入
の準備を始めた。グナエウス・ドミティウス・コルブロが指揮官に任命され、シリアに軍
団を集結させた。

　一方、55 年に息子のヴァルダネス 1 世の反乱に直面したヴォロガセス 1 世は、軍勢を
アルメニアから撤退させた。彼は当初、ローマに人質を送って妥協姿勢を示したが、反乱
の鎮圧前後からローマに対して強硬姿勢を取り始め、アルメニアの領有権を主張した。

　このため 58 年には、ローマ軍司令官コルブロはアルメニアへの侵攻を開始した。この
戦争でパルティア軍とアルサケス朝のアルメニア軍は敗退し、ティグラネス 5 世がローマ
によってアルメニア王に擁立された。しかし、ヴォロガセス 1 世は反撃に転じ、パルティ
アはコルブロの後任者ルキウス・カエセンニウス・パエトゥスに大勝し、アルメニアを回
復した。

　この結果、63 年にパルティアとローマの間で和平条約が結ばれた。これによって、ア
ルメニア王位はアルサケス朝のティリダテス 1 世のものとったが、妥協点として、彼はネ
アポリス（ナポリ）市とローマ市で、ローマ皇帝ネロ（在位：54 年〜 68 年）によってア
ルメニア王として戴冠されることになった。この妥協が成立した後、パルティアとローマ
の和平は長く続いた。

トラヤヌスのパルティア征服

　ヴォロガセス 1 世の末期、少なくとも 78 年 4 月からセレウキアでパコルス 2 世（在位
：78 年頃〜 115 年頃 8-25）が王としてコインを発行しているのが確認されている。

　80 年から 81 年にかけてはアルタバノス 3 世（アルタバーン 3 世、在位：80 年頃〜 81

年頃）がセレウキアでコインを発行している。

パコルス2世は82年か83年までには対立
する王たちを駆逐していたが、支配は安定し
なかった。105年か106年にはパコルス2世
と対立する王として、ヴォロガセス3世（ワ
ルガシュ3世、在位：105年頃〜147年）が
登場し、また、109年か110年にはパコルス2
世の兄弟もしくは義兄弟のオスロエス1世も
王としてコインを発行し始めた（8-26）。

8-25 パコルス2世

パコルス2世のコインは一度の例外を除き
97年を最後に途絶えている。しかし、101年
に後漢に使者を派遣した安息王満屈復は、パ
コルス2世であると推定されている。またロー
マで皇帝トラヤヌス（在位：98年〜117
年 8-27）に反抗したダキア人デケバルスが、
パコルス2世へ使者を送っていることなどから、対
抗者がいながらも王として地位を維持していたと見
られる。

8-26 オスロエス1世

110年代初頭、パルティア王オスロエス1世が、ロー
マと相談することなくティリダテス1世（ティル
ダート1世）を廃立し、パコルス2世の息子アクシ
ダレスをアルメニア王に擁立すると、ローマ皇帝ト
ラヤヌスは軍事介入を決定し、再びローマとの戦い
が始まった。

113年、オスロエス1世は、ローマ軍の脅威を受け
て、アクシダレスを廃位し、アクシダレスの兄弟の
パルタマシリスをアルメニア王とし、トラヤヌスが
戴冠するという妥協案を提示した。トラヤヌスはこ
の提案を拒絶し、前114年春にはアンティオキアに

8-27 トラヤヌス

移動、5月にはアルメニアとの国境の都市サタラに着陣してローマ軍を集結させた。

トラヤヌスがアルメニアに侵入を開始すると、パルタマシリスは戦わずに降伏したが処
刑され、アルメニアがローマの属州であることが宣言された。

ローマ軍はルシウス・クイエトゥスの指揮で、北メソポタミアの平原を横切る主要街道
を確保するための要衝の地、アディアベネの領域にあったニシビスも占領した（8-28）。

翌年、トラヤヌスはメソポタミアに侵攻した。アディアベネのメバルサペスはこれに抵
抗したがかなわなかった。オスロエネのアブガルス7世はローマに鞍替えし、トラヤヌス
によって地位を安堵された。

トラヤヌスは115年から116年にかけての冬をアンティオキアで過ごし、116年春に遠征を

再開した。ユーフラテス川を下って進軍し、首都クテシフォンを占領し、さらにカラケネを服属させた。

パルティアではヴォロガセス3世とオスロエス1世との激しい争いが継続していたことなど、分裂と内戦に直面していたため、ローマ軍に対し組織的な抵抗はできず、ティグリス川とユーフラテス川の河口部までがローマの占領下に入り、オスロエス1世は逃走した。

ローマ軍に奪われた領土を奪回する

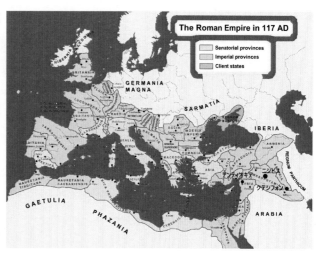

8-28 117年頃のローマ帝国

ためオスロエス1世の甥のシナトルケス2世が各地で反ローマ反乱を扇動し、軍を東パルティアに集めた。しかし、オスロエス1世の息子パルタマスパテスはシナトルケス2世と対立し、トラヤヌスと通じた。シナトルケス2世は死亡し、パルタマスパテスはトラヤヌスによって116年にクテシフォンでパルティア王に戴冠された。

トラヤヌスが北へ戻ると、バビロニアの住民はローマ軍の守備隊に対し反乱を起こした。トラヤヌスは占領地の主要部分を属王に与えると、117年にメソポタミアから撤退し、交通上の要路であるハトラの再占領に着手した (8-29)。

トラヤヌスはパルティアへの攻撃を再開し「パルティア人を真に服属させる」つもりであったが、健康を損ない、117年8月に死亡した。遠征の最中、トラヤヌスはパルティクス (Parthicus) の称号を元老院から付与され、パルティアの征服を宣言したことがコインによってわかる。

トラヤヌス後のローマとの争い

トラヤヌスの後継者ハドリアヌス（在位：117年〜138年)はローマの軍事資源が限られていることからメソポタミアへの侵攻は行わず、ローマとパルティアの国境がユーフラテス川であることを再度主張した。トラヤヌスの退却後パルティア王パルタマスパテスは王位を追われ、ハドリアヌスの下へ逃げ込んで、オスロエネの王とされた。

パルティアではオスロエス1世とヴォロガセス3世の権力闘争が続いていたが、オスロエス1世のコインは、128年または129年のものを最後に発行されなくなったことから、ヴォロガセス3世が優勢となったと考えられる。また、イラン高原ではヴォロガセス3世とは別に、ミトラダテス4世が王として君臨していたが、彼の統治についてはコイン以外何一つ情報が残されていない。

8-29 ハトラ

8-30 ヴォロガセス4世

　ヴォロガセス3世の死後、ヴォロガセス4世（在位：147年頃〜191年頃 8-30）が王位を継承した。彼は長期に渡って王位を維持することに成功し、平和と安定をもたらした。

　ヴォロガセス4世は、アルメニア王を、ローマに親和的なソハエムスからアルサケス家のパコルスに交代させ、さらにローマの勢力圏内のエデッサを再奪取した。これにより、ローマ・パルティア戦争（161年から166年）が始まった。

　ローマ皇帝マルクス・アウレリウス・アントニウス（在位：161年〜180年）は共同皇帝のルキウス・ウェルス（在位：161年〜169年）にシリアを守備させ(8-31)、163年にマルクス・スタティウス・プリスクスをアルメニアに侵攻させた。続いて164年にはガイウス・アウィディウス・カッシウスがメソポタミアに侵攻した。

　ローマ軍は165年にはセレウキアとクテシフォンを占領して焼き払った。しかし、ローマ兵は疫病（恐らくは天然痘）に罹患したため、撤退を余儀なくされた。この疫病はローマ世界に破壊的な影響を及ぼした。

　その後、166年にはカッシウスとマルティウス・ウェルスの指揮でメディア地方への侵攻が行われ、ルキウスはこれらの業績からパルティクス・マクシムス（最大のパルティア征服者、Parthicus Maximus）、及びメディクス（メディア征服者、Medicus）の称号を得た。

　175年にローマでカッシウスが皇帝と称し、マルクス・アウレリウス・アントニウスとの間で対立が生じると、パルティア王ヴォロガセス4

8-31 マルクス・アウレリウス・アントニウス（左）・ルキウス・ウェルス（右）

8-32 ヴォロガセス5世

世はこの機に乗じてローマに対し戦争を再開すると脅した。しかし、カッシウスの反乱が短期間で終息したために戦闘は行われなかった。

　191年9月ヴォロガセス5世（ワルガシュ5世、在位：191年〜207/208年 8-32）がパルティア王となった。

　間もなくローマでセプティミウス・セウェルス（在位：193年〜211年）、ディディウス・ユリアヌス、ペスケンニウス・ニゲルらの間で内戦が勃発すると、ヴォロガセス5世

はシリア総督だったニゲルを支援し、ロー
マの東方領土を切り取りにかかった。しか
し、ニゲルの敗北し、その後、ローマの反
撃によりアディアベネが占領された。

8-33 ヴォロガセス 6 世

　ローマ帝国内でのさらなる争いのため、
セウェルスが 196 年に西方に去ると、ヴォ
ロガセス 5 世は再び攻勢に転じ、メソポタ
ミアとアルメニアを奪回した。しかし、ア
ディアベネでは現地の王ナルセスが親ロー
マ姿勢をとった上、パルティアでもペルシ
ア人とメディア人が反乱を起こしたため、
ヴォロガセス 5 世はこれらの鎮圧に全力を
注ぐことになった。

8-34 アルタバノス 4 世

　ヴォロガセス 5 世はホラーサーン地方で
反乱軍を撃破し、ナルセスも処刑して支配を回復することに成功した。
　197 年になると、ローマで国内を統合したセウェルス帝が再びパルティア領内に侵攻し
た。トラヤヌスと同じくパルティクス・マクシムス（Parthicus Maximus）という称号を得
たが、198 年の後半に撤退した。

　ヴォロガセス 5 世が 207 年か 208 年に死亡した後、メソポタミアからバビロニアに至る
地方を支配したヴォロガセス 6 世（ワルガシュ 6 世 8-33）と、王国の東部の大部分を支
配したアルタバノス 4 世（アルタバーン 4 世 8-34）の間で王位継承争いが行われた。
　ローマ皇帝カラカラ（在位：211 年〜 217 年）はこれに乗じて 213 年頃、オスロエネの
王を廃して支配下に置き、アルメニアにも侵攻した。内戦を争う二人のパルティア王はこ
のローマの動きに対抗することはなかった。
　カラカラはアルタバノス 4 世の娘の一人と結婚を要求したが、承認されなかったためパ
ルティアと開戦し、ティグリス川東のアルベラを占領してメソポタミア征服した。
　217 年にカラカラが暗殺されると、あとを継いだマクリヌス（在位：217 年〜 218 年）
は、戦争の責任はカラカラにあるとして、アルタバノス 4 世に講和を申し入れたが、アル
タバノス 4 世はこれを拒絶した。
　アルタバノス 4 世はローマ軍を打ち破り、マクリヌスを敗走させ、マクリヌスから 2 億
セスティルティウス相当の贈り物を受け取って和平を結んだ。

パルティアの滅亡
　この勝利にもかかわらずパルティアはローマとの戦争によって弱体化した。
　この頃、ペルシス（現在のイラン、ファールス州）がアルサケス朝の支配を脱し、エス
タフルから領域を奪取し始めていた。伝説によれば、ペルシスの支配者であったパーパク
がササン朝の創設者であり、208 年に即位したという。
　パーパクはアルタバノス 4 世に対して、自分の王国と占領地の後継者として息子のシャ

ープールを承認するように要求し
た。しかし、アルタバノス 4 世は
これを拒否し、パーパクとアルタ
バノス 4 世との間で戦いが発生し
た。ほどなくパーパクは死亡し、
シャープールも事故死したため、
パーパクの次子アルダシール 1 世
が即位した(8-35)。アルタバノス 4
世はこれを鎮圧しようと試みたが、
220 年にはメディア、アディアベ
ネ、ケルク・スルク（キルクーク）
でも反乱が発生し、彼らはアルダ
シール 1 世と手を結んだ。

8-35 アフラ・マズダから王権を授与されるアルダシール 1 世

　224 年 4 月 28 日、アルタバノス 4
世はイスファハーンに近いホルミ
ズダガーンの戦いでアルダシール
1 世に敗れて戦死した。こうして
パルティアは崩壊し、アルダシー
ル 1 世がササン朝を打ち立てた。
ただし、もう一人のパルティア王
ヴォロガセス 6 世は 228 年までセ
レウキアでコインを発行し続けて
いた。

8-36 グレコ・バクトリア王国

3，グレコ・バクトリア王国
建国以前
　バクトリア地方は、アッシリアが分裂してできた
メディア王国の一部であった。その後、紀元前 518
年頃、アケメネス朝ペルシアのキュロス 2 世の時代
に征服され、ペルシア帝国の一部となった。さらに
紀元前 328 年に、マケドニア王国のアレキサンドロ
ス大王によって征服された。大王の死後はセレウコ
ス朝シリアの一部となり、従軍ギリシア人の一部が
住み続けた。

8-37 ディオドトス

8-38 ディオドトス 2 世

建国
　紀元前 256 年にセレウコス朝シリアのサトラップ
（総督）ギリシャ人のディオドトスが反乱を起こし、
独立してバクトラ（Baktra、現：アフガニスタン北部、バルフ）を都とするグレコ・バクトリ
ア王国を建国した(8-36)。彼は北部のソグディアナや西方のマルギアナなどを征服した(8-37)。

ディオドトス2世の時代の紀元前228年頃、同じくセレウコス朝より独立したパルティアと同盟を結んで、パルティアによる西方からの侵入を防いだ(8-38)。この同盟は紀元前189年まで続いた。

発展と分裂

　インドに進出したデメトリオス1世（在位：紀元前200年〜紀元前180年）は、ヒンドゥークシ山脈を越えてガンダーラを占拠し、さらに北西インドの侵略を続け、アラコシア、ゲドロシア、カチャワール半島まで支配下とした。

　弟のアンティマコス1世（在位：紀元前180年〜紀元前171年）は、マウリヤ朝の衰勢に乗じてインド方面へ勢力を拡大し、タクシラを占領してガンダーラ地方を征服した。しかし、紀元前171年頃、アンティマコス1世は、武将の一人であるエウクラティデスによって殺される。

　その後、グレコ・バクトリア王国は、バクトリアの集団と北西インドの集団（インド・グリーク朝）に分裂した。

王国の衰退と滅亡

　エウクラティデス1世（紀元前171年〜紀元前145年頃）はインド・グリーク朝のデメトリオス2世を倒して、西北インドをふたたび支配下に置いた(8-39)。しかし、彼は王位を奪ってからも多くの戦争を遂行したため、グレコ・バクトリアの兵力と国力を衰退した。

8-39 エウクラティデス1世

　紀元前145年頃、エウクラティデス1世はインド遠征から帰還する際、王国の共同統治者の息子ヘリオクレスによって殺された。しかし、ヘリオクレスの治世は長く続かず、紀元前140年〜紀元前130年の間に遊牧騎馬民族であるアシオイ、パシアノイ、トカロイ、サカラウロイの4種族に侵攻され、王国は滅ぼされた。

初代　ディオドトス1世　前239/8年〜前234年

（『フリー百科事典　ウィキペディア日本語版』2018.8.25「ディオドトス1世」
https://ja.wikipedia.org/wiki/ディオドトス1世）

　　　　ディオドトス1世ソテル（ギリシャ語：Διόδοτος Α'ὁ Σωτήρ）は、初代グレコ・バクトリア王国の国王。初めはセレウコス朝の総督（サトラップ）であったが、のちに叛（そむ）いてグレコ・バクトリア王国の創始者となった。彼の事績はローマの歴史家ポンペイウス・トログス（紀元前1世紀頃）が記した『ピリッポス史』をユニアヌス・ユスティヌス（3世紀頃）が抄録したもの、すなわち『地中海世界史』（邦題）によって知ることができる。この中でのディオドトスはテオドトス（Theodotus）と表記されている。（ウキペディア）

文字の変化

「パシレウス　アンティオクー」　　（アンテオコス王の）

↓

「ディオドトゥ　ソーテロス」　　　（救世者ディオドトスの）

↓

「パシレウス　ディオドトイ」　　　（ディオドトス王の）

3代目　エウテュデモス1世　前230/23年～前200年頃

＜『フリー百科事典　ウィキペディア日本語版』2018.8.25「エウテュデモス　1世」
https://ja.wikipedia.org/wiki/エウテュデモス1世＞

　　　紀元前230年か紀元前223年頃、マグネシア出身のエウテュデモスは、バクト
　リア王ディオドトス2世とその家族を殺害し、バクトリア王位を篡奪した。

　　　紀元前208年頃、セレウコス朝の王アンティオコス3世（在位：紀元前223年
　～紀元前187年）は西方国境の平定を終え、東に転じて軍勢をグレコ・バクトリ
　ア王国の首都バクトラ（ザリアスパ）へ進めた。しかし、2年間にわたる包囲も
　決定的勝利にいたらず、両軍は膠着状態に陥った。

　　　この時、エウテュデモス1世はテーレアースに「自分はセレウコス朝から離反
　したディオドトス一族を滅ぼしてバクトリアの支配権を得ただけであって、セレ
　ウコス朝から離反したわけではない」ということと、「自分にバクトリア王位を
　与えて講和しなければ、侵入の機会をうかがっている北方遊牧民の大軍が一気に
　攻めよせ、両軍とも共倒れになってしまう」ということを伝え、使者としてアン
　ティオコス3世のもとへ送った。

　　　一方、アンティオコス3世の方でもちょうど解決策を模索していたところだっ
　たので、使者のテーレアースからこの事を聞かされると、和平案に乗り出した。
　そして何度か両者の間で話し合いがなされ、エウテュデモス1世は遂に息子のデ
　メトリオスを使者として送った。アンティオコス3世は彼を迎え入れると、彼の
　容姿，威厳ある会話，振る舞いを見て、自分の娘を与えて次のバクトリア王にふ
　さわしいと判断し、エウテュデモス1世に正式な王位を与えるとともに、グレコ
　・バクトリア王国の独立を承認した。

　　　こうして両国の講和と同盟が成立し、グレコ・バクトリア王国からは兵糧と戦
　闘用の象がセレウコス朝に贈られ、セレウコス朝はバクトリアから撤退した。

　　　エウテュデモス1世の死後、息子のデメトリオス1世があとを継いだ。

第4代　デメトリオス1世 前200年頃～前180年頃

（＜『フリー百科事典　ウィキペディア日本語版』2018.8.25「デメトリオス　1世」
https://ja.wikipedia.org/wiki/デメトリオス1世_(バクトリア王)）

　　　デメトリオス1世（ギリシャ語：ΔΗΜΗΤΡΙΟΣ Α´,？ ～ 紀元前180年
　頃）は、第4代グレコ・バクトリア王国の国王。エウテュデモス1世の子。西北
　インドに侵入してグレコ・バクトリア王国の最盛期を築いた。

　　　父のエウテュデモス1世の時代、グレコ・バクトリア王国はセレウコス朝のア

ンティオコス3世（在位：紀元前223年〜 紀元前187年）による侵攻を受けた。しかし、エウテュデモス1世は2年間の籠城戦に耐え、遂に両者は和平交渉に至る。この時、王子であったデメトリオスはアンティオコス3世の娘と婚約をしている。

　父の死後、王位を継承したデメトリオス1世はヒンドゥークシ山脈を越えてインド征伐に乗り出す。デメトリオス1世はまず南のアリアネ地方を制圧し、そこに住むアリオイ、ドランガイ、エウエルゲタイ、アラコトイ、パロパミサダイなどの諸族を支配下においたと思われる。その頃の様子をストラボンは次のように記している。

> 「メナンドロスとバクトリア王エウテュデモスの息子デメトリオスの両人が（アレキサンドロスの侵入以来）一番多くの部族を征服したことになる。この二人が手に入れた地域の中には、パタレネ地方だけでなく、その他の沿岸地帯の中でもサラオストスの王国とシゲルディスの王国も入っていた。
> 　アルテミタのアポロドロスによると、バクトリアネ地方は総じてアリアネ地方全域の華であり、その上その支配をセレス、プリュナイ両族にまで伸ばしていたという。」

　こうしてアラビア海にまで達したデメトリオス1世はいよいよインドに進出し、ガンダーラ地方を制圧した。時に、インドではマウリヤ朝が将軍プシャミトラ・シュンガによって滅ぼされ、混乱時期にあったため、西北インド制圧はそれほど困難なものではなかったと思われる。この西北インド征服を祝してか、デメトリオス1世のコインには象の頭をかたどった兜（かぶと）をかぶった肖像が彫られており、銘文にはギリシャ文字のものと、インドのカローシュティー文字のものが併用されている。

　デメトリオス1世はこの後間もなく亡くなったと思われ、弟のアンティマコス1世があとを継いでいる。

第6代　エウクラティデス1世　前171年頃〜前156年頃

＜『フリー百科事典　ウィキペディア日本語版』2018.8.25「エウクレイデス1世」
https://ja.wikipedia.org/wiki/エウクラティデス1世＞

　エウクラティデス1世（ギリシア語: Ευκρατίδης Α´、生没年不詳）は、第6代グレコ・バクトリア王国の国王。シリア王アンティオコス4世の従兄弟。

　紀元前171年頃、エウクラティデスはアンティマコス1世からバクトリア王位を簒奪（さんだつ）すると、グレコ・バクトリア王国の支配権を握るとともに、エウクラティディアという都市を建設した。

　エウクラティデスは北のソグディア人を征伐した後、続いてインド征伐に乗り出すことにした。時にインドではデメトリオス2世がインド・グリーク朝の王位にあり、インド人およびアリアネ地方の諸族を支配下に入れていたので、エウク

ラティデスはまずヒンドゥークシ山脈を越えてアリアネ地方の制圧に向かった。

　紀元前164年頃、シリア王アンティオコス4世（在位：前175年～前164年）の死とエウクラティデスの留守に乗じて、パルティア軍がバクトリアに侵攻し、アスピオノス総督区とトゥリウァ総督区を奪い取った。その時の様子をポンペイウス・トログスは以下のように記している。

　　＜ポンペイウス・トログス『ピリッポス史』第41巻＞
　　「ほとんど同じころ、パルティアでミトリダテスが王権を握ったように、バクトリアでエウクラティデスが王権を握ったが、両者とも偉大な人物であった。しかし、パルティア人の運命の方がより幸福で、それは指導者としての彼の下で、彼らを支配権の頂点へと導いた。一方、バクトリア人は種々の戦争で倒され、王国だけでなく、自由をも失った。というのも、彼らはソグディア人、アラコシア人、ドランカェ人、アレイ人、インディ人との戦争に疲れ果て、最後に無力なパルティア人に、あたかも血の気をなくした者のように制圧されたからである。」

　エウクラティデスは多くの戦争を大変な勇気で遂行し、それらの戦争で兵力を消耗したが、それでもインド王デメトリオス2世に攻囲された時、300人の兵士で6万人の敵を絶え間ない突撃で破った。そのようにして5カ月目に彼は攻囲から解放され、インドを自らの勢力下に入れた。

　紀元前156年頃、エウクラティデスはインドから帰る途中、王国の共同統治者にしておいた息子によって殺された。息子はこの親殺しを隠そうとはせず、あたかも父親をではなく敵を殺したかのように、その血の中で戦車を操縦した。そして遺体を埋葬せずに、捨てておくように命じた。

アイハヌム

　1965年から1978年にかけてポール・ベルナールがひきいるフランス考古学調査隊によって発掘された始めてのグレコ・バクトリアの遺跡がアイハヌムである（8-40）。

　アイハヌムとはウズベク語で「月の貴婦人」を意味している。プトレマイオスによる「アレキサンドリア・オクシアナ」にも推定されている。

　遺跡はコクチャ川とアムダリア川の合流地点の、直角三角形の台地上に位置する。都市は1.8km × 1.5kmの大きさで、典型的なギリシャのポリスの遺跡である。東南にアクロポリスがあり、アクロポリスとアムダリア川の間に厚さ11m高さ10mの城壁を築き、中央に城門を造り、門から市中へまっすぐなメインストリートがコクチャ川まで伸びており、このメインストリートの西側に市街地が造られていた。市街地の中心

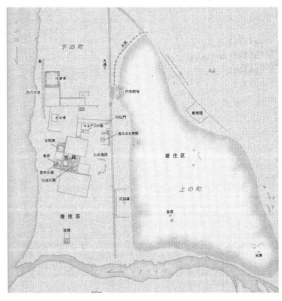

8-40 アイハヌム

には宮殿があり、その他体育館やプール、神殿、廟、住宅などが造られている。大通りの東側には半円形の劇場や兵器庫が建設されていた。大通りの北東には壁が築かれ、壁とコクチャ川とアムダリア川でアクロポリスや市街地を防衛していた。建物はギリシャ伝統様式やコリント式の柱礎が用いられている。神殿は3段の基壇の上に据えられた縦19m、横19mの方堂があり、石積みの台座の上に大

8-41 ギリシャ文字が刻まれた台座

理石の礼拝像があった。神殿からは大理石で造られたサンダルを履くゼウスの左足の指部分が検出されている。

　廟の前室から検出された台座の石にはギリシャ文字が刻まれていた(8-41)。
「いにしえの賢者の言葉がささげられたり
名高き人々の金言が聖なるピュトーにて。
そこにてクレアルコス　その言葉を選び心して写し取り
はるけく光を放つ　キネアスの聖所にこれを建つるものなり」
　アリストテレスの弟子のひとり、クレアルコスが紀元前3世紀初頭、アイハヌムを訪れ、「聖なるピュトー」＝デルフォイの神殿に献ぜられた賢人の言葉を写し、それをもとに寸語を刻ませたもので、廟の主であるキネアスに献呈されたものであると思われる。
キネアスはアイハヌムの創建者で、セレウコス朝の将軍のひとりのテッサリア人ではないかと考えられている。

8-42 ヘラクレス像

　奉献名の右側には次の五行句が刻まれている。
「幼きものは行儀良きものとなり
　青年とならば自制知るものとなり
　壮年とならば正義知るものとなり
　老年とならばよき助言者となれ
　さらば汝　悔いなき死を得ん」
　書体からアレキサンドロス大王のバクトリア遠征（前329年）からそれほど遠くない頃につくられたと推測される。

8-43 刻文皿

　キュベレー女神を描いた奉献円盤（紀元前2世紀〜紀元前3世紀 8-44）
　2頭の獅子にひかれた二輪車にキュベレー女神があらわされている。女神の前には有翼のニケ。天には太陽神ヘリオス、三日月と星がえがかれ、ギリシャ、西アジア、オリエントの文化の混成が見て取れる。

キュベレー

（『フリー百科事典　ウィキペディア日本語版』2018.9.08https://ja.wikipedia.org/wiki/キュベレー）

キュベレー（古代ギリシア語: Κυβελη、英語: Cybele）は、アナトリア半島のプリュギア（フリギア）で崇拝され、古代ギリシア、古代ローマにも信仰が広がった大地母神である。

名前

8-44 キュベレー女神円盤

しばしば「髪の毛のある女性」が語源とされるが、それはプリュギア語ではなくギリシア語と考えた場合である。ギリシア神話に取り入れられる前のプリュギア語での呼び名はクババ（Kubaba）であり、より古い時代にアナトリア半島で使われたルウィ語（Luwian、楔形文字参照）起源であるとの説が受け入れられている。ローマ神話ではマグナ・マーテル（Magna Mater「大いなる母」）に対応する。

概要

この女神はアナトリアで新石器時代から崇拝されていた大地母神の系譜を引いていると考えられている。

ガイアーやそのクレータ島での対応女神レアーと同じく、キュベレーは肥沃な大地、谷や山、壁や砦、自然、野生動物（特にライオンと蜂）を体現する。Ποτνια θερων（ポトニア・テローン、「百獣の女王」）という称号はクレータ島の大いなる母（レアーのこと）とも関連して、この女神が旧石器時代に遡る歴史をもつことをほのめかしている。この女神は死と再生の神の一柱である。

キュベレーの夫は、同時にキュベレーの息子であるアッティスで、後代にはアッティスの祭祀集団が結成された。

キュベレーは小アジアのイーデー山で生まれたと思われ、ローマで呼ばれた名、マグナ・マーテル・デオールム・イーダエア（Magna Mater deorum Idaea、「イーデーの神々の大いなる母」）はここから来ている（→マグナ・マーテル、Idaea）。

キュベレー崇拝

もっとも熱狂的なキュベレーの信奉者は、みずからを聖なる儀式で完全去勢した男性たちで、この儀式の後、彼らは女性の衣装をまとい、社会的に女性とみなされた。同時代の注釈家であるカルリマコスは彼らを、女性名詞の Gallai（ガッライ、ギリシア語複数形）で呼んだが、古代ギリシアやローマの他の注釈家たちは、男性名詞の Gallos（ガッロス、ギリシア語単数形）や Galli（ガッリー、ラテン語複数形）で呼んだ。女神の女性司祭は、人々を乱交的儀式に導き、儀式では荒々しい音楽、ドラムの響き、踊りに飲酒が伴った。女神は、性器切断された後、甦った息子であるアッティスをめぐる秘儀宗教と関連していた。一説で

は、三人のダクテュロスたちが女神の従者であった。女神の信奉者たちは、プリュギア語でクルバンテス、ギリシア語でコリュバンテスと呼ばれ、彼らは、一晩中続く、太鼓の乱打、剣と楯を打ち鳴らす野性的な音楽、踊りに歌に叫び声によって、女神への恍惚として乱交的な崇拝を示した。

アタランテーとヒッポメネースは狩の途中、ゼウスの神域に入り、そこで交わったため神の怒りに触れライオンに変えられた。一説では、それはキュベレーの神域ともされ、二人は女神の車を牽くこととなったともされる。

ニーケー
（『フリー百科事典　ウィキペディア日本語版』2018.9.8　https://ja.wikipedia.org/wiki/ニーケー）

ニーケー（古希: Νίκη, Nīkē、古代ギリシャ語発音：[nǐːkɛː]）は、ギリシア神話に登場する勝利の女神。日本語では長母音記号を省略しニケともいう。ローマ神話ではウィクトーリア（Victōria）と呼ばれる。

ティーターン族の血族パラースとステュクス（冥界の河）の子。兄弟は、ゼーロス（鼓舞）、クラトス（力）、ビアー（暴力）。

一般には有翼の女性の姿で表される。アテーナーの随神だが、アテーナーの化身とする場合もある。しかし、ローマ神話においてウィクトーリアとなると、マールスに付き従うようになっている。

アテーナイのパルテノン神殿の本尊であったアテーナー神像では、右手の上に載せられていた。サモトラケ島で発掘された彫像「サモトラケのニケ」（ルーヴル美術館所蔵）が有名。

タフティ・サンギーン　（石の王座）

アムダリア川とワクシュ川の合流地点で、紀元前4世紀から4世紀まで続く都城址。1976年から行われた調査により、中央部の城塞の土丘からゾロアスター教の神殿跡が発見された。神殿は本の柱に囲まれた方形の間があった（8-45）。

神殿からは多くの貴重な遺物が出土しているが、中でも石灰岩の台座の上にマルシュアスの銅像が乗った祭壇は興味深い（8-46）。その台座には「アトロソーケースは誓いによってオクサス川に奉献する」と刻まれていた。アトロソーケースは神官名で「火の奉持者」という意味であり、ゾロアスター教に導入された火の信仰アナーヒター女神崇拝に結び付く。アナーヒター女神はイランではキュベレー女神と同一視されており、マルシュアスはキュベレー女神の忠実な従者である。またダブルフルートは宗教儀式以外には使用されない。その他、アキナケス型剣を納めた象牙製の鞘などもある（8-47）。アジア化したヘレニズム文化の様相を呈しており、大英博物館のオクサスの遺宝との関係も検討されている。

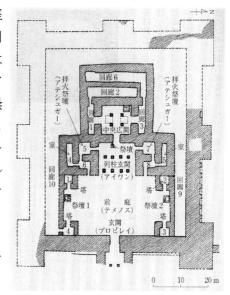

8-45 タフティ・サンギーン神殿

8-46 マルシュアス像 | 8-47 象牙製アキナケス型の鞘 | 8-48 キューピッド

8-49 狩猟図

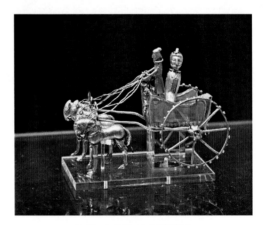

8-50 オクサスの遺宝1 | 8-51 オクサスの遺宝2

オクサスの遺宝（8-50・51）

　1877年にオクサス川（アムダリア川）流域で出土したといわれる前5世紀から前6世紀のアケメネス朝ペルシャの遺物である。1897年にフランクス（A.W.Franks）の遺贈によって大英博物館に収蔵され、後に追加されたものもある。ビクトリア・アルバート美術館にも1点が収蔵されている。総計216点の金銀銅製品と約1500点の貨幣を指す。

バルフ

古代より交易路の要所として発展した。バルフの街がいつ出来たかは定かではない。「アベスター」にはアフラ・マズダが作った 16 の土地の 4 番目で、ツラトストラが埋葬された場所とされている。ディオドトスが建国したグレコ・バクトリア王国の都バクトラは、バルフあるいはその周辺の地域に存在していたと推定されている。クシャン朝のもとで仏教が受容され、後にアッバース朝の宰相を輩出し、千夜一夜物語にも登場するバルマク家は、バルフの仏教徒集団の長だったと言う。

629 年、玄奘三蔵がインドへの往路でバルフを訪れている。『大唐西域記』には、バルフは縛喝国と記され、周囲 20 余里（約 8.8km）の大都城であり、小乗仏教が盛んで 100 余の伽藍と 3000 余人の僧侶が居り、「小王舎城」と呼ばれていたと記されている。街の西南には納縛僧伽藍があり、仏像のある北堂、聖遺物を納めた南堂、高さ 200 余尺（約 67m）の卒塔婆（仏塔）と精舎（僧院）があったことも記されている。

7 世紀前半、アラブ軍によって占領され、653 年にはウマイヤ朝によって再び占領されている。さらに 750 年、アッバース朝によって占領され、821 年にはターヒル朝の領域になるなど戦乱が続いた。その後も 900 年頃にはサーマーン朝、12 世紀にはセルジューク朝、ゴール朝、13 世紀にホラズム・シャー朝と王朝は変化したが、バルフはシルクロードの主要都市として繁栄した。

1218 年、チンギスハンによって市民は殺害され、城壁が破壊されたが、13 世紀後半にはマルコ・ポーロが訪れており、都市として繁栄していたことがうかがえる。14 世紀はじめ頃、チャガタイ・ハン国のケベクによって再興され、1333 年にバルフを訪れたイブン・バットゥータは「荒廃してはいるものの、堅固で壮大な市街地やモスク、マドラサの遺跡から往時の繁栄の跡が偲ばれる。」と書き残している。

西チャガタイハン国のフサインを破ったティムールは、1370 年にこの地でティムール朝を樹立している。16 世紀にはシャイバーン朝、ジェーン朝、17 世紀にはムガル帝国、18 世紀サドーザイ朝と戦乱が続いた。

バルフでは大規模な発掘は行われておらず、都市の様相など不明である。バルフ近郊に位置する仏教伽藍趾のテペ・ザルガランからはコリント式の柱頭が出土している。

図版出典

8-1　紀元前 240 年頃のパルティアとバクトリア https://upload.wikimedia.org/wikipedia/commons/b/b5/前 240 年頃の西アジア.jpg

8-2　アルサケス 1 世 https://upload.wikimedia.org/wikipedia/commons/1/14/Pdc_24586.jpg

8-3　アルサケス 2 世 https://ja.wikipedia.org/wiki/アルサケス 2 世#/media/File:Pdc_24587.jpg

8-4　ミトラダテス 1 世 https://ja.wikipedia.org/wiki/ミトラダテス 1 世#/media/File:MithridatesIParthiaCoinHistoryofIran.jpg

8-5　ミトラダテス 1 世のレリーフ　コング＝エ・アズダール

https://upload.wikimedia.org/wikipedia/commons/7/76/Xong-e_Ashdar_Parthian_relief.jpg

8-6　ミトラダテス 2 世 https://ja.wikipedia.org/wiki/パルティア#/media/File:Mithridatesiiyoung.jpg

8-7　インド・パルティア王国 https://ja.wikipedia.org/wiki/インド・パルティア王国#/media/File:IndoParthianMap.jpg

8-8　アブダガセス https://upload.wikimedia.org/wikipedia/commons/e/e7/AbdagasesOnHorse.jpg

8-9　ミトラダテス 2 世 https://ja.wikipedia.org/wiki/ミトラダテス 2 世#/media/File:Drachma_Mithradates_II.jpg

8-10 アルメニア王国 https://upload.wikimedia.org/wikipedia/commons/7/72/Maps_of_the_Armenian_Empire_of_Tigranes.gif に加筆

8-11 ティグラネス2世 https://ja.wikipedia.org/wiki/ティグラネス2世#/media/File:Tigran_Mets.jpg

8-12 第三次ミトラダテス戦争 https://upload.wikimedia.org/wikipedia/ja/0/03/Bosporus_and_Pontus_MAP.png に加筆

8-13 オロデス2世 https://upload.wikimedia.org/wikipedia/commons/9/97/OrodesIICoinHistoryofIran.jpg

8-14 ミトラダテス3世 https://upload.wikimedia.org/wikipedia/commons/6/6c/MithridatesIII.jpg

8-15 カルラエの戦い https://upload.wikimedia.org/wikipedia/commons/8/82/Parther_reich.jpg に加筆

8-16 ヘロデ https://upload.wikimedia.org/wikipedia/commons/f/f6/HerodtheGreat2.jpg

8-17 マサダの砦 https://upload.wikimedia.org/wikipedia/commons/thumb/1/14/Israel-2013-Aerial_21-Masada.jpg/76

8-18 プラアテス4世 https://ja.wikipedia.org/wiki/フラーテス4世#/media/File:PhraatesIVCoinHistoryofIran.jpg

8-19 プリマポルタのアウグストゥス像 https://upload.wikimedia.org/wikipedia/commons/e/eb/Statue-Augustus.jpg

8-20 プリマポルタのアウグストゥス像（部分）https://upload.wikimedia.org/wikipedia/commons/e/eb/Statue-Augustus.jpg に加筆

8-21 ムサ王妃 https://upload.wikimedia.org/wikipedia/commons/4/4b/Parthian_Queen_Bust.jpg

8-22 ヴォノネス1世 https://ja.wikipedia.org/wiki/ヴォノネス1世#/media/File:Vonones_I_the_Arsacid.jpg

8-23 アルタバノス2世 https://ja.wikipedia.org/wiki/アルタバノス2世#/media/File:Artabanusiii.jpg

8-24 ヴォロガセス1世 https://ja.wikipedia.org/wiki/ヴォロガセス1世#/media/File:VologasesI.JPG

8-25 パコルス2世 https://upload.wikimedia.org/wikipedia/commons/e/e5/PacorusIIAnotherParthianCoinHistoryofIran.jpg

8-26 オスロエス1世 https://ja.wikipedia.org/wiki/オスロエス1世#/media/File:OsroesICoinHistoryofIran.jpg

8-27 トラヤヌス https://upload.wikimedia.org/wikipedia/commons/b/b2/Traianus_Glyptothek_Munich_72.jpg

8-28 117年頃のローマ帝国 https://ja.wikipedia.org/wiki/トラヤヌス#/media/File:RomanEmpire_117.svg に加筆

8-29 ハトラ https://upload.wikimedia.org/wikipedia/commons/8/8d/Hatra_ruins.jpg

8-30 ヴォロガセス4世 https://upload.wikimedia.org/wikipedia/commons/2/2b/VologasesIV.jpg

8-31 マルクス・アウレリウス・アントニウス（左）・ルキウス・ウェルス（右）
https://upload.wikimedia.org/wikipedia/commons/8/80/Co-emperors_Marcus_Aurelius_and_Lucius_Verus%2C_British_Museum_%2823455313842%29.jpg

8-32 ヴォロガセス5世 https://upload.wikimedia.org/wikipedia/commons/6/66/VologasesV.jpg

8-33 ヴォロガセス6世 https://upload.wikimedia.org/wikipedia/commons/7/72/Vologases_VI_.jpg

8-34 アルタバノス4世 https://upload.wikimedia.org/wikipedia/commons/e/ed/Artabanusiv.jpg

8-35 アフラ・マズダから王権を授与されるアルダシール1世（ナクシェ・ロスタム）https://ja.wikipedia.org/wiki/アルダシール1世#/media/File:Naqsh_i_Rustam._Investiture_d%27Ardashir_1.jpg

8-36 グレコ・バクトリア王国 https://upload.wikimedia.org/wikipedia/commons/0/07/Greco-BactrianKingdomMap.jpg

8-37 ディオドトス https://upload.wikimedia.org/wikipedia/commons/9/93/DiodotusGoldCoin.jpg

8-38 ディオドトス2世 https://ja.wikipedia.org/wiki/ディオドトス2世#/media/File:Coin_of_Diodotos_II.jpg

8-39 エウクラティデス1世
https://ja.wikipedia.org/wiki/エウクラティデス1世#/media/File:Monnaie_de_Bactriane,_Eucratide_I,_2_faces.jpg

8-40 アイハヌム　九州国立博物館・東京国立博物館・産経新聞社 2016『黄金のアフガニスタン』産経新聞社

8-41 ギリシャ文字が刻まれた台座 https://ja.wikipedia.org/wiki/アイ・ハヌム#/media/File:KineasInscriptionSharp.jpg

8-42 ヘラクレス像 https://upload.wikimedia.org/wikipedia/commons/8/80/HeraklesStatuette.jpg

8-43 刻文皿 https://ja.wikipedia.org/wiki/アイ・ハヌム#/media/File:KuntalaPlate.jpg

8-44 キュベレ女神円盤 https://ja.wikipedia.org/wiki/アイ・ハヌム#/media/File:AiKhanoumPlateSharp.jpg

8-45 タフティ・サンギン神殿　加藤九祚 2013『シルクロードの古代都市』岩波新書 p137

8-46 マルシュアス像　タジキスタン国立歴史博物館　筆者撮影　一部加筆

8-47 象牙製アキナケス型の鞘　タジキスタン国立歴史博物館　筆者撮影　一部加筆

8-48 キューピッド タジキスタン国立歴史博物館　筆者撮影　一部加筆

8-49 狩猟図 タジキスタン国立歴史博物館　筆者撮影　一部加筆

8-50 オクサスの遺宝 1

https://upload.wikimedia.org/wikipedia/commons/archive/8/85/20080618190101%21Ars_Summum_Tesoro_Oxus_brazalete.JPG

8-51 オクサスの遺宝 2 https://commons.wikimedia.org/wiki/File:Britishmuseumoxustreasuregoldchariotmodel.jpg

参考引用文献

前田耕作　1999　「グレコ・バクトリア王国の美術」『世界美術大全集』東洋編　第 15 巻小学館

加藤九祚監修 2005「偉大なるシルクロードの遺産展」図録キュレイターズ

『フリー百科事典　ウィキペディア日本語版』2018.9.12「パルティア」https://ja.wikipedia.org/wiki/パルティア

『フリー百科事典　ウィキペディア日本語版』2018.9.12「グレコ・バクトリア王国」https://ja.wikipedia.org/wiki/グレコ・バクトリア王国

加藤九祚 2013『シルクロードの古代都市』岩波新書

九州国立博物館・東京国立博物館・産経新聞社 2016『黄金のアフガニスタン』産経新聞社

エドワルド・ルトベラゼ　加藤九祚訳 2011「考古学が語るシルクロード史」平凡社

小松久男編 2000『中央ユーラシア史』新編世界各国史 4 山川出版社

前田たつひこ監修 2002『アフガニスタン悠久の歴史展』東京芸術大学　NHK NHK プロモーション

『フリー百科事典　ウィキペディア日本語版』2018.9.12「バルフ」https://ja.wikipedia.org/wiki/バルフ

九、シルクロードの始まり

1，中国と西域
匈奴の進出

前8世紀～前4世紀のモンゴル高原から中国北部にはスキタイと同じような文化が栄えていたが、前3世紀後半、冒頓単于が率いる匈奴が優勢となった（9-1）。匈奴は漢を破り、月氏を追って中央アジアにまで支配をのばし、シルクロードの利権を手にした。月氏は遁走して一部がチベットで小月氏となり、大部分はさらに西トルキスタンへと移動して大月氏と呼ばれ、グレコ・バクトリア王国の滅亡に荷担した。

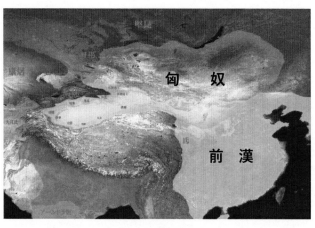

9-1 匈奴

張騫（9-2）

前141年に漢の武帝（前141年～前87年）が即位すると、匈奴に対して積極策をとり、騎馬民族の匈奴との戦いに備えるため良馬を求めた。また、西域の文物の入手のため通商路を安定させようとした。そのため、前139年に大月氏と連携して匈奴にあたろうと張騫を派遣した。

9-2 張騫

張騫は公募で選ばれ、従者百余人を引き連れて出発するが、すぐに匈奴に捕らえられてしまった。捕囚の間に妻と子供もできたが、十数年後に脱出して大宛（フェルガナ）へ到着した。大宛は漢との通商を望んでいたので、張騫を歓待し、康居へ送り届けた。康居も彼を大月氏へと送り届けた。

張騫によると、大月氏はオクサス川（アムダリア川）北にあり、川の南側が大夏で、大夏には城壁を巡らした多くの都市があり、首都は藍市城であると記している。

また、大夏の西数千里に位置する安息については、数百の都城があり、イネ・ムギ・ブドウを栽培し、銀の貨幣を用いて交易していることなどを記している。

張騫は13年ぶりに帰国したが、当初百余人いた従者は、帰国時にはわずか2名となっていた。

漢の進出

張騫以降、前119年には霍去病の率いる漢軍が、匈奴をゴビ砂漠の南から一掃し、漢の武帝は西域貿易に乗り出した。武帝は兵を送って楼蘭・姑師などを下して交通路を確保したので、烏孫やパルティアとの交易ルートが開かれ、多くの文物が東西双方にもたらされた。

さらに武帝は、汗血馬を欲して大宛に通商を求めたが拒否され、その使節も殺害された。そこで、武帝は李広利を送って大宛城を攻めた。前102年、大宛城は籠城戦ののち講和し、その王は殺された。

シルクロードの利権を失い、牧草地の河西を失った匈奴は、服属していた遊牧民の離反もあり、衰退の一途をたどった。匈奴は単于の地位をめぐって兄弟で争い、東西に分裂し、前51年、弟の呼韓邪単于が率いる東匈奴は漢に服属する。兄の郅支単于が率いる西匈奴は天山北麓に移動したが、前36年に漢に破れ崩壊する。

漢（前漢）は8年に滅び、王莽によって新が建国されたが、25年には劉秀（光武帝）によって復興された（後漢）。この混乱の間に、西域は漢の支配を離れたが、2代皇帝明帝の時に、再び西域経営に乗り出した。

明帝は班超を匈奴討伐におくり、その功によって、91年に4代皇帝和帝は彼を西域都護に任命した。班超は102年まで西域を治めたが、その間にシルクロードの交易は盛んになった。

97年、班超は甘英を大秦国（ローマ）に送り、交易を求めようとした。甘英はクシャン朝、パルティアを通って地中海沿岸まで到達したが、大秦国へはたどり着かなかった。

漢の支配と衰退

漢は、各オアシスを西域都護の支配下に置き、要所に駐留軍や屯田などを配しながらも、在地の政権を利用するいわゆる羈縻政策をとった。従って漢の勢力が衰えると、在地の勢力が復興することになった。

紀元前3世紀〜紀元前2世紀にはトルファン盆地に車師前国が存在していたが、漢の影響下にあっても、諸オアシスは独自の発展をとげ、東西貿易の恩恵にあずかっていた。

後漢が滅ぶと、車師前国は魏・西晋の介入を受け、327年に漢人系の前涼が支配して漢文化の影響を受けた。

その後チベット系の前秦（351年〜394年）、後涼（389年〜403年）、北魏に破れた匈奴系の沮渠無諱・安周兄弟が高昌で自立した（9-3）。448年に高昌が交州を征服すると、車師は西奔した。

匈奴（東匈奴）は48年に東西に分裂し、南匈奴は中国社会に取り込まれていく、北匈奴は西方に移動して2世紀頃には天山北麓に達している。

匈奴の後、モンゴル高原で覇権を得たのは鮮卑だった（9-4）。2世紀中頃に檀石槐が

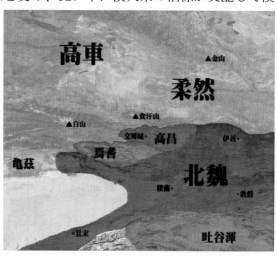

9-3 高昌

鮮卑諸部族を統率した。後漢の末の混乱
期に中国の亡命者が鮮卑へ逃れ、鮮卑に
中国文化が流入していく。

　中国晋代に起こった八王の乱（291 年
～ 306 年）を期に中国北部から中部に遊
牧民系の諸部族の王朝が成立する。五胡
十六国（304 年～ 439 年）である。この
五胡十六国を統一したのは鮮卑系拓跋氏
の北魏だった。

　晋は南へ逃れ、東晋となり、王朝を復
興する。

　鮮卑が中国化し、モンゴル高原ではト
ルコ系の高車と柔然が有力となる(9-5)。
拓跋部にいた柔然は北魏に従属していた
が、やがて対立し、北魏によって討伐さ
れる（402 年）。

　柔然の社崙はモンゴル高原北部へ逃
れ、高車を併合する。さらにオルホン川
で匈奴をやぶって天山山脈の東部まで勢
力を伸ばした。しかし、反乱が起こり、485
年、486 年に高車が自立する。これに乗
じて、鍛鉄奴隷であった突厥が隆盛し、

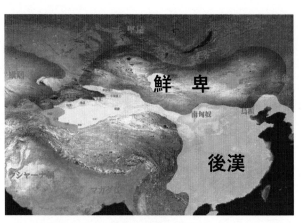

9-4 鮮卑

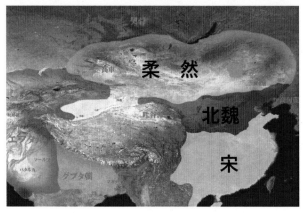

9-5 柔然

552 年、突厥の土門（伊利可汗）との戦闘に敗れた阿那瓌可汗が自殺し、柔然は滅亡した
(9-6)。

　トルファンでは、460 年に沮渠安周が柔然に殺され、柔然の傀儡である闞伯周が闞氏
政権を建国した。この闞氏政権も高車・エフタルの介入で491 年に崩壊し、張孟明が高昌
王となった。次の馬儒は北魏に通じようとして殺され、麴嘉が王となり、麴氏高昌国を建
てた。

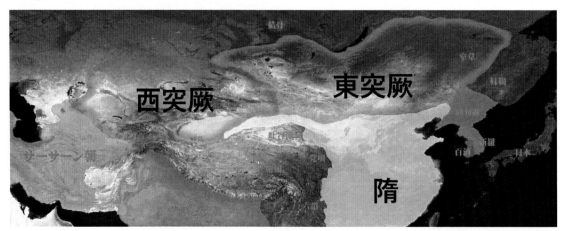

9-6 突厥

図版出典

9-1　匈奴 https://upload.wikimedia.org/wikipedia/commons/d/de/匈奴帝国.png に加筆

9-2　張騫 https://upload.wikimedia.org/wikipedia/commons/9/90/Zhang_Qian.jpg

9-3　高昌 https://upload.wikimedia.org/wikipedia/commons/a/a4/高昌.png

9-4　鮮卑 https://ja.wikipedia.org/wiki/鮮卑#/media/File:%E9%AE%AE%E5%8D%91%E5%B8%9D%E5%9B%BD.png に加筆

9-5　柔然　https://ja.wikipedia.org/wiki/柔然#/media/File:%E6%9F%94%E7%84%B6%E5%B8%9D%E5%9B%BD.png　に加筆

9-6　突厥 https://upload.wikimedia.org/wikipedia/commons/0/0a/東西突厥帝国.png に加筆

参考引用文献

『フリー百科事典　ウィキペディア日本語版』2018.9.12「張騫」https://ja.wikipedia.org/wiki/張騫

『フリー百科事典　ウィキペディア日本語版』2018.9.12「西域」https://ja.wikipedia.org/wiki/西域

『フリー百科事典　ウィキペディア日本語版』2018.9.12「匈奴」https://ja.wikipedia.org/wiki/匈奴

小松久男編 2000『中央ユーラシア史』新編世界各国史 4 山川出版社

十、クシャン朝

1，クシャン朝の盛衰

　匈奴に追われた月氏の大部分は西トルキスタンへ移動し大月氏となった（10-1）。大月氏は大夏を破り、5人の翕侯がソグディアナ・バクトリアを治めていた。

　1世紀前半、クジュラ・カドフィセス（丘就郤）がほかの4翕侯を滅ぼして、クシャン王（貴霜王）と名乗った（10-2・3）。

　クジュラ・カドフィセスは、カーブルを中心とした地方（カブーリスタン）を支配していたギリシア人の王ヘルマエオス（またはヘルマイウス）と同盟を結び、その共同統治者となったが、やがてヘルマエオスを退けて、単独で支配するところとなった。彼はグレコ・バクトリア王国の残存勢力を征服し、インド・パルティア王国の支配していたガンダーラ地方へ勢力を拡大した。

　近年アフガニスタンのバグラーン州ラバータクから発見されたカニシカ王の碑文（ラバータク碑文）から、クジュラ・カドフィセスの後継者がヴィマ・タクトであることが判明した　（『フリー百科事典ウィキペディア日本語版』2018.8.26「クジュラ・カドフィセス」　https://ja.wikipedia.org/wiki/クジュラ・カドフィセス）。

　カドフィセスの子、ヴィマ・タクトと、その子ヴィマ・カドフィセスはクシャン朝の基盤を形成した。ヴィマ・タクトは漢との通婚関係を望んだが、班超に拒否され、東トルキスタンに侵攻した。しかし、90年、クシャン朝の軍は班超に撃退され、以後、後漢に朝貢することになる。

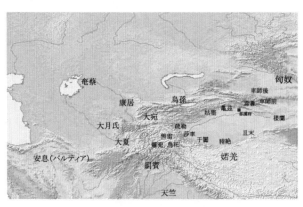

10-1 大月氏

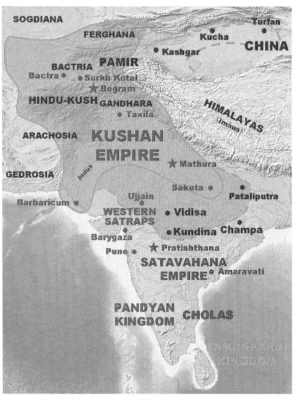

10-2 クシャン朝

10-3 クジュラ・カドフィセス

ヴィマ・タクト

（『フリー百科事典　ウィキペディア日本語版』2018.8.26「ヴィマ・タクト」https://ja.wikipedia.org/wiki/ヴィマ・タクト）

　　　　1世紀の半ば、父のクジュラ・カドフィセスが死去すると、ヴィマ・タクトはそのあとを継いで王となった。ヴィマ・タクトはインドに侵攻して北西インドを占領、その統治のために一人の総督（クシャトラパ）を置いて北西インドを監領させた。

　　　　84年（建初9年）、後漢の西域長史である班超が、漢に叛いた疏勒王の忠を攻撃した際、康居軍が疏勒王を救うべくやってきたため、班超は疏勒王のいる烏即城を降せずにいた。その頃クシャン朝では新たに康居国と婚姻を結び、同盟が成立していた。班超はそこに目をつけ、クシャン王に多くの祝い品を贈って康居軍の撤退を促した。これによって康居軍は疏勒国から撤退し、班超は烏即城を落とすことができた。

　　　　87年（章和元年）、クシャン朝は後漢に遣使を送って扶抜・師子を献上した。この時、クシャン朝の使者は漢の公主を求めたが、班超に拒否され、追い返された。

　　　　90年（永元2年）5月、求婚を断られたためかクシャン王は副王の謝を派遣して班超を攻撃させたが、班超に撃退された。これ以降、クシャン朝は後漢に毎年貢献するようになる。

　　　　ヴィマ・タクトの死後、子のヴィマ・カドフィセスがあとを継いだ。

そして次のヴィマ・カドフィセスのころ甘英が訪れたと思われる。

ヴィマ・カドフィセス（10-4）

（『フリー百科事典　ウィキペディア日本語版』2018.8.26「ヴィマ・カドフィセス」https://ja.wikipedia.org/wiki/ヴィマ・カドフィセス）

　　　　ヴィマ・カドフィセスは永らくクジュラ・カドフィセスの子とされてきた。また、ヴィマ・カドフィセスと次の王カニシカ1世との間には血縁関係がなく、王朝交代説がとなえられていた。しかし、1993年にアフガニスタンで偶然発見された『ラバータク碑文』によって父のヴィマ・タクトの存在が知られるとともに、カニシカ1世との血縁関係が証明され、王統が続いていることが判明した。

10-4 ヴィマ・カドフィセス

ラバータク碑文（10-5）

（『フリー百科事典　ウィキペディア日本語版』2018.8.26「ラバータク碑文」https://ja.wikipedia.org/wiki/ラバータク碑文）

10-5 ラバータク碑文

　ラバータク碑文（Rabatak Inscription）とは、西暦 2 世紀頃に中央アジアから北西インドまでの領域を支配したクシャン朝の王カニシカ1 世の時代に書かれたバクトリア語の碑文である。1993 年に偶然発見され、クシャン朝の歴史の研究に大きな影響を与えている。現在はカーブルのカーブル博物館に展示されている。

　1993 年 3 月、アフガニスタン、サマンガーン州のラバータク村にあるカフィール・カラ遺跡で、ある村人が建材を得るために遺跡から煉瓦や石材を運び出していた。その中に文章が書かれている建材を発見したのである。

　この話を聞きつけた当時のバグラーン州知事サイード・ジャアファルは、役人を派遣してこの碑文を自宅に運び込ませた。この時集められた遺品は碑文だけではなく、レンガや彫刻の断片なども含まれており、遺物発見のニュースは当時アフガニスタンに地雷除去ボランティアとして訪れていたイギリス人ティム・ポーターの知る所となった。

　ティム・ポーターはこの碑文の写真を撮影し大英博物館に送った。そしてイギリスでその写真を元に碑文は解読され、ほとんど史料の無いクシャン朝の歴史に関する重大な発見であることが明らかとなった。

　文章はギリシア文字を使用してバクトリア語で 23 行、1200 字ほど書かれており、摩滅が激しく解読不能の部分もある。クシャン朝時代の文書史料としては最も長文のものの 1 つである。また、カニシカ 1 世の祖先として 3 人の王名が上げられており、不明瞭であったクシャン朝の王統を知ることのできる貴重な史料でもある。クシャン朝の王ヴィマ・タクトの存在はこの碑文によって知られるようになり、有力な説の 1 つとして存在した王朝交代説（カニシカ 1 世はそれ以前の王達とは別の王朝を開いた）を覆す内容も記されていた。

　また同時代にイラン高原を支配した大国ササン朝の研究にとってもこの碑文の内容は重大な意味を持っている。

　ササン朝の王達はアケメネス朝の後継という立場を重要視したという説は有力な見解のひとつである。そして、ササン朝の王達が残した王碑文の文体が、アケメネス朝（ハカーマニシュ朝）の王碑文に類似することは、その有力な証拠とされてきた。しかし、ラバータク碑文の文体は、アケメネス朝のダレイオス 1 世（ダーラヤワウ 1 世）のものと非常に似通っており、王碑文の様式はアケメネス朝に対する立場に関係なく当時のイラン世界から北西インドに渡る地域に伝わっていたという見解を取ることが可能になったためである。

碑文訳文（抄）

　英国ロンドン大学のニコラス・シムズ・ウィリアムズによる英訳を踏まえた、山崎元一氏訳では、碑文の冒頭及び中段は、次のとおり。

　「偉大な救済者であるクシャン（族）のカニシュカ、公正かつ正義の、（また）神として崇拝に値する帝王（カニシュカ）は、王権をナナ女神から、またすべての神々から授けられた。・・・（そこに）いかなる支配者や他の有力者がいようとも、彼は（彼らを）意のままに服従させ、また全インドを意のままに服従させた。・・・また（以下の）王たちのためにも、（像を）造るよう命じた。（すなわち）曾祖父クジューラ・カドフィセース王のために、祖父ヴィマ・タクトゥ王のために、父ヴィマ・カドフィセース王のために、またカニシュカ王自身のために。そして彼は、王中の王、神々の子として命じ、カラルラングのシャファルは、この神殿を造営した。」

　カニシカ１世は仏教に帰依し、仏教美術のガンダーラ美術が栄えた（10-6）。カニシカのあとをフヴィシカが継承した。フヴィシカ王のあとにヴァースデーヴァ（波調）が王位についた。229 年、ヴァースデーヴァは三国時代の魏に使者を派遣し、「親魏大月氏王」の金印を受けている。彼はササン朝シャープール１世と戦って敗北した。

　ヴァースデーヴァのあとカニシカ２世が、そのあとをヴァーシシカが統治したが、クシャン朝の領土はササン朝の支配下におかれ、その王族によって統治された。この王朝をクシャノ・ササン朝と呼ぶ。クシャン朝はカーブル王として存続していたが、ササン朝のバハラーム２世（在位：276 年～293 年）の時代にその支配下に置かれるようになった。

10-6 カニシカ１世

　その後、ローマとササン朝のメソポタミアをめぐる争いの激化により、クシャン朝は一時国力を回復し、キダラ王は魏では寄多羅・車多羅として交流を持つが、5 世紀にエフタルに滅ぼされた。

ティリヤ・テペ

　ティリヤ・テペはアフガニスタン北西部にある直径 100 m、高さ 3m ～ 4m のテペで、彩文土器の時代には人々の営みが始まっている。その後、紀元前 2000 年期から前 500 年まで続く拝火教神殿が造営され、この拝火教神殿の跡に、紀元 1 世紀半ば、遊牧民の王族が墓を造っている（10-7）。

　1978 年、ヴィクトール. I. サリアニディによって、1 世紀に属する 6 基の未盗掘の墓が発掘され、2 万点を超える金製品が

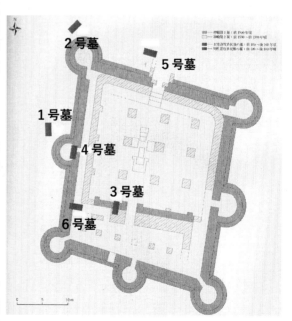

10-7 ティリヤ・テペ

出土した。これがいわゆる「バクトリアの黄金遺宝」と言われる出土品である。

　調査された 6 基のうち、5 基が女性で 1 基が男性の墓であった。

　遺物は全体に、ギリシャ的なモチーフが多く用いられているが、アキナケス型短剣や、トルコ石が多数象眼された遺物など、サルマタイの影響を受けた品々が検出された。さらに 2 面の連弧文鏡も出土しており、前漢との関係も認められる。また、朝鮮半島の百済の王墓や日本の藤ノ木古墳の出土品に通じる冠も出土した。

　貨幣は、パルティアと関連した 3 枚、月氏に関連したヘリオス貨幣 1 枚、ローマ・ティベリウス帝の金貨 1 枚が出土しており、ティベリウス帝の金貨は、16 年から 36 年にガリアで鋳造されたものであった。

　ティリヤ・テペに埋葬されて人々は、グレコ・バクトリア王国が弱体化したあと、侵入してきた遊牧民で、クシャン族の王族層か、月氏に追われたサカ族の王族も候補の一つと考えられている。

　3 号墓から出土したティベリウス貨幣は 16 年から 37 年にローマの属国ガリアで鋳造されたものであった。

　4 号墳の男性はアキナケス型の短剣を副葬しており（10-10）、同様の剣は王族スキタイのクルガンでの発見例がある。また、法輪をおす男性像を刻んだメダリオンは仏教的な資料である（10-11）。

　6 号墳では、王冠を被った王族の女性が葬られていた（10-8）。出土した副葬品にはアキナケス型短剣、パルティアの貨幣、インドの象牙、中国前漢の鏡などユーラシア世界の遺物が多数出土している。アフロディーテ飾り板はインド的な様相を呈している（10-9）。特に冠（10-12）は韓国新村里 9 号墳に類似しており、この系譜は武寧王とその王妃の冠、さらには日本の 6 世紀の藤ノ木古墳の冠にも続いている。

10-8 6 号墳平面図・復元図

10-9 6 号墳出土飾り板

10-10　4 号墓出土鞘

10-11 4号墓出土メダリオン　　　　　　　　　　10-12 6号墳出土冠

2，季節風貿易とガンダーラの仏教美術
季節風貿易

　紀元前1世紀以降、ローマとパルティアの争いなどによって東西の陸路はしばしば分断されることになった。そこで、エジプトから紅海を通り、アラビア半島を回ってペルシャ湾からインド半島へ通じる季節風貿易の航路が開拓された。

　166年、大秦国安敦（ローマ皇帝アントニヌス・ピウス）は後漢の桓帝に使者を送った。その際の献上品に、サイの角や象牙、タイマイなどがあり、ローマからの使者は海上貿易路を経由して後漢を訪れたことがわかる。同じように、この海上貿易路を通って、ローマの美術・工芸・その他の品物がクシャン朝にもたらされた。

　かってグレコ・バクトリア王国のもとでギリシャ風文化が栄えたこともあり、この地ではローマ文化の受容に抵抗がなかった。クシャン朝では大乗仏教の成立とともにガンダーラ美術に代表される仏教文化が生まれた。

　この仏教文化は西方よりむしろ東方へと広がり、中国・朝鮮・日本へと影響を及ぼす。

ガンダーラの仏教美術
ガンダーラ略史

　ガンダーラの地名は『リグ・ヴェーダ』にも記されている。

　紀元前6世紀にはアケメネス朝ペルシャに組み込まれ、ペルセポリス・ダレイオス1世碑には"GADARA"と記録されている。紀元前380年頃にはペルシャの支配が弱まって、小王国がガンダーラを分割統治していた。紀元前327年にアレキサンドロス大王がガンダーラに侵攻したが、ほとんど留まることもなかった。

　紀元前305年にはマウリヤ朝のチャンドラグプタ王がセレウコス朝を破り、以後、1世紀半にわたりマウリヤ朝がこの地を支配した。第三回仏典結集を行ったアショーカ王は、ガンダーラに多くの仏塔を建立した。

サーンチーの仏教遺跡

（サーンチー 『フリー百科事典 ウィキペディア日本語版』2018.9.22 https://ja.wikipedia.org/wiki/サーンチー）

10-13 サーンチー第一塔

　　　　紀元前3世紀にアショーカ王は8万4千もの釈迦の遺骨（仏舎利）を安置する卒塔婆（ストゥーパ）を建立した。そのうちの8つがサーンチーに建てられた。現在、その内3つが残っており、それぞれ「第一塔」、「第二塔」、「第三塔」と名前がつけられている（10-13）。

　アショーカ王の造立したストゥーパは、マウリヤ朝の次のシュンガ朝、アーンドラ朝になって、石材によってみごとに変貌する。

　第一塔は紀元前3世紀頃の仏塔を紀元前後に増拡したもので、もっとも完全な形を保っている。

　その後、マウリヤ朝が衰退し、ギリシャ系のグレコ・バクトリア王国がこの地に勢力を拡張した。紀元前185年頃、ガンダーラとパンジャーブはバクトリア王デメトリオス1世により征服された。グレコ・バクトリア王国分裂の後は独立した地方政権が乱立した。

インド・グリーク朝の支配

　『ミリンダ王の問い』で知られるインド・グリーク朝のメナンドロス1世にみるように、インド・グリーク朝には多くの仏教徒が存在した。メナンドロス王が死んで、インド・グリーク朝の分裂が始まった紀元前140年頃には、パルティア系民族により圧迫されたサカ族がガンダーラ地方へ移住した（インド・スキタイ王国）。その後、紀元前50年頃にはパルティアがアフガニスタンのギリシャ人勢力を駆逐した。

クシャン朝

　ローマとの抗争などによってパルティア王国が弱体化すると、パルティアの大貴族スーレーン氏族（王族から分岐した氏族）はインド・スキタイ人や大月氏によって占領されていた東方領土に侵入し、ガンダーラ地方でクシャン朝など多くの地方領主と戦った後、全バクトリアと北インドを支配した。

　20年頃、パルティア人ゴンドファ

10-14 カニシカ王の仏塔

ルネスは、パルティアからの独立を宣言し、インド・パルティア王国を建設した。

　この王国は 1 世紀ほど存続したが、後継者アブダガセスの時代には瓦解しはじめ、75年頃には北インド地方はクシャン朝によって再征服され、最終的に領地はアフガニスタンのみとなった。

　クシャン朝のカニシカ 1 世（在位：128 年〜 151 年 10-14）のとき、ガンダーラ美術は最盛期を迎え、アジア全域に広がった。ペシャーワルには 120m もの巨大な仏塔が建立されたほか、数多くの仏教遺跡が建造された。

　カニシカの死後、王国は国力を失い始め、領域西方はササン朝の支配下に入った。しかし、クシャン族の族長のもとで、新しい仏塔は建立され続け、旧来のものは拡張された。仏寺には大仏像が建てられ、断崖には磨崖仏が彫られた。

衰退

　450 年頃、エフタルが侵入し、ヒンドゥー教が一時盛んとなったが、ササン朝が再び盛り返し、568 年にはエフタルを駆逐した。

　644 年にササン朝がイスラム帝国に敗れると、ガンダーラはテュルク系民族によって支配され、ふたたび仏教が広まった。しかし、次第にヒンドゥー教が隆盛となり、仏教寺院は次々と放棄されていった。

　その後、イスラム勢力が侵入し、ガンダーラの名は忘れられていった。

仏教美術

　ガンダーラ美術は、ギリシャ、シリア、ペルシャ、インドなどの様々な様式を取り入れた仏教美術として有名である。

　1 世紀、エジプト・アレキサンドリアとクシャン朝の間で紅海〜インド洋経由の海上交通が盛んに行われると、ローマ系の文化がガンダーラにも流入し、ガンダーラ仏教美術の誕生につながった。

　ガンダーラ美術の起源は明らかにされていないが、大きく分けて三説がある。

1,「ギリシャ起源説」グレコ・バクトリア由来のギリシャ系美術がガンダーラの起源とする説。

2,「ローマ起源説」ローマとの貿易によってもたらされたローマ系美術に起源を求める説。

3,「折衷説」（「グレコ・イラン説」）バクトリアのギリシャ系美術に起源を求めながら、ローマ系美術の影響をも認める説。

　そもそも、仏教がこの地に伝来したのもマウリヤ朝時代のことであり、アショカ王法勅刻文が、シャーバス・ガリやカンダハール、ラグマーンなどに残されていることから、遅くとも前 3 世紀には伝来していたと考えられている。しかし、前 1 世紀末までは仏教美術は誕生していない。グレコ・バクトリアもヘレニズム美術をこの地に持ち込んだが、仏教美術に応用されることはなかった。

　1 世紀初め、インド・パルティア王朝がガンダーラを統治し、タキシラ、シルカップに仏教寺院や仏塔が建立すると、そこにはガンダーラ美術の萌芽がみられる。仏塔の基壇に

10-15 タキシラ ダルマラージカの仏塔

10-16 シルカップ 双頭の鷲の仏塔

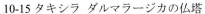

はインド系の塔門や馬蹄形アーチ、アカンサスの葉を用いたコリント
式柱が見られるが、仏像はまだ出現しない(10-15・16)。

　1世紀後半、クシャン朝の時代になると、クシャン族が仏教に改宗し、
外国貿易が盛んになったことで富裕層の出現したこともあり、ガンダ
ーラ各地に仏教寺院が建立され、如来像や菩薩像、仏伝浮彫、絵画が
寺院を飾るようになった(10-17)。

　2世紀中頃、ペシャワールにはカニシカ1世の大塔をはじめとする仏
教施設が建立され、タキシラにもダルマラージカの仏塔など多くの寺
院や仏教施設が建立された。そのほか、ハッダ、ジャララバード、カ
ーブルにも寺院が建立され、バクトリアではバクラーン、スルフ・コ
タル、ウズベク南部にはカラ・テパ、アイルタム、ファイヤーズ・テ
パ、ジャール・テパ、ダルベルジン・テパなどが建立された。

　ガンダーラ美術の終焉も不明な点が多いが、5世紀以降、エフ
タルがガンダーラに侵入すると、徐々に衰退したと考えられている。

10-17 釈迦王子立像

ベグラム(10-18)

　ベグラムは、カーブルから北へ約70kmのパンジシル川とゴ
ンバンド川が合流する地点に位置した城郭都市である。この都
市がいつ頃から建設され始めたかは明らかではない。

　アケメネス朝ペルシャのキュロス2世は、前6世紀中頃のサ
カとの戦においてこの都市を破壊したが、その後継者のダレイ
オス1世によって再建されている。また、前4世紀にはアレキ
サンドロス大王によってギリシャの都市設計を取り入れて要塞
化され、「コーカサスのアレキサンドリア」と呼ばれた。

　その後、セレウコス朝の支配下にあったが、前305年にマウ
リヤ朝に譲渡され、前2世紀頃からグレコ・バクトリア王国が
征服し、月氏によって追われたインド・グリーク朝が首都とし
た。仏教に帰依し「ミリンダ王の問い」で有名なメナンドロス1
世(ミリンダ王)は8代目の王である。

10-18 ベグラム

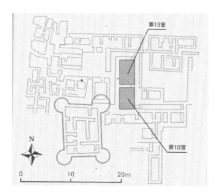
10-19 ベグラム第 10・13 室

10-20 ベグラムの遺宝 1

10-21 ベグラムの遺宝 2

10-22 ベグラムの遺宝 3

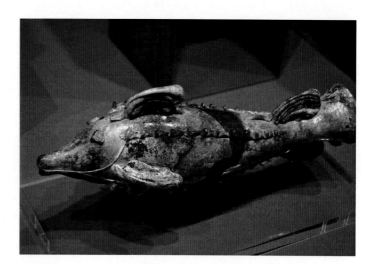
10-23 ベグラムの遺宝 4

　その後、クシャン朝カニシカ王の夏の都として栄えたが、ササン朝ペルシャのシャープール 1 世によって侵略された。5 世紀後半にはエフタルの支配下にはいり、7 世紀には玄 奘〈げんじょう〉も立ち寄って「迦畢試（カーピーシー）」の都として記している。

　1936 年から 1946 年にかけてジャック・ムニエ、ロマン・ギルシュマンらによるフランス隊が、ベグラムの考古学的な発掘調査を行った。この調査で新王城の 10 室と 13 室と名付けられた部屋から、インドの象牙製品、エジプトの石製品、アレキサンドリアのガラス製品、ローマの青銅器、中国漢代の漆器などの遺物が整然とおかれた状態で発見された。これらの遺物は「ベグラムの遺宝」と呼ばれている（10-20~23）。

スルフ・コタル（Surkh Kotal）

　アフガニスタン共和国北部にあった神殿跡で、フランス考古学調査団のシュランベルジェによって 1952 年から 64 年まで調査された。

　1957 年、ここで碑文が発見された。この碑文には、スルフ・コタルの神殿はカニシカ王によって創設され、その後、水の枯渇のため一度放棄されたが、カニシカ紀元の 31 年（カニシカ王の後継者フヴィシュカの治世の初め）に、ヌクンズク（Nukunzuk）という名の高官によって聖域が修復されたことなどが書かれていた。

　スルフ・コタルの碑文は、1993 年に発見されたラバータク碑文とともに、バクトリア語の解読につながった重要な碑文である。

アイルタム

　1932年、オクチャブレノフ号が、川底に沈んでいた三体の石灰岩胸像を拾い上げ、1933年、マッソン（M.E.Masson）が、これを「グレコ・仏教的」または「ローマ・仏教的」遺物として発表した（10-26）。これがアイルタム遺跡発見の端緒である。

　数年後、テルメズ考古学総合調査団（ＴＡＫＥ）が結成され、1937年、ヴァジミチナ（M.I.Vyaz'mitina）によってアイルタムのコンプレクス調査された。

　1964年〜1966年には、ウズベキスタン共和国立芸術学研究所のバハディール・ツルグノフがストゥーパと建築物を調査した（10-24・25）。

　1979年、ウズベキスタンとアフガニスタンを結ぶ「友好の橋」の建築により、アイルタムは破壊された。そのとき石像の一部やクシャン文字の銘文が発見されている。

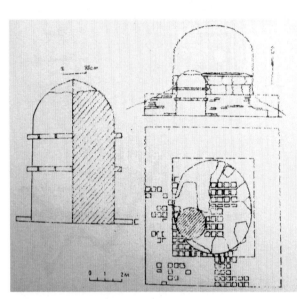

10-24 アイルタム仏塔

10-25 アイルタム仏塔　B.ツルグノフ撮影

10-26 アイルタム　レリーフ（レプリカ）

カラ・テパ (10-27~31)

カラ・テパはテルメズに存在する仏教建築群の一つである。この寺院の創建はクシャン朝カニシカ期であると考えられ、仏教の普及にクシャン朝の国家権力が大きく関与したことがうかがわれる。

その後、ササン朝時代には廃墟（はいきょ）となったが、6世紀後半から7世紀に仏教僧院として再興されたと考えられている。玄奘の『大唐西域記』によるとテルメズには「伽藍（がらん）は十数カ所、僧徒は千余人いる。多くの窣堵波および仏の尊像は神異なことが多く」と記されている。

10-27 カラ・テパ概念図

1946年から1994年まで、エルミタージュ美術館、東方民族芸術博物館、ソ連邦科学アカデミー考古学・民族学研究所の調査によって2～5世紀の仏教遺跡が調査され、石窟と中庭の複合体群が検出された。

その後、1998年から、加藤九祚と共同研究者のウズベキスタン共和国立芸術学研究所所長ピダーエフによって、北丘の仏塔や僧院などが調査された。近年では、韓国が南丘の調査を行い、また、2015年からは立正大学が北丘の僧院の西側の回廊などを調査した。

この遺跡は北丘、西丘、南丘の三つの部分に分かれ、西丘と南丘で岩窟寺院が、北丘では僧院が確認されている。北丘では南北21.3m×東西23.4mの中庭をもつ、一辺約50m四方の方形建築物と、その北側に13m×12mの日干しレンガ二段構造の基壇が確認され、この基壇の中から小さな仏塔が検出されている。

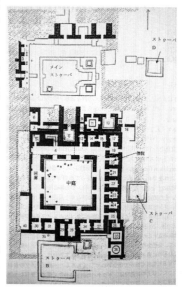

10-28 カラ・テパ北丘

10-29 カラ・テパ西（中）丘

10-30 カラ・テパ北丘建築物

10-31 カラ・テパ北丘大仏塔

ファイアズ・テパ(10-32~35)

　ファイアズ・テパは、1世紀から4世紀の仏教遺跡である。カラ・テパの数百m北西にあり、僧院部分と寺院部分から成り立っている。

　寺院部分にあるストゥーパは、元のストゥーパを包み込んで、一回り大きくして改築されていた。したがって、創建時のストゥーパの保存状況はきわめて良好であった。

　僧院部分は食堂・僧坊・講堂の3つの区画に分かれ、すべての部屋が中庭に向かって開いた入り口を持つというバクトリアスタイルを呈する。

　ファイアズ・テパは、1世紀代のクシャン朝の影響下に創建されたと考えられる。当地方でもっとも古い仏教遺跡の一つとされている。

　1968年～1976年にかけて L.I.アリバウムによって発掘調査が行われ、多くの遺物や塑像、壁画などが発見されている。なかでもガンダーラ美術の影響を受けた石灰岩の三尊仏は特記すべきものである（10-35・裏表紙）。

　ファイアズ・テパは風化が進み、崩壊の危機にあったため、2002年～2006年に UNESCO の日本信託基金を利用して保存修復が行われた。

10-32 修復以前のファイアズ・テパ

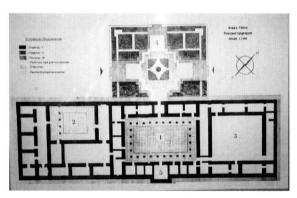

10-34 ファイアズ・テパ

10-33 修復後のファイアズ・テパ

10-35 三尊仏

ズルマラの仏塔（10-36）

　3〜4世紀頃の仏塔である。高さは現状で約16mで、日干しレンガと練土で造られている。現存する仏塔としてはバクトリアで最大である。

　シャキル・ピダーエフによると、仏塔の周辺に仏教遺跡があり、仏塔を含んでカッタ・テパと呼んでいるとのことである。

　近年、立正大学が本仏塔の調査と保存に取り組んでいる。

10-36 ズルマラの仏塔

ダルベルジン・テパ（10-37~40）

　紀元前2〜3世紀のグレコ・バクトリア期から中世におよぶ城郭都市である。クシャン朝時代には42haに及ぶ大都市を形成している。

　1962年からウズベキスタン共和国立芸術科学研究所バハディール・ツルグノフによって断続的に小規模な調査が行われ、市街地の様相を明らかにしようとしている。市街地にある仏教寺院からは大きな塑像が多数検出され、1972年には商人の邸宅跡から約36キログラムの金の装飾品類が出土した。

　市街地の調査は、1993年に始まった創価大学の加藤九祚の調査に続き、創価大学の小山満が発掘調査を行た。2008年に帽子をかぶった人物の塑像を検出し、2009年にはこの塑像の保存修復を行ている。

　1996年から田辺勝美とオリエント博物館は、チタデル部分と墓域の調査を行った。

10-37 ダルベルジン・テパ

10-38 塑像

10-39 帽子を被った人物

10-40 仏陀立像

ハルチャヤン（10-41・42）

　カラバク・テパとハナカ・テパを含む、総面積15ha を超える城郭遺跡である。紀元前4世紀から紀元前3世紀に居住が開始され、2世紀から3世紀に衰退しているが、中世にまた人びとが居住していたことがわかっている。

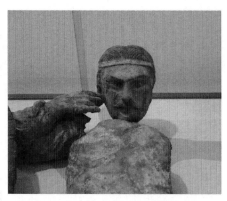

10-41 ハナカ・テパ出土塑像1

カラバク・テパ

　グレコ・バクトリアの滅亡からクシャン朝の成立に当たる紀元前2世紀から紀元前1世紀の都城遺跡で、350m × 260m の方形プランをしている。月氏の離宮だと考えられている。

ハナカ・テパ

　300m × 300m の方形プランを持つ城郭都市である。一般にハルチャヤンと呼ばれている。1960 年にプガチェンコワは26m × 32m の丘陵の下から宮殿址を検出した。

　最盛期は紀元前2世紀〜紀元前1世紀で、多くの塑像が発見された。クシャン朝の宮殿であったと考えられている。

カンピル・テパ（10-43）

　カンピル・テパはテルメズからアムダリア川に沿って西へ30キロほど下流に位置している。遺跡の規模は東西約750 m、南北約250 mで、アムダリア川の河岸段丘上に位置し、南側は今も風雨によって浸食され崩壊し続けている。

10-42 ハナカ・テパ出土塑像2

　遺跡は、グレコ・バクトリア時代、アムダリア川の渡河地点に建設された要塞から始まっており、城壁に守られた要塞都市として、居城、周辺の住居群、祭礼に用いられた建物などが検出されている。

　ウズベキスタン共和国立芸術学研究所のエドヴァルド・ルトベラーゼは、15 世紀の著述家ハーフィズ・アブルーが、「《ブルタグイ》はテルメズに近いジェイフン河岸の土地である。そこはテルメズよりもずっと以前から存在し、アレキサンドロス大王によって築かれたといわれている。《ブルタグイ》とはアレキサンドロス大王の時代に与えられたギリシャ名称であり、「客をもてなす家」という意味であった。古代、ジェイフン河にかかる渡し場を取り仕切る大規模な船領主達が《ブルタグイ》にいた。」と記した渡河地点を、カンピル・テパに比定している。

10-43 カンピル・テパ調査遠景

図版出典

10-1 大月氏 https://ja.wikipedia.org/wiki/月氏#/media/File:Western_Regions_in_The_1st_century_BC_（ja）.png

10-2 クシャン朝 https://ja.wikipedia.org/wiki/クシャーナ朝#/media/File:Kushanmap.jpg

10-3 クジュラ・カドフィセス https://commons.wikimedia.org/wiki/File:Coin_of_the_Kushan_king_Kujula_Kadphises.jpg

10-4 ヴィマ・カドフィセス

https://upload.wikimedia.org/wikipedia/commons/a/ac/Coin_of_the_Kushan_king_Vima_Kadphises.jpg

10-5 ラバータク碑文 https://upload.wikimedia.org/wikipedia/commons/4/4f/Rabatak_inscription.jpg

10-6 カニシカ1世 https://upload.wikimedia.org/wikipedia/commons/4/48/Coin_of_Kanishka_I.jpg

10-7 ティリヤ・テペ 川野一隆 2016「第3章ティリヤ・テペ」『黄金のアフガニスタン』九州国立博物館・東京国立博物館・産経新聞社 p59 に加筆

10-8 6号墳平面図・復元図 川野一隆 2016「第3章ティリヤ・テペ」『黄金のアフガニスタン』九州国立博物館・東京国立博物館・産経新聞社 p112

10-9 6号墳出土飾り板 https://ja.wikipedia.org/wiki/中央アジアの美術#/media/File:Applique,_Tillia_tepe,_tombeVI,_Mus%C3%A9e_national_d%27Afghanistan.jpg

10-10 4号墓出土鞘 https://ja.wikipedia.org/wiki/中央アジアの美術#/media/File:TillyaTepeSheath.jpg

10-11 4号墓出土メダリオン

https://upload.wikimedia.org/wikipedia/commons/0/0c/Tilia_Tepe_gold_token._Kabub_Museum.jpg

10-12 6号墳出土冠 https://upload.wikimedia.org/wikipedia/commons/f/ff/TillyaTepeCrown.jpg

10-13 サーンチー第一塔 https://upload.wikimedia.org/wikipedia/commons/c/c8/Sanchi2.jpg

10-14 カニシカ王の仏塔 https://upload.wikimedia.org/wikipedia/commons/7/7c/ShahJiKiDheriStupa.jpg

10-15 タキシラ・ダルマラージカの仏塔 https://upload.wikimedia.org/wikipedia/commons/6/63/Taxila1.jpg

10-16 シルカップ 双頭の鷲の仏塔　https://commons.wikimedia.org/wiki/File:SirkapDoubleHeadedEagleStupa.JPG

10-17 釈迦王子立像

https://upload.wikimedia.org/wikipedia/commons/1/16/Standing_Bodhisattva_Gandhara_Musee_Guimet.jpg

10-18 ベグラム　臺信祐爾・小泉惠英 2016「第5章ベグラム」『黄金のアフガニスタン』九州国立博物館・東京国立博物館・産経新聞社 p123 に加筆

10-19 ベグラム第10・13室　臺信祐爾・小泉惠英 2016「第5章ベグラム」『黄金のアフガニスタン』九州国立博物館・東京国立博物館・産経新聞社 p123 に加筆

10-20 ベグラムの遺宝1

https://commons.wikimedia.org/wiki/Category:Art_of_Bagram?uselang=ja#/media/File:Begram_Goblet_Depicting_Figures_Harvesting_Dates_1st_Century_C.E.,_Begram_Room_10,_painted_glass_made_in_Roman_Egypt.jpg

10-21 ベグラムの遺宝2

https://commons.wikimedia.org/wiki/Category:Art_of_Bagram?uselang=ja#/media/File:BegramMedallion.jpg

10-22 ベグラムの遺宝3

https://commons.wikimedia.org/wiki/File:Statuette_of_Eros_1st_Century_CE,_Begram_room_13,_bronze.jpg?uselang=ja

10-23 ベグラムの遺宝4

https://commons.wikimedia.org/wiki/File:Fish-shaped_Vessel_1st_Century_CE,_Begram_room_10,_glass.jpg?uselang=ja

10-24 アイルタム仏塔　Sh.Pidaev 加藤九祚編 2002『ウズベキスタン考古学新発見』東方出版 p118

10-25 アイルタム仏塔　B.ツルグノフ撮影

10-26 アイルタム レリーフ（レプリカ）　ウズベキスタン共和国立テルメズ考古学博物館　筆者撮影

10-27 カラ・テパ概念図　B.スタビスキー 2007「V　カラテパ南丘の発掘（1961-1994)」『アイハヌム 2007　加藤九祚一人雑誌』東海大学出版会　p42

10-28 カラテパ北丘 S.ピダエフ・加藤九祚 2007「Ⅶ　カラテパ北丘・西（中）丘の発掘（1998-2007)」『アイハヌム 2007　加藤九祚一人雑誌』東海大学出版会　p60

10-29 カラ・テパ西（中）丘　筆者撮影

10-30 カラ・テパ北丘建築物　筆者撮影

10-31 カラ・テパ北丘大仏塔　筆者撮影

10-32 修復以前のファイアズ・テペ　筆者撮影

10-33 修復後のファイアズ・テペ　筆者撮影

10-34 ファイアズ・テパ　ウズベキスタン共和国立タシュケント歴史博物館展示パネル　筆者撮影

10-35 三尊仏　ウズベキスタン共和国立タシュケント歴史博物館　筆者撮影

10-36 ズルマラの仏塔　筆者撮影

10-37 ダルベルジン・テパ　ドミトリー・ルサーノフ 1999『芸術学科公開講座　南ウズベキスタンの仏教遺跡の考古学的調査』和光大学総合文化研究所　p127

10-38 塑像　筆者撮影

10-39 帽子を被った人物　筆者撮影

10-40 仏陀立像　筆者撮影

10-41 ハナカ・テパ出土塑像 1　筆者撮影

10-42 ハナカ・テパ出土塑像 2　筆者撮影

10-43 カンピル・テパ調査遠景　筆者撮影

参考引用文献

『フリー百科事典　ウィキペディア日本語版』2018.9.12「クシャーナ朝」https://ja.wikipedia.org/wiki/クシャーナ朝

林俊雄 1999　「草原遊牧民の美術」『世界美術大全集』東洋編　第 15 巻小学館

河野一隆 2016　「第 3 章 TELLYA TEPE」『黄金のアフガニスタン』九州国立博物館、東京国立博物館、産経新聞社、フジテレビジョン

「ガンダーラ」『フリー百科事典　ウィキペディア日本語版』2018.9. 22　https://ja.wikipedia.org/wiki/ガンダーラ

田辺勝美 1999　「ガンダーラの仏教美術」『世界美術大全集』東洋編　第 15 巻小学館

古庄浩明 2017「ウズベキスタン、クシャン朝カラ・テパ遺跡と大乗仏教北伝と繁栄のメカニズム」『キルギスとその周辺地域における遊牧社会の形成』2016 年度科学研究費基盤研究（B)海外学術調査「ユーラシア古代遊牧社会形成の比較考古学（課題番号 25300040）論文集　大沼克彦・久米正吾編

古庄浩明 2010「ウズベキスタン共和国・スルハンダリア地域の仏教遺跡と GPS データ」『第 17 回ヘレニズ ム～イスラーム考古学研究』ヘレニズム～イスラーム考古学研究会

古庄浩明 2009「中央アジア・ウズベキスタンにおける遺跡保存の現状と課題」『21 世紀アジア学海紀要』7　国士舘大学 21 世紀アジア学会

古庄浩明 2015『平成 27 年度駒澤大学秋期公開講座　講座Ⅱ　シルクロードの考古学』資料　駒澤大学

古庄浩明 2016「中央アジア考古学の現在」『法政考古学第 156 回月例研究会資料』法政考古学会

『フリー百科事典　ウィキペディア日本語版』2018.9.12「ベグラーム」https://ja.wikipedia.org/wiki/バグラーム

Sh.Pidaev 加藤九祚編 2002『ウズベキスタン考古学新発見』東方出版

九州国立博物館・東京国立博物館・産経新聞社編 2016 『黄金のアフガニスタン』産経新聞社

ドミトリー・ルサーノフ 1999『芸術学科公開講座　南ウズベキスタンの仏教遺跡の考古学的調査』和光大学総合文化研究所

加藤九祚 2007 『アイハヌム 2007　加藤九祚一人雑誌』東海大学出版会

古庄浩明 2020 『玄奘とシルクロードー大唐西域記とその世界ー』kindle 版

十一、トルコ系民族の流入

1，エフタル（11-1·2）

エフタルは中国では嚈噠などと記され、西洋では白いフンと記されているが、どんな民族であったかは不明である。もともと、「金山（アルタイ山脈）から南下してきた」もしくは「バダクシャン（パミール高原とヒンドゥークシュ山脈の間）にいた遊牧民」とされている。

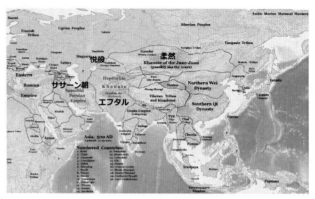

11-1 エフタル 5 世紀

クシャン朝を滅ぼして、410 年にはトハリスタンからガンダーラに侵入している。425 年にはササン朝に侵入したが、撃退されオクサス川北岸に遁走させられた。

456 年ササン朝ペーローズ 1 世はエフタルの支持を受けて即位した。その際、国境の不可侵を約束したが、ペーローズ 1 世はこの約束を破ってトハリスタンに侵攻した。エフタル王アフシュワルはこれを撃退し、ホラーサーン地方を占領することなど、エフタルに優位な条件で講和した。

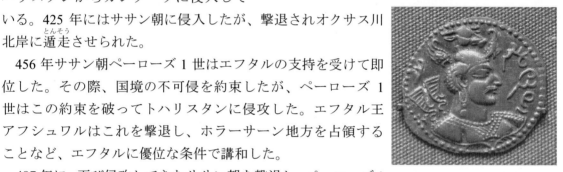

11-2 エフタルコイン

487 年に、再び侵攻してきたササン朝を撃退し、ペーローズ 1 世を戦死させた。さらに、エフタルは高車にも侵攻し、516 年には 柔然に敗れた高車の民衆がエフタルへと亡命している。

ゾロアスター教であったミヒラクラ王は、北インドで仏教弾圧を行っている。

その後、北魏へ朝貢するようになり、558 年に突厥のイステミとササン朝ホスロー 1 世によって攻撃され、567 年に滅ぼされてしまう。

（『フリー百科事典　ウィキペディア日本語版』2018.9.29「エフタル」https://ja.wikipedia.org/wiki/エフタル）

410 年からトハリスタン、続いてガンダーラに侵入（彼らはインド・エフタルとして知られるようになる。）。

425 年、エフタルはササン朝に侵入するが、バハラーム 5 世（在位：420 年～ 438年）により迎撃され、オクサス川の北に遁走した。

エフタルはクマーラグプタ 1 世（在位：415 年頃～ 455 年）のグプタ朝に侵入し、一時その国を衰退させた。また、次のスカンダグプタの治世（435 年～ 467年もしくは 455 年～ 456 年/457 年）にも侵入したが、スカンダグプタに防がれた。

ササン朝のペーローズ 1 世（在位：459 年～ 484 年）はエフタルの支持を得て王位につき、その代償としてエフタルの国境を侵さないことをエフタル王のアフ

シュワル（アフシュワン）に約束したが、その後にペーローズ1世は約束を破ってトハリスタンを占領した。アフシュワルはペーローズ1世と戦って勝利し、有利な講和条約を結ばせ、ホラーサーン地方を占領した。484年、アフシュワルはふたたび攻めてきたササン朝と戦い、この戦闘でペーローズ1世を戦死させる。

エフタルは高車に侵攻し、高車王の阿伏至羅の弟である窮奇を殺し、その子の弥俄突らを捕える。

508年4月、エフタルがふたたび高車に侵攻したので、高車の国人たちは弥俄突を推戴しようと、高車王の跋利延を殺し、弥俄突を迎えて即位させた。

516年、高車王の弥俄突が柔然可汗の醜奴（在位：508年～520年）に敗北して殺されたため、高車の部衆がエフタルに亡命してきた。

ガンダーラ・北インドを支配したエフタルでは、その王ミヒラクラ(Mihirakula、在位：512年～528年頃）の代に、大規模な仏教弾圧が行なわれた。（インドにおける仏教の弾圧#ミヒラクラ王の破仏）

520年、北魏の官吏である宋雲と沙門の恵生は、インドへ入る前にバダフシャン付近でエフタル王に謁見した。

523年、柔然可汗の婆羅門は姉3人をエフタル王に娶らせようと、北魏に対して謀反を起こし、エフタルに投降しようとしたが、北魏の州軍によって捕えられ、洛陽へ送還された。

北魏の太安年間（455年～459年）からエフタルは北魏に遣使を送って朝貢するようになり、正光（520年～525年）の末にも師子を貢納し、永熙年間（532年～534年）までそれが続けられた。

533年頃、マールワー王ヤショーダルマンがエフタル王ミヒラクラを破る。ミヒラクラはカシミールに逃亡した。

546年と552年に、エフタルは西魏に遣使を送ってその宝物を献上した。

衰退と滅亡

558年、エフタルは北周に遣使を送って朝献した。この年、突厥の西方を治める室点蜜（イステミ）がササン朝のホスロー1世（在位：531年～579年）と協同でエフタルに攻撃を仕掛け（ブハラの戦い）、徹底的な打撃を与えた。これによってエフタルはシャシュ（石国）、フェルガナ（破洛那国）、サマルカンド（康国）、キシュ（史国）を突厥に奪われてしまう。

567年頃までに室点蜜はエフタルを滅ぼし、残りのブハラ（安国）、ウラチューブ（曹国）、マイマルグ（米国）、クーシャーニイク（何国）、カリズム（火尋国）、ベティク（戊地国）を占領した。

隋の大業年間（605年～618年）にエフタルは中国に遣使を送って宝物を貢納した。

エフタル国家の滅亡後も、エフタルと呼ばれる人々が存続し、588年の第一次ペルソ・テュルク戦争や619年の第二次ペルソ・テュルク戦争に参戦していたが、8世紀頃までに他民族に飲み込まれて消滅した。

政治体制

中国の史書の『魏書』列伝第九十（西域伝）には、嚈噠国の政治体制などについて、次のとおり記す。

「嚈噠国は大月氏の種族であるが、又、高車の別種であるとも言われ、その起源は塞北にある。金山より南方、于闐（ホータン）国の西方にあり、馬許水を都とし南200余里、長安を去ること10,100里である。その王は抜底延城（バルフ）を都としており、蓋し、王舎城である。城市は10余里四方で、寺塔が多く、みな金で装飾している。・・・王は領国内を巡回し、月ごとに居処を替えるが、冬の寒冷な時期には、3箇月間移動しない。王位は必ずしも子に引き継がれる訳ではなく、子弟でその任務をこなせる者がいれば、（王の）死後に王位を継承する。・・・性格は兇悍で、戦闘を能く行う。西域の、康居・于闐・沙勒・安息及び諸々の小国30国ほどが、皆、嚈噠国に従属しており、大国と言っている。」

王・王妃の姿

中国北魏からエフタルに使節として旅行し、北魏孝明帝の神亀2年（519年）10月上旬にエフタル国に入国し、その後、国王に会見した宋雲がまとめた記録『宋雲行紀』の第2章には、エフタル王やエフタル王妃の姿を、次のとおり記す。

「（エフタル）王は40歩四方の大きな毛織のテントに居り、まわりはフェルトを壁面として張りめぐらしている。王は錦衣をつけ、4つの金の鳳凰をかたどった（牀）脚をつけた金の椅子に座っていた。（王は）大魏の使人に会うと、再拝し跪いて詔書を受け取った。（宴）会を開くにあたっては、1人が唱えればすなわち宴会が開かれ、のちに唱えればすなわち宴会は終わる。ただこのやり方が行われるだけで、音楽は見られない。

エフタル国の王妃もまた長さ8尺余りの錦衣をつけ、3尺も地に垂らし、従者に捧げ持たせている。頭には一角で長さ3尺の頭帯をつけ、赤色珠、五色珠でその上を装飾している。王妃が外出するには輿を用い、室内に入れば黄金製の椅子に座っている。その椅子には六牙の白象と4匹の獅子がかたどられている。その他の大臣の妻はみな（お付きとして）随っている。（王妃の椅子の）傘の頭にも角のようなものをつけ、まんまるく垂れ下がっていて、その形状は宝蓋のようである。（人々の）貴賤を見るには、また（各々異なった）服章がある。」

中国の史書の『魏書』列伝第九十（西域伝）には、嚈噠国の習俗などについて、次のとおり記す。

「習俗は突厥とほぼ同じ。兄弟は1人の妻を共有する。兄弟の無い夫は、妻に突起が1つ付いた帽子を被らせ、もし兄弟がいる場合には兄弟の数により、突起の数を増やさせる。衣服には、瓔珞を付ける。頭部は皆、髪を刈る。その言語は、蠕蠕（柔然）とも高車とも多くの胡族とも異なる。人口は10万人程度であり、城邑は無い。水と草を追って移動し、フェルトを用いて家をつくる。夏は、涼しい土地に移動し、冬は温暖な処に移動する。何人かの妻を各々分けて住まわせており、互いに200～300里離れている。」

プロコピオスの『戦史』では、「フンの一派であるが遊牧民ではなく、生活様式も同族のものとは似ていない」としている。

2, 突厥

突厥は「トルコ」の複数形である。6世紀頃、柔然の鍛鉄奴隷であった突厥が隆盛し、552年、突厥の土門（ブーミン）は柔然と戦い、阿那瓌可汗を自殺に追い込んで、自ら伊利可汗と称した。土門は弟の室点蜜（イステミ）を西面可汗にして、イリ川以西の守備と攻略をまかせた。

領地拡大に寄与したのは三代目木杆可汗で、北方は契骨（キルギス）南方は吐谷渾、東方は契丹、西方はエフタルを滅ぼし、カスピ海北岸あたりまで拡大した。

ササン朝ペルシャのホスロー1世と計ってエフタルを実際に滅ぼしたのは、西面可汗の室点蜜であった。これにより、突厥はソグディアナを、ササン朝ペルシャはバクトリアを領有することになった。

566年には東ローマ皇帝へカスピ海の北を回るルートでソグド人の使者を送って通商を求め、以後、数回の交流があった。568年、ユスティヌス2世によってシチリアのゼマルコスが突厥に派遣されたのもその一つである。ゼマルコスは室点蜜の天幕が絹で飾られており、柱は金で覆われ、玉座も金だったことなどを記している。

室点蜜の死後、そのあとを継いだのが、息子の玷厥で、達頭可汗（タルドゥ・カガン）となった。

突厥は土門の三人の子が相次いで可汗につき、そのうえ王位継承権を巡って内紛が続いたので、政局が安定しなかった。

582年、隋の高祖文帝は突厥を攻撃した。突厥王沙鉢略可汗は木杆可汗の子、阿波可汗らを率いて迎撃するが敗北する。阿波可汗を快く思っていなかった沙鉢略可汗は、先に阿波可汗の領地へ向かって村を襲い、阿波可汗の母を殺した。これにより阿波可汗は、西面可汗の達頭可汗（タルドゥ・カガン）のところへ亡命した（583年）。阿波可汗は達頭可汗の援軍を得て沙鉢略可汗を攻撃し、西突厥を建国した。これをもって突厥は東西に分裂する（11-3）。

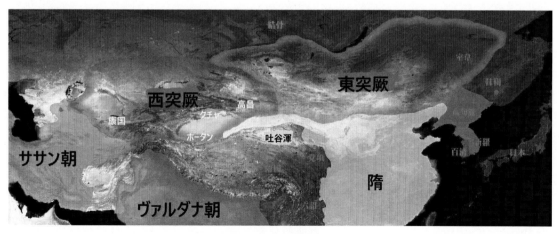

11-3 突厥　7世紀初め

東突厥

　東突厥は隋の滅亡に伴う混乱期に勢力を伸ばしたが、唐が優勢になると、630 年、頡利可汗は、内紛や反乱などによって唐に降伏し、東突厥（突厥第一可汗国）は滅亡する。

　東突厥の各部族は唐の羈縻政策を受け入れていたが、682 年に骨咄禄（クトゥルグ）が陰山山脈付近で独立し、イルテリシュ可汗と名乗り、東突厥を復興する（突厥第二可汗国）。

　クトゥルグのあとを継いだ弟のカプガン可汗は、696 年に則天武后に突厥諸部と単于都護府の地など要求した。また、内乱を治め、イスラム勢力に対抗のためにソグディアナへの援軍を派遣するなど、内外の問題に直面した。

　後継者争いのあと、可汗となったのはクトゥルグの息子、默棘連で、毘伽可汗（ビルゲ可汗）と名乗った。毘伽可汗は唐との交易を重視し繁栄した。毘伽可汗のあと、内乱がおこり、744 年にウイグルの首長が可汗となり、745 年、突厥の可汗は殺されて滅亡する。

西突厥

　西突厥の阿波可汗は 587 年に、隋の援助を受けた東突厥に攻撃されてとらわれてしまう。そこで泥利河汗が立った。達頭可汗は東突厥の沙鉢略可汗の子都藍可汗と敵対し、互いに交戦したが、隋の文帝はこれを和解させた。

　598 年には達頭可汗はエフタルを征服し、都藍可汗と同盟してアヴァールを討ったことを東ローマ皇帝のマウリキウスに報告している。

　泥利河汗の子が泥撅処羅可汗となる。610 年に隋の煬帝は狩りへの同行を拒否した泥撅処羅可汗に対し、達頭可汗の子、射匱を送ってこれを大敗させる。泥撅処羅可汗は隋に帰順し、中国に移住する。大可汗が不在となった西突厥では射匱を可汗として迎える。射匱可汗のあとを継いだのが、弟の統葉護可汗（トンヤブグ　在位：619 年頃～ 628 年）で、彼は西域を制覇した。唐にも朝貢し、東突厥とも和睦した。しかし、伯父の莫賀咄（バガテュル）に殺されてしまう。

　莫賀咄侯屈利俟毘可汗（在位：628 年～ 630 年）には人々が従わず、人々は莫賀設の泥孰を推すが、泥孰は統葉護可汗の子の肆葉護を可汗（在位：628 年～ 632 年）とした。ここに 2 人の可汗が鼎立することになった。

　630 年に肆葉護可汗が莫賀咄侯屈利俟毘可汗を討ち統一された。しかし、肆葉護可汗も人望がなく、632 年、泥孰が咄陸可汗（在位：632 年～ 634 年）となり、唐に朝貢した。

　咄陸可汗のあと弟の沙鉢羅咥利失可汗（在位：634 年～ 639 年）が即位した。638 年に欲谷設は乙毘咄陸可汗（イビル・テュルク・カガン在位：638 年～ 653 年）として即位し、両者は戦ったが決着がつかず、イリ川の西は乙毘咄陸可汗が、東は沙鉢羅咥利失可汗が治めることになる。

　641 年に乙毘咄陸可汗が沙鉢羅咥利失可汗の子の乙毘沙鉢羅葉護可汗（イビル・イシュバラ・ヤブグ・カガン）を殺した。しかし、戦利品の分配問題で、乙毘咄陸可汗の配下の武将は唐の太宗に請願して、乙毘射匱可汗（在位：641 年～ 651 年）を立てる。乙毘咄陸可汗は人望をなくしたことを知り吐火羅国へ亡命した。

　649 年、唐の太宗が崩御すると、阿史那賀魯が反乱を起こし、西へ逃れて自ら沙鉢羅可

汗（イシュバラ・カガン）と称した。657 年に高宗は、蘇定方^{そていほう}などを派遣した。幾度かの
戦闘のあと、石国までのがれた阿史那賀魯を石国領主は策略をもって捕らえ、身柄を唐へ
引き渡した。これ以降、西突厥は唐の影響下に置かれることになる。

　西突厥は阿史那賀魯討伐で功績を挙げた阿史那弥射^{あしだびしや}，阿史那歩真^{あしだほしん}の子孫がこれを治めた
が、阿史那弥射の系譜が途絶え、741 年頃に突騎施（テュルギシュ）の莫賀達汗^{とっきし}（バガ・
タルカン）によって阿史那歩真の子孫も滅ぼされた。

　突騎施部は黄姓と黒姓に分かれて互いに争うようになった。その後、黄姓と黒姓ともに
葛邏禄（カルルク）族に臣従し、その他は回鶻^{かいこつ}（ウイグル）に附き、西突厥は滅亡した。

（『フリー百科事典　ウィキペディア日本語版』2018.9．29「突厥」https://ja.wikipedia.org/wiki/突厥）

文字・言語

　突厥は、東アジアにおいて、漢民族以外で、日本のかな文字と同様に、比較的
早い 5 世紀に独自の文字（突厥文字）を持った民族である。そのことは、1889
年以後に、モンゴル高原で発見された数々の突厥碑文によって世に知られること
となった。しかし、初めのうち（第一可汗国期）の公用語はソグド文字やブラー
フミー文字を使用していた。

　突厥（テュルク）の言語はその名の通りテュルク語を使用していたが、それは
支配民族であるテュルク系の遊牧民のみで使用されており、可汗国全体の公用語
としてはソグド語が使われていた。それは当時、ソグド人がシルクロード交易に
おいて優越的な立場にあり、中央アジアから中国に至るまでの地域でソグド語が
広く使用されていたためである。

突厥碑文

　突厥碑文と呼ばれる碑文はいくつかあり、その中でも有名なのが『トニュク
ク碑文』、『キョル・テギン碑文』、『ビルゲ・カガン碑文』である(11-4)。

　『キョル・テギン碑文』と『ビルゲ・カガン碑文』はニコライ・ヤドリンツェ
フによってオルホン河畔のホショ・ツァイダムで発見されたため（1889 年）、と
もに『ホショ・ツァイダム碑文』と呼ばれる。

　一方の『トニュクク碑文』はクレメンツによって
トラ河上流のバイン・ツォクトで発見されたため
（1897 年）、『バイン・ツォクト碑文』と呼ばれる。

　これら突厥碑文が重要視されるのは遊牧民族であ
る突厥が、自らの文字で自らの言語を記したという
ことであり、東アジアにおいては漢民族以外で日本
のかな文字とともに古い。それまでの突厥ではソグ
ド文字／ソグド語を使用していた。

　2013 年にはモンゴル東部のドンゴイ・シレー遺跡
でも碑文が発見されている。

11-4 ビルゲ・カガン碑文

『周書』

「突厥人は匈奴の別種（古くに分かれた同種異族）で、姓は阿史那氏という。

隣国に破られ、一族は尽く滅ぼされた。10 歳の男児がいたが、兵士は幼いので殺すのに忍びず、足の筋を切断して草沢の中に棄てた。

雌狼がいて肉を与え男児を養い、成長すると、雌狼と交わり身篭らせた。隣国の王は男児の生存を聞くと、再び兵士を遣って殺した。兵士は傍らの狼を見て一緒に殺そうとしたが、雌狼は高昌国の北山（ボグダ山脈）へ逃れた。山には洞穴があり、中には草の茂る平らな土地があって、周囲は数百里で山に囲まれていた。狼はその中に隠れ、10 人の男子を生んだ。10 子が成長すると、外で妻を孕ませ、その後各々一家を持った。阿史那はその一つである。

子孫は繁栄し、次第に数百家となった。数世代を経ると、各々洞窟を出て茹茹（柔然）に臣従した。彼らは金山（アルタイ山脈）の南側に住み、茹茹の鉄工となる。金山の形が兜鍪に似ており、俗に兜鍪を突厥と言うため、それを号とした。

或いは云う。突厥の祖先は索国の出で、匈奴の北に在った。その部落大人（部族長）は阿謗歩といい、兄弟が 17 人いた。阿謗歩らは愚かなため国を滅ぼした。

兄弟の一人である伊質泥師都は、狼から生まれ、風雨を呼び寄せる能力を持ち、夏神の娘と冬神の娘の 2 人を娶り、四つ子を生んだ。その一人である大児は踐斯処折施山に住み、山上にある阿謗歩の一族を寒露から助けたため、主に推戴され、訥都六設となり、突厥と号した。

訥都六には 10 人の妻がいて、全ての子は皆母方の一族の姓を名乗った、阿史那は愛妻の子である。訥都六設が死ぬと、10 人の母は子の中から一人を選んで立てるべく、大樹の下に集り、木へ最も高く飛べた者を立てると誓った。阿史那の子は幼かったが最も高く跳んだので、諸子から長に推戴され、阿賢設と号した。

『隋書』

突厥の先祖は平涼の雑胡で、姓は阿史那氏。後魏（北魏）の太武帝が沮渠氏を滅ぼしたため、阿史那は五百家をもって茹茹（柔然）に走り、代々金山に住んで鉄工に従事した。その金山の形状が兜鍪のようであり、俗に兜鍪を突厥と呼ぶため、突厥を号とした。

或いは云う、その先祖は西海の北に国があったが、隣国に滅ぼされ、老若男女尽く殺された。一児のみは殺すのに忍びず、足の筋と腕を切断して大沢の中に棄てた。一頭の牝狼がいて、毎日そこで肉を与え、この男児に食べさせたので、死なずに済んだ。

その後、男児は狼と交わりを遂げ、狼は身篭った。隣国の人間は再び人に命じて男児を殺させると、その側に雌狼が居た。派遣された者は殺そうとしたが、雌狼は神によって、忽然として海東へ至り、山上に止まった。その山は高昌の西北に在り、下ると洞穴があった。雌狼が中に入ると、方 200 余里の草の茂る平坦地に出た。

その後、雌狼は 10 の男子を生み、その中の一姓が阿史那氏で、最も賢く、君

長となった、故に牙門には狼頭の飾りを設け、本源を忘れていないことを示す。

習俗・文化

突厥は匈奴や柔然などと同様、遊牧民であるので、穹盧氈帳（きゅうろせんちょう）に住み、水草を追って移動し、牧畜と狩猟を生業とした。老人を賤しみ、壮健な者を貴び、戦で死ぬのを重きとし、病で死ぬのを恥とした。食事は肉を主食に酪（らく：ヨーグルトの類）を飲み、葡萄酒は作らず馬乳酒（ぶどうしゅ）を作って飲む。

可汗は金銀の食器と黄金の家具を使用。また、今までの遊牧国家同様、婚姻において、夫に先立たれた妻は、夫の兄弟の妻となるレビラト婚の形式をとる。

刑法は、謀反を起こした場合、殺人及び姦人の婦、馬を盗んだ場合は皆死罪となる。

葬儀は死者をまず帳に留めて（とど）、近親の男女と羊馬を殺して帳前に陳列し、これを祭り、弔問者は7回顔に傷をつけて血と涙を流した後、死者を馬具や副葬品と一緒に火葬する。

毎年諸貴人を率いて先祖が生まれたとされる洞窟を祭り、五月中旬には川の畔に人を集めて、多くの羊馬を殺して天神を祭った。鬼神を敬い、巫覡ふげきを信じた。

（産経フォト 「石碑で囲んだ王族の墓 突厥の蒙東部拠点か、阪大」2017.12.8 22:21
https://www.sankei.com/photo/story/news/171208/sty1712080019-n1.html）

「ドンゴイン・シレー碑文遺跡」の発掘作業（モンゴル国科学アカデミー提供）

モンゴル東部で、古代トルコ文字「突厥文字」による大型石碑で王族の墓を囲んだ「ドンゴイン・シレー碑文遺跡」を発掘したと大阪大の大澤孝教授（古代トルコ史）らのチームが8日、発表した。

石碑は14本もあり、配下の部族の印章も多く刻まれていた。また被葬者が「東方の王族」という称号も持っていたことからチームは「モンゴル最東方に位置する突厥の一大拠点だったことを明示する貴重な史料だ」と話している。

突厥は、中央ユーラシアの草原地帯で初めて文字を発明した部族として知られる。調査はモンゴル国科学アカデミー歴史・考古学研究所との共同研究で、2015～17年に実施した。

石碑は、いずれも花こう岩製で、復元すると長さはそれぞれ約4～6 m。これまで発見された突厥石碑では最大級といい、うち12本は被葬者を埋葬した石槨（せっかく）を囲うように置かれ、別の1本が石槨そばにあったとみられる。

大阪大学研究情報 2017「ResOU リソウ」https://resou.osaka-u.ac.jp/ja/research/2017/20171208_1

大阪大学大学院言語文化研究科の大澤 孝 教授（おおさわたかし）とモンゴル国科学アカデミー歴史・考古学研究所との合同調査隊は、2015 ～ 2017 年の 3 年間にわたる共同発掘調査で、モンゴル東部のドンゴイン・シレー（現地語でシレーは「机」を意味し、ここでは「高原状の草原」の意味）と呼ばれる広大な高原から、モンゴル高原及び中央ユーラシア地域を通じても唯一の、大型の突厥碑文 14 本から囲まれた方

形列石タイプの極めてユニークな碑文遺跡を発掘しました。

今回の発掘の結果、本遺跡の地中からは、復元すると全長 4 〜 6 mほどの花崗岩からなる大型の突厥文字碑文が 14 本も出土しました。そのうちの 2 つの碑文表面からは、新種の契丹文字を用いた墨書碑文 1 点と刻文 1 点も新たに発見されました。これらの碑文は、これまでの突厥碑文の中でも最大級のものです。

遺跡からは、放射性炭素分析から西暦 8 世紀代に遡る供物用の羊、馬、牛などの骨の他、突厥やウイグル期に特徴的なスタンプを持つ土器の破片、年代は不明ながらも鉄製品の一部や車軸断片が見つかっています。

これら碑文には本遺跡の被葬者たる突厥王侯に関わる雄ヤギ型のタムガ（部族標識）を含め、被葬者を支えた各氏・部族のタムガ 17 種がありました。

そして本遺跡の一番の特徴は、本遺跡の中央に配置された被葬者を埋葬・追悼した石槨を 14 本の碑文が取り巻くという配置構造にあります。

本遺跡は、モンゴリアのみならず、中央ユーラシアにおいても極めて稀な特色をもっており、古代突厥帝国時代の東部モンゴリアにおける突厥王侯の支配構造や活動範囲を知る上で極めて貴重な歴史文化遺跡といえます。

本碑文遺跡は、これまで不明であった突厥帝国の東方支配者の支配構造や勢力範囲、その東方に位置した契丹、契、そしてタタルなどのモンゴル系諸勢力や、本遺跡から南に隣接する当時の唐帝国と突厥との政治・文化的関係についても貴重なデータを提供するものと期待されます。

研究の背景

本調査は、1991 年のソ連崩壊後におけるモンゴル国での国際学術共同研究として、大澤教授が 1996 年以降、研究分担者および研究代表者として継続して行ってきたモンゴル高原における古代トルコ語碑文・遺跡の共同調査研究の一つとして位置づけることができます。

これまで関係識者の間では、本遺跡が調査される 2013 年 5 月までは、突厥王族の碑文・遺跡はモンゴル国の首都ウランバートル周辺から西方の草原にしかないものと認識されていました。

大澤教授は 2014 年にモンゴル国科学アカデミー歴史・考古学研究所と学術協定を締結し、2015 〜 2017 年の 3 年間、同歴史・考古学研究所考古学センターとの国際プロジェクトとして発掘調査を実施しました。

その結果、今回、未知の碑文を新たに１２点発見すると共に、碑文内容と碑文の配置構造から今まで不明であったモンゴル東部における王権の構造を解明する手がかりを得ることに成功しました。

本研究成果が社会に与える影響（本研究成果の意義）

本遺跡から出土した碑文はこれまでモンゴル国で発見された突厥碑文の中でも、最大級のものです。

また今回の解読によって本碑文の主人公が当時の突厥君主たるカガンに次ぐ副王の「ヤブグ」職に就任し、その後「東方の王侯」を意味する「テリス・シャド」

の称号を持っていたことが明らかになりました。このことは本碑文遺跡の立つドンゴイン・シレーの草原こそが、これまで漢文資料や西方のトルコ語テキストからはその場所が不明であった突厥東方の一大拠点にほかならぬことを明示しています。

　また本遺跡の複数の碑文では、モンゴル東方域にいたトグズ・タタル（漢文では「九姓室韋」に比定される、モンゴル系部族連合名）への攻撃が繰り返し刻まれていますが、このことも本主人公が東方防衛の任にあったことを伝えています。

　このように本碑文遺跡は、これまで不明であった突厥帝国の東方支配者の勢力構造や支配領域、隣接する契丹、契やタタルといったモンゴル系諸部族との政治・軍事的関係を伝えるのみならず、高原に聳える複数の石柱配置からは古代遊牧民の信仰観や世界観を考察する上でも貴重なデータを提供すると期待されます。

アクベシム（11-5）

　キルギス北部の町トクマクの南西約 8km に位置する村。6 世紀から 12 世紀頃の仏教寺院の遺跡が発見され、唐代のオアシス都市スイアブ（砕葉）があった場所と考えられている。

バラリク・テパ（11-6〜10）

　バラリク・テパは 1949 年に旧ソ連邦の考古学者アリバウムによって発見され、1953 年から 1955 年に発掘された、宮殿跡である。この宮殿は 5 世紀に築造され、5 世紀の終わりから 6 世紀の初めに改築された。その改築された壁に描かれた壁画が出土している。その後 7 世紀中頃には使われなくなり廃墟となった。

11-5 アクベシム遺跡

　バラリク・テパの壁画には貴族と思われる男性や女性が天幕の中で宴会をしている場面が、華やかに描いれていた。

　後方に従者が控え、男性は、手には酒器を持って、片襟（右側）を大きく開いた服を着ている。このような服を着た人々は、クチャのキジル石窟第 8 窟や、アフガニスタンのバーミアン石窟東大仏天井図にも描かれており、シルクロードを往来していたことがわかる。女性は大きな上着を羽織り、鏡と酒器を手にしている。男女ともに長い髪を後ろで結んでいる。

11-6 バラリク・テパ

- 107 -

11-7 バラリク・テパ壁画（模写）

11-8 バラリク・テパ壁画修復作業

11-9 バラリク・テパ壁画修復作業後

　この壁画が描かれたと思われる 6 世紀から 7 世紀、この地域を支配していたのはクシャン朝を倒したエフタルと、そのエフタルを 567 年に滅ぼした、西突厥が考えられる。エフタルは国家の滅亡後もしばらく活動していたことが文献によって知られている。

　本壁画は人物の髪型や服装、意匠などから、時期的に西突厥の影響下にある、在地の貴族の酒宴を表していると考えられる。

　バラリク・テパの壁画はアリバウムによる発掘調査によって剥ぎ取られ、分割されて、各研究所や博物館に分散して所蔵された。ウズベキスタン共和国立テルメズ考古学博物館にも分割されたバラリク・テパの壁画の一部が所蔵されている。

　テルメズ考古学博物館所蔵のバラリク・テパ壁画の一部は、分割された時に保存処理されたままで、60 年以上経過したので、劣化が進み、このままでは崩壊する危険があり、再修復の必要性に迫られていた。

11-10 バラリク・テパ壁画修復事業

　2016 年、古庄浩明、犬竹和が中心となってクラウドファンディングで資金を集め、一部国際交流基金からの援助を得て、壁画の崩壊を防ぐため、壁画裏面の補強・再修復を行った。

図版出典

11-1　エフタル 5 世紀　https://commons.wikimedia.org/wiki/File:Asia_500ad.jpg　に加筆

11-2　エフタルコイン　https://upload.wikimedia.org/wikipedia/commons/5/5d/HunaKing.JPG?uselang=ja

11-3　突厥　7 世紀初め　https://upload.wikimedia.org/wikipedia/commons/0/0a/東西突厥帝国.png

11-4　ビルゲ・カガン碑文

https://ja.wikipedia.org/wiki/突厥碑文#/media/File:Gok_turk_Epigraph_Copy_in_Gazi_University_Ankara.jpg

11-5　アクベシム遺跡　筆者撮影

11-6　バラリク・テパ　筆者撮影

11-7　バラリク・テパ壁画（模写）アリバウム 1960『バラリク・テパ』ウズベキスタン科学アカデミー

11-8　バラリク・テパ壁画修復作業　筆者撮影

11-9　バラリク・テパ壁画修復作業後　筆者撮影

11-10 バラリク・テパ壁画修復事業　筆者撮影

参考引用文献

『フリー百科事典　ウィキペディア日本語版』2018.9．29「エフタル」https://ja.wikipedia.org/wiki/エフタル

『フリー百科事典　ウィキペディア日本語版』2018.9．29「突厥」https://ja.wikipedia.org/wiki/突厥

岩村忍 2007『文明の十字路＝中央アジアの歴史』講談社

産経フォト　「石碑で囲んだ王族の墓　突厥の蒙東部拠点か、阪大」2017.12.8 22:21

https://www.sankei.com/photo/story/news/171208/sty1712080019-n1.html

アリバウム 1960『バラリク・テパ』ウズベキスタン科学アカデミー

古庄浩明　2016「シルクロードに残された壁画を、みんなの支援で救いたい！―ウズベキスタン共和国バラリク・テパ壁画―」https://www.countdown-x.com/ja/project/R0355236

古庄浩明 2016「テルメズ考古博物館所蔵バラリク・テパ出土の壁画修復について」『2016 中央アジア遺跡調査報告会』

帝京大学文化財研究所・帝京大学シルクロード学術調査団・公益財団法人山梨文化財研究所

田辺勝美 1999「ササン朝美術の東方伝播」『世界美術大全集　東洋編　第 15 巻　中央アジア』小学館

大阪大学研究情報 2017「ResOU リソウ」https://resou.osaka-u.ac.jp/ja/research/2017/20171208_1

十二、玄奘三蔵と中央アジア

1，玄奘三蔵の生涯

玄奘は戒名であり、三蔵は仏教における経蔵・律蔵・論蔵の 3 つに精通したものという意味である(12-1)。俗名は陳禕であった。

陳禕は、隋朝の開皇 20 年（600 年）もしくは仁寿 2 年（602 年）、洛陽にほど近い緱氏（現在の河南省偃師市緱氏鎮）で陳慧（または陳恵）の 4 男として生まれた。陳氏は、後漢の陳寔を祖にもつ士大夫の家柄で、地方官を歴任した。母の宋氏は洛州長史を務めた宋欽の娘である。

10 歳の時、父を亡くした陳禕は、次兄の長捷（俗名は陳素）が出家して洛陽の浄土寺に住むようになったのをきっかけに、兄とともに浄土寺に学び、11 歳にして『維摩経』と『法華経』を、13 歳で『涅槃経』と『摂大乗論』を学んだ。

武徳元年（618 年）、隋が衰え、洛陽の情勢が不安定になると、17 歳の玄奘は兄とともに長安の荘厳寺へと移った。しかし、長安にいた名僧たちは主に益州に散らばっていることを知った玄奘は、武徳 2 年（619 年）に兄と共に成都へと至って『阿毘曇論』を学んだ。また益州各地に先人たちを尋ねて『涅槃経』、『摂大乗論』、『阿毘曇論』の研究をし、歴史や老荘思想への見識を深めた。

12-1 玄奘

武徳 5 年（622 年）、21 歳の玄奘は成都で具足戒を受けた。長捷は成都の空慧寺に留まったが、玄奘は、荊州の天皇寺で学び、その後も先人を求めて相州へ、さらに趙州で『成実論』を、長安の大覚寺で『倶舎論』を学んだ。

西域の旅(12-2)

仏典の研究には原典に拠るべきと考えた玄奘は、唐王朝にインドへの出国の許可を求めたが、下りなかったため、『大慈恩寺三蔵法師伝』では貞観 3 年（629 年）、国禁を犯して密かに出国したとされている。しかし、貞観 3 年に出国したのでは史実と矛盾をきたすため、それより早く、武徳 9 年（626 年）か貞観元年（627 年）に出国した可能性が高い。

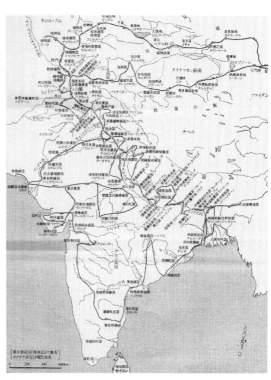

12-2 玄奘道程図

彼は役人の監視を逃れながら河西回廊を経て高昌（こうしょう）に至った。熱心な仏教徒であった高昌王の麹文泰（きくぶんたい）の援助を受けて、玄奘は中央アジアを経由してインドに至った。

ナーランダ大学では戒賢に師事して唯識を学び、また各地の仏跡を巡拝した。ヴァルダナ朝の王ハルシャ・ヴァルダナの保護を受け進講もした。

貞観19年1月（645年）、玄奘は657部の経典を長安に持ち帰った。時の皇帝・太宗は玄奘の業績を高く評価し、西域で見聞した諸々の情報を詳細にまとめて提出することを命じた。これによって編纂（へんさん）されたのが『大唐西域記』である。

12-3 大慈恩寺

帰国後、玄奘は持ち帰った膨大な経典の翻訳に余生の全てを捧げた。玄奘は貞観19年（645年）2月6日から、太宗の勅命で、弘福寺の翻経院で翻訳事業を開始し、後に拠点を大慈恩寺に移した（12-3）。次の皇帝・高宗は、玄奘の進言に従い、経典や仏像の保存のため、652年に大雁塔を建立した。その後も、玄奘は経典の翻訳作業を続け、経典群の中で最も重要とされる『大般若経』の翻訳を完成させた後、麟徳元年2月5日（664年3月7日）に入寂した。

垂拱4（688）年に完成した『大慈恩寺三蔵法師伝』は、玄奘三蔵の出生からインド旅行を終えて帰国するまでを記した伝記で、全10巻からなる。前半5巻は玄奘の求法（ぐほう）巡礼行記で、玄奘の高弟の慧立（えりゅう）が著（あら）わし、後半5巻は帰国後、経典の漢訳に半生をかけた玄奘（げんそう）の行状記で、慧立の弟子彦悰が著したものである。

2，中央アジアの旅（往路）

玄奘が中央アジアを通るのはインドへ向かう往路と中国への帰路である。本章では当時の中央アジアの情勢を考慮し、玄奘の道程と考古学資料を比較しながら記す。

『大慈恩寺三蔵法師伝』によると、玄奘は貞観3年（629年）8月出立したとされているが（三友量順 1994『玄奘』人と思想 106　清水書院）、その後の麹文泰や統葉護可汗（とうようご）との出会を考慮すると、それ以前に出立していなければならない。前嶋信次は貞観元年にインドへ出立したとしている（前嶋信次 1952『玄奘三蔵』岩波新書 105　岩波出版）。

当時、玉門関以西への往来は禁止されていたので、国法を犯しての旅であった。

秦州までは孝達という僧と同行し、秦州から蘭州、蘭州から涼州まではそれぞれ別の同行者を得た。当時、涼州には都督府が置かれ、西域支配の要所であった。玄奘はこの地に1ヶ月ほど留まって、説法を行ったとされている。時の都督、李大亮は玄奘に長安に戻るよう命じたが、甘粛仏教界の領袖（りょうしゅう）、恵威法師（えいほうし）によって二人の弟子をつけて密かに逃されている。

瓜州では役人の李昌に助けられ、胡人の石槃陀（せきばんだ）とともに瓜州を出発し、玉門関に続く川を超えている。その夜、石槃陀に命を狙われそうになったが、次の日に彼とは別れ、ひとり五つある燧台の一番目にたどり着いている。この燧台を守っていた敦煌（とんこう）の王祥に助けられ、四番目の燧台の武人、王伯隴（ほうだい）を紹介されている。王伯隴も玄奘を助け、水や食料を与えた。玄奘は自分の馬を石槃陀が連れてきた老人の老馬と取り換えていたが、四番目の燧

台を出発した後、砂漠で道に迷った玄奘をこの老馬が助け、伊吾に到着した。

伊吾（いご）

　伊吾（ハミ）には「中国の僧侶が三人いた」とあり、出国を禁じているとはいえ、中国と西域の往来があったことがうかがえる。伊吾の王は玄奘を厚くもてなしている。ちょうど伊吾に来ていた高昌国（こうしょうこく）の使者が、帰国して麴文泰（きくぶんたい）に報告し、玄奘は高昌国へ招待されることになった。

12-4 高昌故城

高昌国

　当時の高昌国の立場は微妙であり、唐との関係を保ちつつ、唐の西方進出に備えて、西突厥とも通じていた。

　貞観 4 年（630 年）、麴文泰は唐に入朝し、唐への従順の意志を示した。同年、唐は東突厥を倒し、伊吾一帯を支配下に納めた。唐の進出を恐れていた麴文泰は、西突厥とむすぶため、それより前に妹を西突厥の統葉護可汗（とうようご）の子、咀度設（そどせつ）（タルドゥ・シャド）に嫁がせ、自らも統葉護可汗の妹をもらっている。

　玄奘が高昌国へ立ち寄ったのは貞観 4 年以前で、なおかつ麴文泰の妹が統葉護可汗の子、咀度設に嫁いだ後ということになる。

　当時、西域諸国は、高昌国を経由して唐に朝貢していたが、玄奘が去った後、麴文泰は唐への道を封鎖してしまい、朝貢ができなくなった。このとき、西突厥に臣従していた伊吾は、唐に内属したため、麴文泰は西突厥と連結し、伊吾を攻撃しようとした。そこで唐の太宗は高昌国の大臣に入朝させて説明を求めた。麴文泰は大臣の長子を遣わして謝罪させている。

　貞観 13 年（639 年）には、太宗は麴文泰を呼びだしたが、麴文泰は病を理由に呼び出しに応じなかった。そこで太宗は高昌討伐を行うことにする。貞観 14 年（640 年）、麴文泰は唐の大軍が迫っていることを知ると発病して死んだ。そのため、子の麴智盛（きくちせい）が高昌王に即位した。唐軍は高昌国の首都の交河城を、衝車（しょうしゃ）や抛車（ほうしゃ）といった攻城兵器で攻めたため、麴智盛は降伏した。太宗はこの地に安西都護府を置いて、タリム盆地の支配を開始したのである。

　玄奘が立ち寄った高昌国の首都の交河城は、現在は高昌故城と呼ばれて城址遺跡となっている（12-4）。

　玄奘は麴文泰から手厚いもてなしを受け、当地に留まることを強く要請されたが、3 日間のハンガーストライキの後、やっと出国が許された。麴文泰から往復 20 年分の旅費として黄金 100 両、銀銭 3 万枚、綾絹 500 疋や 30 頭の馬、人夫 15 人などを与えられている。さらに、西突厥の統葉護可汗や、その子咀度設など 24 国に宛てた書状を受け取っている。

麹文泰から受け取った旅費と書状が玄奘のインドへの旅を成功させた要因の一つであったことは言うまでもない。

屈支国（亀茲国：クチャ）

『大唐西域記』は高昌国を出て次の阿耆尼国の記載から始まっている。阿耆尼国は高昌国と仲が悪く、玄奘も一晩で出立している。

阿耆尼国の次に屈支国が記されている。弘始 3 年（401 年）長安に来て、中国仏教に大きく貢献した鳩摩羅什（クマーラ・ジーヴァ）は、この国の出身であった。

鳩摩羅什の父はインドの宰相であったが、国王の妹と結ばれ彼が産まれた。彼自身もカシミールへの留学経験がある。後に仏典を漢訳し、仏教普及に貢献した。玄奘と共に二大訳聖と言われる。

この地に残されているキジル石窟は、仏教石窟寺院の遺跡群で、3 世紀の中頃から 8 世紀の間造営された新疆では最大の石窟である（12-5・6）。

さらに、『大唐西域記』に記された昭怙厘大寺は、クチャ郊外にある仏教遺跡のスバシ故城と考えられており、大谷探検隊もここを訪れている。2014 年に世界遺産に登録された。

12-5 キジル石窟

12-6 石窟壁画

大清池（12-7）

その後、凌山（ペダル峠）を超えて大清池（イシック・クル湖）へ出ている。

イシック・クル湖は標高は 1,606m という高地にある。長さ 182km、幅 60km。面積は 6,236 km²。周囲は 688km である。最大深度は 668m。周囲から流れ込む河川は存在するが、イシック・クルより流出する河川は認められない。

12-7 イシック・クル湖

塩分濃度は 0.6%程度である。透明度は 20m を超える。古代湖の一つである。

素葉水城（スイアブ）

玄奘はさらに西行して素葉水城に着いた。素葉水城で玄奘は狩りに向かう統葉護可汗に遭遇している。統葉護可汗は緑色の綾絹の綿入れを着て、額にはハチマキをし、髪は後ろに垂らしていた。「2 ～3 日で戻りますので、先に衛所に向かってください」と、道案内をつけて玄奘を衛所まで送らせた。

戻ってきた可汗の天幕に玄奘は招待され、黄金で装飾された天幕の様子が記されている。

彼らは拝火教を信仰していたらしいこともうかがえる。彼らは布団の上に直接座るが、玄奘には鉄の椅子が用意されたとある。そして長安や高昌国から来た使者とともに宴会に臨んでいる。

玄奘が立ち寄る半世紀ほど前、コンスタンチノープルに来ていた突厥の使者の帰国に同行させて、568年、東ローマ皇帝ユスティヌス2世はゼマルコスを突厥に派遣した。ゼマルコスの使命は、カスピ海の北を回るルートで突厥と通商することであった。

12-8 アクベシム遺跡

ゼマルコスはイステミの天幕が絹で飾られて、柱は金で覆われ、玉座も金だったことなどを記しており、玄奘の記載と一致する点が多い（メナンドロスの記録第18節第20節）。

数日後、留める可汗を振り切って玄奘は出立することになる。可汗はカピシー国までの同行人と絹など、また通過する国々への国書を持たせている。当時の西突厥が中央アジアの国々に大きな影響力を持っていたことがわかる。

玄奘が去った後、貞観2年（628年）に統葉護可汗は伯父（諸父）の莫賀咄（バガテュル）に殺されてしまう。
その後、素葉水城は、679年唐軍によって占領され、砕葉鎮と改称された。砕葉鎮は719年まで安西四鎮の一つとして、唐の重要な西域支配拠点となった。唐の支配下では大規模な築城が実施され、則天武后の治世（690年〜705年）には大雲寺が建立される。また、詩人・李白（701年〜762年）の諸説ある出身地候補の一つとされている。
唐の衰退後は突騎施（テュルギシュ）が占領のための本拠地とし、西方から進出するイスラーム勢力に対抗した。10世紀には国際交易都市の機能はベラサグンに移り、素葉水城は衰退する。

素葉水城は現在のキルギスタン共和国アクベシム遺跡に比定されている(12-8)。
アクベシム遺跡は0.35㎢の方形の城郭都市であり、8世紀のネストリウス派キリスト教会や7世紀末〜8世紀の仏教寺院などが発掘されている。また、チュルギシュ（突騎施）の貨幣が多数発見された。アクベシムは5世紀頃ソグド人によって建てられ，以後10世紀にいたるまで繁栄していたことが判明した。
2014年には世界遺産の文化遺産に登録された。

新城

統葉護可汗を殺した莫賀咄（バガテュル）は新城を建設したとされている。この新城に比定されているのが、クラスナヤ・レーチカである(12-9)。
クラスナヤ・レーチカはセミレチエ地方で最大とされる遺跡で、7世紀から9世紀のも

のとされている。遺跡の北西にあるストゥーパからは仏陀の座像が発見されている。

アクベシム遺跡とともに 2014 年世界遺産の文化遺産に登録された。

赭時国

玄奘は千泉を通って呾邏私（タラス）城、白水（アクス）城などを経て赭時国（タシュケント）に至る。現在のタシュケントはカラ・ハン朝以降栄えた場所であり、玄奘が立ち寄ったタシュケントはシルダリア川の支流、カラスー川のほとりに造営されていたカンカ遺跡だと考えられている(12-10)。

カンカ遺跡は「オールドタシュケント」と呼ばれ、三重の城壁を持つ都市遺跡で、広さは約 150ha である。紀元前 5 世紀頃から人々が住み始めセレウコス朝のころには城壁が造られている。

ペンジケント・ブンジカット（12-11・12）

さらに窣堵利瑟那国を通り、颯秣建国（サマルカンド）に至っている。

窣堵利瑟那国がシャフリスタンだとすると、玄奘はペンジケントやブンジカット付近を通過したはずである。

玄奘はサマルカンド付近の国についても記載しており、ペンジケントやブンジカットについても言及している可能性もある。

ペンジケントは、サマルカンドから 50 kmほどザラフシャン川を東に遡ったところに所在している。5 世紀頃から 8 世紀のアラブ人の侵入まで栄えたソグド人の都市で、1950 年代にロシア人考古学者によって調査された。

調査では、ソグドの王と思われる人物や宴会、戦闘の場面、ハープを弾く女性像（表紙）などの壁画のほか、多数の遺構・遺物が出土している。

このペンジケントから西にザラフシャン川を下ったあたりが弭秣賀国（米国）となる。

12-9 クラスナヤ・レーチカ

12-10 カンカ遺跡

12-11 ペンジケント壁画

12-12 ブンジカット出土木製品

ザラフシャン川をさらに東に遡るとブンジカットがある。

　ブンジカットは 210 m × 230 m の都市と宮殿をもつ城郭遺跡で、8 世紀のアラブ征服時に焼かれて消失している。

12-13 アフラシアーブの丘

颯秣建国 （サマルカンド）

　当時のサマルカンドは中央アジアの中心的都市で、玄奘は「すべての胡人はここをその中心としている」と記している。1220 年のモンゴル軍の攻撃で破壊的な被害を受けた。現在はアフラシアーブの丘として残っている（12-13）。ティムールはアフラシアーブの丘の下に新たな都を建設した。

鉄門・覩貨邏国

　玄奘は捕喝国（ブハラ）などサマルカンド付近の国々を紹介し、羯霜那国（シャフリサブズ）を通過して鉄門へ至っている。

12-14 鉄門

　鉄門はその名の通り、鉄色をした崖に挟まれた谷の小道である。鈴をつけた鉄の門があったと記されている（12-14）。この鉄門を過ぎると覩貨邏国（バクトリア）である。覩貨邏国は 27 国に分かれていることが記されている。

咀密国

　咀密国（テルメズ）はアムダリア川沿いの街で、アレキサンダー大王も立ち寄っており、玄奘の時代にも古くからの渡河地点の一つとして知られていた。咀密国には伽藍（がらん）が十余カ所、僧徒は千余人、多くの窣堵波があった。仏の尊像は神異なことが多いと記されている。

12-15 カラ・テパ概念図

　玄奘が訪れた当時のテルメズは、現在より少し下流にあり、13 世紀モンゴルによって破壊されて放棄された。現在はオールドテルメズと呼ばれて、遺跡として保存されている

カラ・テパ（12-15~17）

　カラ・テパはテルメズに存在する仏教建築群である。この寺院の創建はクシャン朝カニシカ期だと考えられ、仏教の普及にクシャン朝の国家権力が大きく関与したことがうかがわれる。

12-16 カラ・テパ西丘

その後、サササン朝時代には廃墟（はいきょ）となったが、6世紀後半から7世紀に仏教僧院として再興されたと考えられている。玄奘が目にしたのはこの時期のものであった

　この遺跡は北丘、西丘、南丘の三つの部分に分かれ、西丘と南丘で岩窟寺院が、北丘では僧院が確認されている。

　北丘では南北 21.3m ×東西 23.4m の中庭をもつ、一辺約 50 m四方の方形建築物（僧院）とステューーパ基壇 3 基が検出されている。3 基の内、北側のステューーパ基壇は 13m × 12m の日干しレンガ二段の方形基壇で、この基壇の中から小さなステューーパが検出されいる

12-17 カラ・テパ北丘

ファイアズ・テパ(12-18)

　ファイアズ・テパはカラ・テパの数百m北西にあり、僧院部分と寺院部分から成り立っている。寺院部分にある仏塔は、後代の改築時に、元の小さな仏塔を包み込む形で一回り大きな仏塔を造ったため、創建時の小さな仏塔の保存状況はきわめて良好なものであった。僧院部分は、食堂・僧坊・講堂の 3 つの区画に分かれ、すべての部屋が中庭に向かって開いた入り口を持つという、バクトリアスタイルを呈する。

　ファイアズ・テパは 1 世紀から 3 世紀の仏教寺院で、当地方でもっとも古い仏教遺跡の一つであり、クシャン朝の影響下に創建されたと考えられる。本遺跡からは多くの遺物や塑像、壁

12-18 ファイアズ・テパ

12-19 ズルマラの仏塔

画などが発見されているが、特筆すべきものとして、ガンダーラ美術の影響を受けた石灰岩の三尊仏が出土している（裏表紙）。

　ファイアズ・テパの仏塔は風化がひどかったので、ユネスコは日本信託基金を使って 2002 年から遺跡全体の修復を行なった。

ズルマラの仏塔(12-19)

　3〜4 世紀頃の仏塔で、基壇は約 9m × 8m、高さは現状で約 16m ほど、日干しレンガと練土で造られている。塔の中に更に小さな塔があることが確認されている。塔の表面には漆喰（しっくい）が塗られ、赤く彩色されていた。現存する仏塔としてはバクトリアで最大である。シャキル・ピダーエフによると、仏塔の周辺に仏教遺跡があり、仏塔を含んでカッタ・テパと呼んでいるとのことである。

咀密国の記載の後に玄奘は多くの伝聞国を記している。覩貨邏国、すなわち北バクトリアの地域には現在も多くの仏教遺跡が残っている。玄奘が多くの伝聞国を記したのも、本地域において当該期には仏教が広く信仰されており、仏教徒のいる国が多かったためであろう。そのうち数カ所は現在の地名に比定されている。

12-20 ハナカ・テパ

赤鄂衍那国（チャガニアン）

　赤鄂衍那国は現在のデナウのハルチャヤンにあたり、ハナカ・テパとカラバク・テパを含む、総面積 15ha を超える城郭遺跡である。紀元前4世紀から紀元前3世紀に居住が開始され、2から3世紀に衰退したが、中世にまた人びとが居住していたことがわかっている。

ハナカ・テパ（12-20）

　紀元前後の宮殿で、六つの支柱台を持つ玄関の奥に大広間が広がり、さらに、2本の支柱を持つ王の間があった。王の間を取り囲むように回廊や部屋が配置されていた。35体以上の塑像が発見された。表現から王の肖像など、支配者一族の肖像などが描写されている。一般にハルチャヤンと呼ばれているのは、この遺跡である。

カラバク・テパ

　グレコ・バクトリアの滅亡からクシャン朝の成立に当たる紀元前2世紀から紀元前1世紀の都城遺跡で、350 m×260 mの方形プランをした、月氏の離宮だと考えられている。

愉漫国（ドシャンベ）

現在のタジキスタン共和国の首都ドシャンベに比定されている。

活国（クンドゥズ）

　玄奘はアムダリア川を超えて活国に入った。ここはアフガニスタンの地で、現在の中央アジアの範囲外となるが、本地域は南バクトリアと呼ばれる地域で、北バクトリアとおなじ文化地域である。

　ここには西突厥・統葉護可汗の長男咀度設（タルドゥ・シャド）と、彼に嫁いだ高昌国・麴文泰の妹の矟（セイ）が暮らしていたが、玄奘が到着したときには矟はすでに亡くなっており、咀度設も病気であった。法師がもたらした手紙を見た咀度設は嗚咽が止まらなかったという。丁度、インドから来た僧が王のために呪文を唱えると、咀度設の病気は治ってしまった。

　その後、咀度設は若い妃（きさき/めと）を娶ったが、彼女は王の長男と結託して、王に毒を盛り、咀度設を殺して即位した。長男は即位して欲谷設（ユクク・シャド）と名乗り、前王の若い妃を妻とした。その頃、矟の子はまだ幼少であったというので、矟が亡くなって数年であったのかもしれない。

　玄奘は婆羅門国（ばらもん）へ向かおうとするが、欲谷設は縛喝国（バクトラ）へ向かうことを進め

た。ちょうど、新しい設に挨拶に来ていた縛喝国の僧がいたので、玄奘は縛喝国から南下してインドへ向かうことになる。

縛喝国（バクトラ・バルフ）

　縛喝国は小王舎城とも呼ばれ、仏教伽藍も多く、三千人もの僧侶が小乗仏教を学んでいた。また、多くのストゥーパが建造されていることが記されている。

　都城の西南に納縛伽藍があり、釈迦が沐浴した 盥、釈迦の歯、釈迦が用いた 箒 の三つの宝が納められていた。大唐西域記に「西突厥、統葉護可汗の子、肆葉護可汗はこの宝を奪おうと、納縛伽藍の郊外に野営した。その夜、夢に毘沙門天が現れ、肆葉護可汗は、その長い戟で胸を一突きにされた。驚いて目を覚ました肆葉護可汗は、謝罪しようと使者を使わしたが、返事が来ないうちに死去してしまった。」という話が記されている。実際の肆葉護は、父の統葉護可汗を殺した莫賀咄可汗を倒し、大可汗となった。しかし、人望に恵まれず、貞観6年（632年）康居（サマルカンド）に遁走し死去している。

　バクトラも、642年のニハーヴァンドの戦いの後、アラブ軍によって占領され、653年にはウマイヤ朝が占領している。さらに750年にアッバース朝が占領し、千夜一夜物語にも登場するバルマク家はバルフ（バクトラ）の仏教徒集団の長だったと言う（前嶋信次 1952『玄奘三蔵』岩波新書105　岩波出版）。

梵衍那国（バーミヤン）（12-21・22）

　玄奘はバクトラで知り合ったプラジュニャーカラ（慧性）とともにヒンドゥークシ山脈を超えて梵衍那国へ至った。バーミヤンでは王城の東北の山に大金色に輝く仏があり、その東には伽藍がり、伽藍の東にも大仏があると記されている。また、王城から東へ二里から三里のと

12-21 バーミヤンの石仏

12-22 バーミヤン全景

ころにある伽藍の中には涅槃像があったことも記されている。

　バーミヤンは1世紀頃石窟仏教寺院の開削が始まり、5世紀から6世紀頃に高さ55m（西大仏）と38m（東大仏）の2体の大仏をはじめ、多くの仏像が彫られ、石窟内にはグプタ朝期やササン朝期の影響を受けた壁画が描かれた。

　その後、イスラム教勢力がこの地を支配し、11世紀初頭、ガズナ朝のマフムードによって石窟寺院遺跡は略奪を受けたとされる。1219年には、チンギス・ハンの破壊によって廃墟となってしまった。その後の長年にわたる放置のために、大仏も装飾が剥がれたり、一部が崩落するなど大きな被害を受けた。

　19世紀以降、バーミヤン遺跡に残された仏教美術は国際社会の注目を集め、20世紀には多くの学術調査が実施された。しかし、1979年のソビエト連邦アフガニスタン侵攻以来、アフガニスタンで続いてきた紛争によって大きな被害を受け、さらに2001年にはターリバーン政権によって大仏が爆破され、遺跡は壊滅的な被害を受けた。

　2001年末、アメリカのアフガニスタン侵攻によってターリバーン政権が崩壊し、内戦が一応の終結をみると、遺跡の修復と保全の機運が高まり、2003年には「危機にさらされている世界遺産」として登録された（『フリー百科事典　ウィキペディア日本語版』2018.11.04「バーミヤン渓谷の文化的景観と古代遺跡群」https://ja.wikipedia.org/wiki/バーミヤン渓谷の文化的景観と古代遺跡群）。

迦畢試国（カピーシー）

　迦畢試国の大都城はベグラムのことである。

　ベグラムがいつ建設されたかは明らかでない。紀元前6世紀中頃、アケメネス朝のキュロス2世は、サカに対する戦役の一環としてこの都市を破壊したが、その後まもなくダレイオス1世によって再建されている。紀元前320年代にアレキサンドロス大王がこの都市を占領し、「コーカサスのアレクサンドリア」を建設した。大王の没後、町はセレウコスが支配したが、紀元前305年にマウリヤ朝に譲渡された。マウリヤ朝がアフガニスタン南部を支配した120年間に仏教が伝来し、ゾロアスター教や土地の固有の信仰と並んでこの地の重要な宗教になった。紀元前185年にマウリヤ朝が滅んだ後、グレコ・バクトリア王国が征服した。紀元前140年に月氏によってバクトリアを追いだされたインド・グリーク朝はここを首都とした。仏教に帰依した「ミリンダ王（メナンドロス1世）」はインド・グリーク朝8代目の王であった。1世紀にはクシャン朝の首都となり、カニシカ王の時、夏の都として栄え、貿易が盛んに行われた。

　1923年からフランスによりクシャン朝の宮殿跡が調査され、1世紀から5世紀のローマ的・中国的・インド的な工芸品が多数出土している。

　『大唐西域記』巻第一は迦畢試国の記載を持って終わる。玄奘は中央アジアからさらにインド世界へと旅を進めていくのである。

3，中央アジアの旅（帰路）

　貞観6年（632年）西突厥の肆葉護は康居（サマルカンド）に遁走して死去した。その後、焉耆国に亡命していた泥孰が咄陸可汗がとなった。しかし2年ほどで亡くなり、弟の同娥設（トンガ・シャド）が沙鉢羅咥利失可汗となってあとを継いだ。

貞観 12 年（638 年）欲谷設が乙毘咄陸可汗となって沙鉢羅咥利失可汗と争い、両者は
イリ川を境として北と南で二分して統治することになる。貞観 13 年（638 年）に沙鉢羅
咥利失可汗が亡くなって弟の子が乙毘沙鉢羅葉護可汗（在位：640 年〜641 年）となった。

　貞観 15 年（641 年）、乙毘沙鉢羅葉護可汗と乙毘咄陸可汗は闘争していたので、唐の太
宗は乙毘咄陸可汗に和睦するよう説得している。しかし、乙毘咄陸可汗は部下に乙毘沙鉢
羅葉護可汗を攻めさせ、殺害している。

　同年、乙毘咄陸可汗は各地に転戦し勝利をおさめた。しかし、居国や米国から得た戦利
品の分け前を巡って武将が相次いで反乱し、西突厥は大乱状態となった。

　莫賀咄乙毘可汗の子が乙毘射匱可汗となると、乙毘咄陸可汗は吐火羅国へ亡命し、永徽 4
年（653 年）亡くなっている。

　玄奘が帰国を決めたのが貞観 15 年（641 年）と推定され、帰国したのは 645 年である。
その間西突厥は混乱の中にあった。また、帰路に立ち寄ることを約束した高昌国も貞観 14
年（640 年）に滅亡していた。経典など多くの荷物を運んでいた玄奘は、往路を戻ること
は到底かなわず、活国からパミール高原を越えるルートをとることになる。

　玄奘は帰路でもいくつかの国を訪れ、ヴィーラシャナ国ではナーランダ寺院の同学に会
い、闍爛達羅国（ジャーランダラ）では王が護衛をつけてくれたので、スインハプラ国ま
で無事に到着している。スインハプラ国からタクシラー国までは盗賊が多い地域なので、
一人の僧を先行させて盗賊に会ったら、「後から来る一行の持ち物は経本などだから、無
事に通過させてくれるように」と頼み込ませた。

　インダス川では船が転覆しそうになり、経本五十夾とインドの草花の種子が流されてし
まった。このとき、カピーシー国の王が対岸のウダカカンダ城に来ており、インドの珍し
い草花の種子を持って川を渡ろうとすると、皆同じ目に遭うことを知る。玄奘は無くした
経典を補うため経典を写させており、その間、ウダカカンダ城の寺院に滞在している。

　その後、カピーシー国王とともに藍波（ランパ）に行き、さらに伐剌拏国（ヴァラナ）
へ行き、釈迦が説法したという伝説の地に別れを告げ、インドを後にした。

漕矩吒国（ジャーグダ）

　『大唐西域記』巻十二は漕矩吒（ジャーグダ）国から始まる。

　漕矩吒国の都は鶴悉那（ガズナ・ガズニ）である。さらに北に進んで、弗栗恃薩儻那国
（ヴリジスターナ）についた。都は現在のカーブルに推定されている。さらに、往路の最
後に記された迦畢試国（カピーシー）へ行き、ヒンドゥークシ山脈を超えている。このと
きの一行は七人の僧侶、二十余人の雇人、象一頭、駱駝十頭、馬四頭だったと記されてい
る。

活国（グワル、クンドゥーズ）

　一行は、突厥の属国である安呾羅縛国（アンダラーバ）、闊悉多国（カスタ）、そして
活国へ到着した。活国では、欲谷設（ユクク・シャド）が葉護（ヤクブー）を名乗ってい
た。前述の社会事情から玄奘は活国からパミール高原を越えてカシュガルに下るルートを
選んだ。

呬摩呾羅国（ヒーマタラ）

　玄奘は、葉護がつけた護衛や、同行の商隊とともに活国を出発して呬摩呾羅国に至った。

　呬摩呾羅国の既婚女性は角のついた帽子をかぶっており、夫の父母が亡くなると、一本ずつ取り去り、二人とも亡くなると帽子をかぶらなくなる風習を記している。前嶋氏は彼らをエフタル族だと推測している（前嶋信次 1952『玄奘三蔵』岩波新書 105　岩波出版）。

　『魏書』列伝第九十（西域伝）には、嚈噠国（エフタル）の習俗などについて、「習俗は突厥とほぼ同じ。兄弟は 1 人の妻を共有する。兄弟の無い夫は、妻に突起が 1 つ付いた帽子を被らせ、もし兄弟がいる場合には兄弟の数により、突起の数を増やさせる。」とあり、帽子の角は一妻多夫制を表すのに対し、その記載を信じるとすると、呬摩呾羅国の記載は夫方居住婚・嫁入婚を表していると思われ、その内容に違いがある。

達摩悉鉄帝国（ダルマスティティ）

　玄奘は雪と寒さのため鉢鐸創那国（バダクシャーナ、バダフシャーン）で 1 ヶ月を過ごした。その後、淫薄健国（ヤンバガーン）屈浪拏国（クラーンナ、倶蘭）達摩悉鉄帝国（ダルマスティティ、護蜜）と進む。

　達摩悉鉄帝国は現在のワハンで、青い目の住人がいることを伝えている。また、岩壁を切り開いて寺を造り、仏像を刻んでいることも記されている。

パミール高原

　パミール高原は荒涼とした荒れ地として、さらに、大龍池（ヴィクトリア湖）について記している。

揭槃陀国（カルバンダ）

　現在のタシュクルガンに比定されている(12-23)。揭槃陀国（カルバンダ、蒲犁、渇槃陀）について建国伝説などをのせている。

　昔、ペルシャの王が中国の王女を妃として迎えたが、王女はこの地で日輪から馬に乗って降りてきた若者と契り、男の子を産んだ。その子が王となり国を造った。彼が死んだ後はミイラになっているというものである。また、揭槃陀国には十余箇所の伽藍に五百余の僧侶がいたことを記している。城の東南に石室が二つあり、阿羅漢のミイラがあることも記されている。

　揭槃陀国の王は四つの日輪と称された童受論師を迎えていた。ドイツの考古学者アルベルト・フォン・ルコックはクチャでサンスクリットで書かれた「大荘厳経論」の断簡を発見した。その作者が童受である（三友量順 1994『玄奘』人と思想 106　清水書院）。

12-23 石頭城跡（タシュクルガン）

佉沙国（カーシャ、疏勒）

　玄奘は盗賊に襲われ、象を失いながらも烏鎩国（ウサー）から佉沙国（カーシ

ャ、疏勒）へ至っている。現在のカシュガルで、クチャにあったような幼児の頭を押さえつけて扁平にする風俗があることを伝えている。

瞿薩旦那国（ゴースターナ、于闐）

　現在のカルガリック付近に比定されている斫句迦国（チャクカ、朱居、朱倶波）を通って、瞿薩旦那国（ゴースターナ、于闐）、現在のホータンに至っている。

　ホータンはインドの仏教徒皇帝アショーカの長男が、紀元前3世紀初めに国の基礎を建てたという伝説がある。しかし、これより数世紀前から月氏による中国との軟玉、硬玉の貿易があったことが知られている。1世紀の『漢書』には「于闐の王は西城におり、3千3百戸、人口1万9300人、兵士2400人がいた」と記されている。10世紀末、カラ・ハン国に占領されると、王自身もイスラム教に改宗した。

　建国説話では年老いた王が毘沙門天に子宝を願うと、神像の額から嬰児が現れ、大地が突起し乳房となり、それをくわえて成長したと言われている。大乗仏教の中心地のひとつであった。

　玄奘は勃伽夷城に滞在した。この城にあるカシミールから持ち帰った坐仏の由来についての記載がある。城の周辺にも伽藍があり、麻射伽藍は中国から娶った先王の妃が桑や蚕を密かにもたらしたこと記念して建立したものであった。

　ハンガリー出身のオーレル・スタインは麻射伽藍をクムイシャイダーンに比定しているという（三友量順1994『玄奘』人と思想106　清水書院）。またスタインは、ダンダン・ウィリク（象牙のある家）がスウェーデンの探検家スヴェン・ヘディンのいう古代都市タクラマカンであることを知り、1900年12月から翌年1月までに、14の建築物を発掘調査した（12-24）。多くは仏教寺院であり、サンスクリットの経典、ブラーフミー文字の一種で書かれたホータン語の文書、および8世紀後半の日付が記された漢文の文書を発見した。また、漆喰板の浮き彫りや木の絵板を発見し、それらがガンダーラ様式に似ていることに注目している。

　スタインの発見した絵のうち、養蚕の伝来の伝説を伝える板絵（大英博物館蔵）はとくに有名である（12-25）（『フリー百科事典　ウィキペディア日本語版』2018.11.08「ダンダン・ウィリク」https://ja.wikipedia.org/wiki/ダンダン・ウィリク）。

　ホータンの旧都城趾のトヨカン遺跡からはギリシャ・ヘレニズム由来の壺、ペルシャ由

FRESCO AND RELIEF SCULPTURE IN SMALL CELLA OF SHRINE D. II, DANDÁN-UILIQ.

12-24 ダンダン・ウィリク

12-25 ダンダン・ウィリク出土木板絵

来の獅子やグリフィンの取っ手、ガンダーラ由来のテラコッタ断片など、国際色豊かな遺物が出土している（肥信祐爾 1999 「西域南道の美術」『世界美術大全集』東洋編　第 15 巻小学館）。

　ホータン王はこの地まできて玄奘を出迎え、厚くもてなした。玄奘はホータンに留まり、クチャとカシュガルに人を遣り、失った経本を入手しようとする。また、高昌国の馬玄智を長安に赴かせ、唐の皇帝へ上表を送って密出国の許しを願い出た。許しを得られると、玄奘はホータン王の援助を受けて出立し、ビーマ城へむけて出発した。

媲摩（ビーマ）城から楼蘭

　ビーマ城では、病人が金箔を自分の患部と同じ場所にはると治るという仏像のことを伝えている。この仏像は拘睒弥（コーシャンビー）のウダヤナ王が造ったが、仏陀入滅とともにこの国の北の城に飛んできたという。その後、見慣れない阿羅漢が礼拝していたのを見て、人々はこの阿羅漢を首から上だけだして砂の中に埋めてしまった。ある慈悲深い人が密かに阿羅漢に食べ物を運ぶと、阿羅漢は七日後に嵐がきてこの地を砂に埋めてしまうので逃げるように彼に忠告する。彼は嵐の後、ビーマ城にたどり着くと、仏像も飛んできたという。現在、当時の西域南路の都市は砂に埋もれ、廃墟となってしまっている。この伝説はこうした状況を伝えている。

　玄奘はさらに大きな沼沢地にある尼攘城（ニヤ）についた。

ニヤ遺跡

　　　ニヤ遺跡は紀元前 1 世紀〜紀元 4 世紀に栄えた精絶王国（チャドータ）に比定されており、住居跡と仏塔が広がっている。（『フリー百科事典　ウィキペディア日本語版』2018.11.10「ニヤ遺跡」https://ja.wikipedia.org/wiki/ニヤ遺跡)

　これより先は大流砂である。人馬の遺骨を目標としてすすみ、都貨羅国の跡、折摩駄那国（チャルマダナ・沮沫国）の跡を通って楼蘭に到着している。

　玄奘が訪れたときには楼蘭も廃墟となり砂漠の中に埋没していた。『大唐西域記』の記載は楼蘭を持って終わる。

楼蘭

　　　ロプノール湖の西岸に位置した楼蘭は新石器時代から人々の居住が始まっており、シルクロードが西域南道と西域北道の分岐する要衝で、交易により栄えた。しかし、4 世紀頃からロプノールが干上がるのとほぼ時を同じくして国力も衰え、7 世紀頃には放棄されて砂漠に呑み込まれた。楼蘭の遺跡は、一辺 330 ｍの方形の城壁で囲まれ、その東北には三段の基壇を持つ仏塔がある。塔周辺からは、仏像を浮き彫りにした装飾板、漢文書断片、カロシュティー文字木簡、絹織物、陶器などの遺物が出土している。

　　1909 年、第 2 次大谷探検隊の橘瑞超は仏塔の下から『李柏文書』と呼ばれる、4 世紀前半の漢文書を発見している。古墳群からはフェルトに包まれた船の形をした木棺からミイラが発見され、彼らが船を操る人々であったったことがわかる。王族の墓からは漢の錦やローマ。ヘレニズムの影響を持つ織物なども発見されている。（『フリー百科事典　ウィキペディア日本語版』2018.11.10「楼蘭」https://ja.wikipedia.org/wiki/楼蘭）

4, 唐への帰還とその後

　玄奘は、沙州（甘粛省敦煌市）から再び上表文を太宗に送った。太宗は房玄齢^{ぼうげんれい}に命じて出迎えと接待の用意をさせたが、太宗が高句麗への出兵を準備していることを知った玄奘は、急ぎ帰国した。あまりにも急いだので歓迎準備が間に合わなかったと記されている。

　玄奘は貞観 19 年 1 月（645 年）に、諸国の仏像と 657 部の経典を長安に持ち帰った。出国から 16 年を経ての帰国であった。太宗は彼の偉業をたたえ、密出国をとがめなかった。むしろ彼の情報と人脈、政治的手腕を評価して側近としようとする。しかし、玄奘はこれを断り、経典の翻訳を願い出た。太宗は西域諸国の情報を報告することを命じた。これが『大唐西域記』である。

　玄奘が帰国した 640 年代のアジアは、強大な力を持つ唐の拡大政策の影響下にあった。
　640 年に高昌国は唐に滅ぼされた。西突厥では大乱状態の中、唐の太宗の後見で乙毘射匱可汗が立っている。
　一方、東アジアでは、各国で専制国家体制の構築が図られる。
　高句麗では、642 年、大対盧の淵蓋蘇文（イリ・カスミ、『日本書紀』伊梨柯須彌^{いりかすみ}）が、唐の侵攻に備えてクーデターを起こし、栄留王を殺害し、宝蔵王（在位：642 年〜 668 年）をたてて政権を掌握した。
　百済では義慈王（在位：641 年〜 660 年）が新羅に侵攻して伽耶地方を制圧し、専制体制を構築した。
　新羅でも 642 年に善徳女王を中心として金春秋、金庾信の 3 名の結束による権力体制が成立た。
　倭国では蘇我蝦夷・蘇我入鹿親子が実権を握り、蘇我宗家を中心とした集権国家の形成を目指した。
　新羅は、高句麗と百済が入朝路を塞ぐと唐へ訴えた。さらに、唐が承認していた高句麗の栄留王が殺害されたことで、645 年、太宗は高句麗へ親征した。玄奘が帰還したのはまさに高句麗への遠征寸前のことだった。遠征は失敗に終わり、その後の遠征も失敗した。

　同じ 645 年、倭では「乙巳の変」がおこり、蘇我蝦夷・入鹿が中大兄皇子と中臣鎌足らに討たれ、天皇を中心とした中央集権国家の形成を目指した「大化の改新」がはじまった。

　その後、玄奘は、持ち帰った経典の翻訳に彼の残りの人生を捧げた。玄奘は帰国後すぐ（貞観 19 年（645 年）2 月 6 日）、弘福寺の翻経院で翻訳事業を開始し、後に大慈恩寺に移った。玄奘は持ち帰った経典や仏像などを保存する建物の建設を、次の皇帝・高宗に進言し、652 年、大慈恩寺に大雁塔が建立された。その後、玄奘は玉華宮に居を移たが、翻訳は続け『大般若経』の翻訳を完成させて、麟徳元年 2 月 5 日（664 年 3 月 7 日）に入寂した。

　玄奘の遺骨は長安の南にある興教寺に建てられた舎利塔に収められたが、唐朝末期の黄

巣の乱で破壊された。現在の舎利塔
は乱後に再建されたものとされてい
る。

　2014 年、この舎利塔と脇に建つ 2
人の弟子の舎利塔は、シルクロード
：長安-天山回廊の交易路網の構成資
産として世界文化遺産に登録された。

　1942 年（昭和 17 年）、旧日本軍は
神社を建設しようとして南京市の雨
花台で石槨を発見した。石槨の中に
は石棺があり、その石棺には玄奘の

12-26　慈恩寺玄奘三蔵霊骨塔

葬誌が、北宋代の 1027 年（天聖 5 年）と明代の 1386 年（洪武 19 年）に彫られていた。
そして、その石棺の中に玄奘の頭骨などが収められていた。この骨は日中で分骨すること
になり、中国では、北平の法源寺内・大遍覚堂に安置された。また、各地に分骨され、南
京の霊谷寺や成都の浄慈寺などのほか、南京博物院にも置かれている。さらに 1957 年に
はインドのナーランダ大学にも分骨された。
　日本に分骨されたものは、さいたま市岩槻区の慈恩寺と奈良市の薬師寺「玄奘三蔵院」
に分骨されている。また、台湾の玄奘寺にも分骨された。

図版出典

12-1　玄奘　https://upload.wikimedia.org/wikipedia/commons/9/9a/Xuanzang_w.jpg?uselang=ja

12-2　玄奘道程図　玄奘・水谷真成訳注 1999『大唐西域記 1』東洋文庫 653　平凡社

12-3　大慈恩寺

https://upload.wikimedia.org/wikipedia/commons/c/ca/Giant_Wild_Goose_Pagoda%2C_Xi%27an%2C_China_-_006.jpg

12-4　高昌故城

https://upload.wikimedia.org/wikipedia/commons/6/6c/2015-09-17-092502_-_Ruinenstätte_Gaochang_%28Kocho%29_Südwestlic

her_grosser_Buddhatempel.JPG?uselang=ja

12-5　キジル石窟

https://upload.wikimedia.org/wikipedia/commons/2/28/Kizil_Caves_Kuqa_Xinjiang_China_新 疆 _库 车 _克 孜 尔 千 佛 洞

_-_panoramio_%281%29.jpg?uselang=ja

12-6　キジル石窟壁画 https://commons.wikimedia.org/wiki/File:Kizil_cave_8_donor_figures.jpg?uselang=ja

12-7　イシック・クル湖　筆者撮影

12-8　アクベシム遺跡　筆者撮影

12-9　クラスナヤ・レーチカ　筆者撮影

12-10 カンカ遺跡　筆者撮影

12-11 ペンジケント壁画　筆者撮影

12-12 ブンジカット出土木製品　筆者撮影

12-13 アフラシアーブの丘　筆者撮影

12-14 鉄門　筆者撮影

12-15 カラ・テパ概念図 B.スタヴィスキー 2007「Vカラ・テパ南丘の発掘（1961-1994)」『アイハヌム 2007 加藤九祚一人雑誌』東海大学出版会　p42

12-16 カラ・テパ西丘　筆者撮影

12-17 カラ・テパ北丘　筆者撮影

12-18 ファイアズ・テパ　筆者撮影

12-19 ズルマラの仏塔　筆者撮影

12-20 ハナカ・テパ　筆者撮影

12-21 バーミヤンの石仏 https://upload.wikimedia.org/wikipedia/commons/5/50/Afghanistan_Statua_di_Budda_2.jpg

12-22 バーミヤン全景

https://commons.wikimedia.org/wiki/Category:Buddhas_of_Bamiyan?uselang=ja#/media/File:Buddhas_of_Bamiyan_D52.jpg に加筆

12-23 石頭城跡（タシュクルガン）https://upload.wikimedia.org/wikipedia/commons/7/7d/Shi_Tou_Cheng.JPG に加筆

12-24 ダンダン・ウィリク

https://commons.wikimedia.org/wiki/Category:Dandan_Uiliq?uselang=ja#/media/File:Ancient_Khotan_BLER2_AKV1_FP246_FIG30.jpg

21-25 ダンダン・ウィリク出土木板絵

https://commons.wikimedia.org/wiki/File:British_Museum_silk_princess_painting.jpg?uselang=ja

12-26 慈恩寺玄奘三蔵霊骨塔　筆者撮影

参考引用文献

「大慈恩寺三蔵法師伝」2018.10.27　http://www.kohfukuji.com/property/cultural/053.html　興福寺ホームページ参照

玄奘　水谷真成訳 1999『大唐西域記 1』東洋文庫 653　平凡社

慧立・彦悰著　長沢和俊訳 1988『玄奘三蔵　大唐大慈恩寺三蔵法師伝』光風社出版

『フリー百科事典　ウィキペディア日本語版』2018.9.30「玄奘三蔵」https://ja.wikipedia.org/wiki/玄奘三蔵

古庄浩明 2015「平成 27 年度駒澤大学秋期公開講座Ⅱ第 7 回　シルクロードの考古学ー玄奘の道：中央アジアの仏教遺跡ー」参考資料

古庄浩明 2016「法政考古学会第 156 回月例研究会　中央アジアの考古学の現在ーウスベキスタンを中心としてー」参考資料

三友量順 1994『玄奘』人と思想 106　清水書院

前嶋信次 1952『玄奘三蔵』岩波新書 105　岩波出版

『フリー百科事典　ウィキペディア日本語版』2018.11.04「バーミヤン渓谷の文化的景観と古代遺跡群」https://ja.wikipedia.org/wiki/バーミヤン渓谷の文化的景観と古代遺跡群

前田耕作　2002『アフガニスタンの仏教遺跡バーミヤン』晶文社

古庄浩明　2017「ウズベキスタン、クシャン朝カラ・テパ遺跡と大乗仏教北伝と繁栄のメカニズム」『キルギスとその周辺地域における遊牧社会の形成』2016 年度科学研究費基盤研究（B）海外学術調査「ユーラシア古代遊牧社会形成の比較考古学（課題番号 25300040）論文集　大沼克彦・久米正吾編

『フリー百科事典　ウィキペディア日本語版』2018.11.04「ベルラーム」https://ja.wikipedia.org/wiki/バグラーム

玄奘　水谷真成訳 1999『大唐西域記 1』東洋文庫 653　平凡社

中野照男 1999「西域北道の美術」『世界美術大全集　東洋編　第 15 巻』小学館

『フリー百科事典　ウィキペディア日本語版』2018.11.08「ダンダン・ウィリク」https://ja.wikipedia.org/wiki/ダンダン

・ウィリク

臺信祐爾 1999「西域南道の美術」『世界美術大全集』東洋編　第 15 巻小学館

『フリー百科事典　ウィキペディア日本語版』2018.11.10「ニヤ遺跡」https://ja.wikipedia.org/wiki/ニヤ遺跡

『フリー百科事典　ウィキペディア日本語版』2018.11.10「楼蘭」https://ja.wikipedia.org/wiki/楼蘭

古庄浩明 2020『玄奘とシルクロードー大唐西域記とその世界ー』kindle 版

十三、ササン朝ペルシャ

　パルティアの宗主権下にあったササン朝は、224年に即位したアルダシール1世がパルティア王アルタバヌス4世を破って「諸王の王」というアルサケス朝の称号を引き継いだことにより、大国へとのぼり詰めていく（13-1・2）。

13-1 ササン朝（6世紀）

　ササン朝はメソポタミアとパルティアを領有し、東ローマ帝国と断続的に衝突を繰り返すことになる。

　ササン朝の統治体制は、王位継承争いの結果、生まれると同時に王位に就くことになったシャープール2世の時代に完成する（13-3）。シャープール2世はスサの反乱を速やかに鎮圧し、侵入したアラブ人と戦い、363年に侵攻してきたローマのユリアヌスをクテシフォンの戦いで戦死させた。また、ゾロアスター教の教会制度を整備し、キリスト教やマニ教に圧力をかけた。

13-2 王権を授与されるアルダシール1世

　425年、エフタルが侵入するが、当時の王バハラーム5世はこれを抑えて中央アジアにササン朝の勢力を拡大した。息子のヤズデギルド2世は、東ローマ帝国テオドシウス2世と441年に相互不可侵を結んだ。

　彼の死後、二人の息子で王位を争ったが、ペーローズ1世がエフタルの支援を受け王位に就いた。彼はその後エフタルの影響を抑えるべく、484年にエフタルに攻撃を加えたが、ヘラートの戦いで敗死した。

13-3 シャープール2世（右）

　彼の死後、バラーシュ1世（在位：484年〜488年）が帝位に就いたが不評を買い、ペーローズ1世の息子のカワード1世（在位：488年〜496年・498年〜531年）が帝位に就いた。彼は一時期幽閉されるもエフタルのもとへ脱出し、エフタルの軍事力を背景に弟のジャーマースプ1世から帝位を奪った。

　カワード1世は502年、エフタルへの貢納

13-4 ホスロー1世

の費用を捻出するため東ローマ領へ侵攻し領土を奪った。これが東ローマ帝国とササン朝の戦争の（502年～628年）の始まりであった。

次のホスロー1世（在位：531年～579年）の治世がササン朝の最盛期である(13-4)。

ホスロー1世は大貴族の影響力排除を進め、社会秩序を回復、軍制改革もおこなった。宗教政策にも力を入れ、末端にも聖火の拝礼を奨（すす）めるなど神殿組織の再編を試みた。

東ローマではキリスト教の発達に伴って異教的学問の排除が進み、529年にユスティニアヌス1世がアテネのアカデミアを閉鎖した。このため失業した学者が数多くササン朝に移住した。

ホスロー1世からホスロー2世にかけて、ギリシア語の天文・医学・自然科学などの諸文献がパフラヴィー語（中期ペルシア語）へ大量に翻訳され、宮廷の図書館へ収蔵された。さらにインドなどのサンスクリット諸文献も積極的に移入された。

ホスロー1世はユスティニアヌス帝との間に50年間の休戦を結び、558年に西突厥のイステミ（室点蜜（とっけつ））と同盟して、エフタルを滅亡させた。その後、569年から東ローマと西突厥が同盟関係を結んでいたことから、東ローマ帝国との間に戦争が勃発した（572年～591年）。

東ローマとの争いは断続的にホスロー2世の時代にも続き、614年には聖地エルサレムを陥落し、「真なる十字架」を持ち帰った。しかし、ホスロー2世は、長年に渡る戦争と内政を顧みない統治によって、628年に息子のカワード2世に殺された。カワード2世は東ローマとの関係修復のために聖十字架を返還したが、病死し、王位継承の争いが勃発した。

争いの末ヤズデギルド3世が即位したが、イスラム勢力の侵攻にあい、642年にニハーヴァンドの戦いで、正統カリフ時代のイスラム勢力（アラブ軍）に破れ、ササン朝は事実上滅亡した。東方に逃れたヤズデギルド3世は、651年にメルヴ総督のマーフワイフにより殺害され、王子のペーローズとその軍は反撃のため唐の助勢を求め、長安まで赴いたが、得ることができなかった。

ササン朝の滅亡は、イスラム共同体にとって世界帝国へ発展していく出発点となった。

ナクシェ・ロスタム

（『フリー百科事典　ウィキペディア日本語版』2018.9. 29『フリー百科事典　ウィキペディア日本語版』「ナクシェ・ロスタム」https://ja.wikipedia.org/wiki/ナクシェ・ロスタム）

ナクシェ・ロスタム（ペルシア語: نقش رستم Naqš-e Rostam）は、イランのペルセポリスの北にある巨岩の遺跡。岩壁にはアケメネス朝時代の墓標やササン朝時代のレリーフなどが刻まれている。

岩壁の高いところに十字形をした4つの墓が彫られている。これらはアケメネス朝の王の墓で、そのうちひとつは墓誌銘からダレイオス1世のものであることがわかっている。残りはクセルクセス1世、アルタクセルクセス1世、ダレイオス2世のものと言われている。ダレイオス1世の墓には古代ペルシア語、エラム語、アッカド語の3言語による碑文が刻まれており、ベヒストゥン碑文に並ぶ古代ペルシアの主要な碑文である。セレウコス朝時代にはさらにアラム語の刻文が追加された。

13-5 ナクシェ・ロスタム

　岩壁の近くにはカアバイェ・ザルトシュト（ザラスシュトラの立方体）と呼ばれるアケメネス朝時代の巨大な建築物がある。

　カアバイェ・ザルトシュトの外側の3面を使ってササン朝のシャープール1世の事績が示されており（北側がギリシア語、東側がパフラヴィー語、西側がパルティア語で同じ内容のものが彫られている）、アジアとヨーロッパの関係史の理解に貢献している。ローマ側史料でマッシナの戦いに触れたものは無く、ゴルディアヌスはユーフラテス川上流で死んだと伝えられていた。

図版出典

13-1　ササン朝（6世紀）https://upload.wikimedia.org/wikipedia/commons/8/89/Persia_600ad.jpg

13-2　王権を授与されるアルダシール1世

https://upload.wikimedia.org/wikipedia/commons/9/96/Naqsh_i_Rustam._Investiture_d%27Ardashir_1.jpg

13-3　シャープール2世（右）

https://upload.wikimedia.org/wikipedia/commons/e/ed/Taq-e_Bostan_-_High-relief_Shapur_II_and_Shapur_III.jpg

13-4　ホスロー1世　https://upload.wikimedia.org/wikipedia/commons/2/21/Khosrawi.jpg

13-5　ナクシェ・ロスタム https://ja.wikipedia.org/wiki/ナクシェ・ロスタム#/media/File:Naghshe_Rostam_ZPan.jpg

引用参考文献

『フリー百科事典　ウィキペディア日本語版』2018.9.30「ササーン朝」https://ja.wikipedia.org/wiki/サーサーン朝

『フリー百科事典　ウィキペディア日本語版』2018.9.30「ナクシェ・ロスタム」https://ja.wikipedia.org/wiki/ナクシェ・ロスタム

岩村忍 2007『文明の十字路＝中央アジアの歴史』講談社

間野英二 2007 世界大百科事典「中央アジア」、平凡社、

間野英二 1977「中央アジアの歴史」講談社

小松久男 2000「中央ユーラシア史」山川出版社

十四、唐の進出と衰退

1，唐

　魏晋南北朝時代の混乱を経て、中国は 300 年ぶりに隋によって統一された（581 年〜 618 年）。しかし第 2 代皇帝煬帝の失政により隋は滅亡した。その後、唐（618 年〜 690 年・705 年〜 907 年）が中国を支配する(14-1)。

　隋代、文帝は外交によって突厥を東西に分裂させた。唐の第 2 代皇帝太宗は「貞観の治」で国力を拡大し(14-2)、630 年に東突厥を滅ぼした。また、唐は東トルキスタンのオアシス国家を次々に征

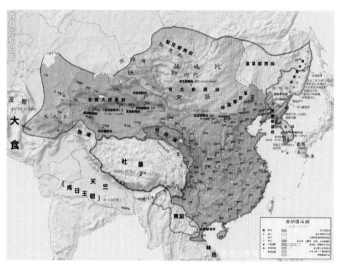

14-1 唐

服し、7 世紀中葉にはすべてのオアシス国家を服属させ、安西大都護府をおいて羈縻政策を行った。安西大都護府は当初は高昌（トルファン）に、後に亀茲（クチャ）におかれた。各地には都督府・州・県が置かれ、唐の勢力圏は西トルキスタンのソグディアナやバクトリアまで及んだ。

　唐が西域へ影響をおよぼすようになると、オアシス国家にも漢字の文化が浸透する。いったん中国に伝わった仏教も、中国から西域へ逆輸出され、唐の支配下で拡大した。唐は他の宗教や民族にも寛容で、商人として活躍したソグド人はゾロアスター教・マニ教などを中国へ伝えた。また、高句麗の高仙芝、突厥の阿史那社爾、雑胡（異民族の混血）の安禄山（ソグド人と突厥の混血）などは政府の官職を得て活躍し、その中には日本人の阿倍仲麻呂もいた。このように唐は国際色豊かな世界帝国であった。その最大領域は 7 世紀半ばの高宗の時期で、東西が朝鮮北部から天山山脈のオアシス地帯まで、南北は外モンゴルからベトナム中部までの領域であった。

14-2 太宗

　その後、「武韋の禍」玄宗の「開元の治」をへて、751 年、タラス河畔の戦いに敗北したことにより、西トルキスタンの覇権はイスラム帝国に奪われてしまう。さらに、755 年に安史の乱が勃発し、玄宗は蜀に逃亡し、皇太子が即位して粛宗となった。次の代宗の時代に、ウイグルの援兵を受け、また、反乱軍側の内部分裂があったこともあり、763 年に唐は乱を鎮圧した。

　安史の乱では、唐は、反乱軍の将軍に節度使職を濫発し、内部分裂を誘おうとした。こ

れによって各地に有力な小軍事政権（藩鎮）が割拠することになった。唐が弱体化してくると、西域では、ウイグルとチベット（吐蕃）が台頭することになる。

2，タラス河畔の戦い

　750年、安西節度使の高仙芝はさらに西に唐の勢力を伸ばそうとしたため、シャーシュ（石国、現在のタシュケント）の王子は、イスラム帝国に援軍を要請した。これに応え、アッバース朝のホラーサーン総督アブー・ムスリムは、ズィヤード・イブン・サーリフを派遣した。

　751年7月、アッバース朝軍と唐軍は天山山脈西北麓のタラス河畔で衝突し、遊牧民カルルクがアッバース朝軍に寝返ったため、唐軍は敗北した。

　この戦いで、中央アジアにイスラム勢力の支配が確立し、諸民族の間にイスラム教が広まった。また、製紙職人が捕虜になったことで、イスラム世界に製紙法が伝わったことは有名である。

3，安史の乱

　755年から763年に起こった安禄山と史思明を中心とした反乱。安禄山はソグドと突厥の混血で、玄宗から信任され、北方の辺境地域（現在の北京周辺）の三つの節度使を兼任していた(14-3)。史思明は安禄山と同じサマルカンド出身で彼に使えていた。

　安禄山は、宰相の楊国忠（楊貴妃の従兄）と対立し、身に危険が迫ったことにより挙兵し、わずか1ヶ月で、洛陽を陥落させた。

　玄宗は蜀（現在の四川省）へと敗走することになり、その途上の馬嵬で護衛の兵が反乱を起こし、楊国忠は安禄山の挙兵を招いた責任者として断罪され、皇帝を惑わせたとして楊貴妃も絞殺された。玄宗は退位し、皇太子が粛宗として即位した。

　安禄山は756年正月、大燕聖武皇帝（聖武皇帝）と名乗り燕国の建国を宣言した。病で失明した安禄山は、次第に凶暴化して皇太子の廃嫡を公然と口にするなど側近達の反感を買い、757年正月に暗殺されて息子の安慶緒があとを継いだ。史思明は一連の行為に反発し、范陽(北京)にもどり、759年3月、洛陽の安慶緒を攻め滅ぼして自ら大燕皇帝を名乗った。しかし、史思明も長男の史朝義に殺害されてしまう。

　唐は粛宗が亡くなり代宗が即位すると、ウイグルのブグ・カガン（牟羽可汗）に援軍を要請し、762年10月、唐・ウイグル連合軍は洛陽の奪回に成功した。しかし、混乱に乗じて763年10月に吐蕃のティソン・デツェン王が一時長安を占領するなど、不安定な状態が続いた。史朝義は敗走し、763年正月に自殺し、安史の乱は終結した。

4，サマルカンド・アフラシアーブの壁画(14-4~6)

　アフラシアーブの丘の一部は発掘調査され、壁画が描かれた部屋が発見された。部屋の奥壁の壁画にはソグド語銘文が記されており、その中に「ワルフマーン王」の名があった。

　この王は、漢文史料では「拂呼縵」と記されている。サマルカンド王にあたり、658年に唐の三代皇帝高宗から康居都

14-3 安禄山

督に任命され、ソグドの支配を任されている。

　奥壁の壁画はワルフマーン王が主催する新年の祭礼について描かれており、各国の使者が謁見に訪れている様子が見て取れる。中国、チベット、朝鮮の使者もおり、国際色豊かな外交・貿易を展開していたことがわかる。王の周りには突厥の官吏がおり、突厥の影響下にあったことも理解される。

　向かって右側の壁画は、中国の女性が船遊びをしている様子と、男性が勇敢に猛獣と闘っている様子が表されている。ワルフマーン王は、唐の後ろ盾を得ていることを、この壁画によって伝えようとしたと考えられている。

　7世紀半ばはソグドが経済的にも文化的にも最盛期を迎えた。

　705年ウマイヤ朝の第6代カリフにワリード1世が即位すると、彼はクダイバ・イブン・ムスリムをホラーサーン総督に任命し、アラブの中央アジア遠征が始まった。ソグドの町は次々とアラブ軍によって占拠される。

　サマルカンドは712年に包囲され、時のサマルカンド王グーラクはイシュティハンに移る。グーラク王は717年、唐の玄宗に手紙を出し、712年にアラブ軍が300基の投石機を設置して城壁に坑をあけたことを記し、援軍を送ってくれるように依頼している。

14-4 アフラシアーブ壁画（奥壁）

14-5 アフラシアーブ壁画（左壁）

14-6 アフラシアーブ壁画（右壁）

図版出典

14-1　唐 https://upload.wikimedia.org/wikipedia/commons/4/43/唐朝疆域%EF%BC%88繁%EF%BC%89.png?uselang=ja

14-2　太宗 https://upload.wikimedia.org/wikipedia/commons/b/b6/TangTaizong.jpg

14-3　安禄山 https://upload.wikimedia.org/wikipedia/ja/1/1d/An_Lu_Shan.jpeg

14-4　アフラシアーブ壁画（奥壁）筆者撮影

14-5　アフラシアーブ壁画（左壁）筆者撮影

14-6　アフラシアーブ壁画（右壁）筆者撮影

参考引用文献

『フリー百科事典　ウィキペディア日本語版』2018.10.10「唐」https://ja.wikipedia.org/wiki/唐

森安孝夫 2007『興亡の世界史 5 シルクロードと唐帝国』講談社

『フリー百科事典　ウィキペディア日本語版』2018.10.10「タラス河畔の戦い」https://ja.wikipedia.org/wiki/タラス河畔の戦い

ボーリス・マルシャック 1999「ソグドの美術」『世界美術大全集』東洋編　第 15 巻　小学館

古庄浩明 2015「平成 27 年度駒澤大学秋期公開講座Ⅱ第 7 回　シルクロードの考古学－玄奘の道：中央アジアの仏教遺跡－」参考資料

古庄浩明 2016「法政考古学会第 156 回月例研究会　中央アジアの考古学の現在－ウスベキスタンを中心として－」参考資料

十五、チベットとウイグル

1，吐蕃王国

チベットは、四方にそびえる山々と、その山々に囲まれた高原から成る（15-1）。

高原にはヤルツァンポ川が流れ、それに注ぐヤルルン川・キーチュ川流域に主要な都市が集中している。この地は温暖な気候のうえにネパールやインドへの交通の要所でもあり、吐蕃のヤルルン王朝もこの地に発祥した。

また、アムド地方（青海省）は中国と東トルキスタンを結ぶ青海路の要所であり、名馬を生む草原地帯と、毛皮をとる野獣が棲む森林地帯から成っており、多くの騎馬民族がこの地を拠点とした。

吐蕃王国以前、この地には吐谷渾などの騎馬民族が勢力を伸ばしていたが、その地の利ゆえに吐蕃王国と中国の間で争奪戦を繰り返した。

吐蕃王国のナムリロンツェン王はラサ南東のヤルルン渓谷を起点として、ラサ地方へ勢力を伸ばした。

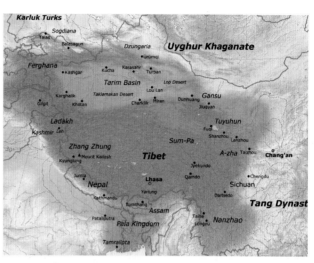

15-1 吐蕃王国

15-2 ソンツェンガンポ王とネパールの妃（左）文成公主（右）

630年その子ソンツェンガンポ王（在位：630年～650年）が即位し、諸民族の反乱を制圧して、チベット人による初めての統一国家が建国された（15-2）。

ソンツェンガンポ王はネパールから妃を迎え、仏教がチベットに広まった。また、グンソン・グンツェンやチデツクツェンは唐王室より文成公主（ギャサ公主）や金城公主を迎え、唐と和平を結び、文化や国内制度を学んで国際的地位を確立する動きもあった。しかし、唐とは吐谷渾の帰属、中国とインドを結ぶ交通である南詔（雲南省）、および西域の東西通商路の支配権を巡ってしばしば争った。安史の乱以降は唐に対して軍事的に優位に立ち、河西、隴右地区とシルクロードの大部分を支配下に治めた。

15-3 唐蕃会盟碑

9世紀にチソンデツェン王が仏教を国教とし、大蔵経の訳出などが実施され、しだいに仏教指導者が国政を行うようになり、軍国を否定する思想を形成したが、寺院の建築や教典の翻訳が経済的負担となった。

821年、吐蕃は長安に使節を送り、ウイグル、吐蕃、唐の間で和解の盟約（長慶会盟）を行い、822年ラサの大昭寺の前に唐蕃会盟碑を建立して(15-3)、唐との間で国境画定と和平を定めた条約を締結した。

その後、ほどなくして、国内でインド系仏教と中国系仏教の対立や廃仏令など、仏教をめぐって対立や混乱が起こり、また王位継承問題から南北に分裂、やがて滅亡し、王国成立以前の群雄割拠の状態となった。

2，ウイグル王国（15-4・5）

6世紀～7世紀、ウイグルは突厥に対し服従と離反を繰り返していが、734年、東突厥の昆伽可汗（ビルゲ・カガン）が毒殺されると、741年に唐と結んで突厥可汗国を滅ぼし、744年に回鶻可汗国（ウイグル可汗国、ウイグル帝国）を建国した。

ウイグル王国は唐との絹馬貿易や東ローマ帝国とのシルクロード交易によって莫大な利益を上げた。

755年、安禄山によって首都長安を占領されると（安史の乱）、唐の粛宗はウイグルに援軍を求め、757年、ウイグル軍と唐軍は長安を奪回した。

762年、唐の代宗は史朝義を討伐するため、ブグ・カガン（牟羽可汗）に再度援軍を求めたが、史朝義の誘いに応じたブグ・カガンは、ウイグル軍を率いてゴビ砂漠を南下し、唐の使節劉清潭に遭遇した。劉清潭は侵攻を踏みと止まるよう説得したが、ブグ・カガンはこれを拒絶した。しかし、ブグの皇后カトゥン（可敦）の父が説得し、ウイグルは唐と連合して、史朝義を自殺に追い込み、763年正月に8年に及ぶ安史の乱を終結させた。

789年、吐蕃軍が北庭大都護府を襲撃したことにより、ウイグル軍はモンゴリアまで撤退を余儀なくされた。その後、792

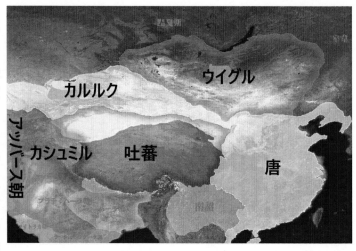

15-4 ウイグル王国 8世紀

15-5 ブグ・カガンの都オルドゥ・バリク

年まで吐蕃との間で北庭の争奪戦が続くが、最終的にはウイグル軍は吐蕃に勝利して北庭を奪還し、トルファン盆地とタリム盆地北部をウイグルの領地とした。821年にウイグル、吐蕃、唐の間に三国会盟が締結され、和平がむずばれ国境が確定された（慶長会盟）。

　懐信可汗（在位：795年〜805年）のときにマニ教が国教とされ、ウイグル王国は世界史上唯一のマニ教国家となった。

　840年、内乱の中、キルギス族の攻撃を受けてウイグル王国は崩壊した。このときウイグル人は拡散し、唐の北方に移住した集団は、後にオングートとなり、一部は吐蕃、安西へ逃れた。天山方面のカルルク（葛邏禄）へ移った一派は、後にテュルク系初のイスラム王朝であるカラ・ハン朝の建国に荷担したという説もある。また、甘粛に移った一派は、960年、甘粛ウイグルを建てた。他の一派は、東部天山のビシュバリク（北庭）、カラシャール（焉耆）、トゥルファン（高昌）を制圧し、タリム盆地周辺に西ウイグル王国（天山ウイグル王国）を建国した。

図版出典

15-1　吐蕃王国 https://ja.wikipedia.org/wiki/吐蕃#/media/File:Tibetan_empire_greatest_extent_780s-790s_CE.png

15-2　ソンツェンガンポ王とネパールの妃（左）文成公主（右）

https://upload.wikimedia.org/wikipedia/commons/8/81/SongstenGampoandwives.jpg

15-3　唐蕃会盟碑 https://commons.wikimedia.org/wiki/File:Tang-Tibetan_alliance_stele.jpg

15-4　ウイグル王国 8世紀 https://upload.wikimedia.org/wikipedia/commons/2/26/回鶻帝国.png

15-5　ブグ・カガンの都オルドゥ・バリク https://ja.wikipedia.org/wiki/オルド・バリク#/media/File:Ordu-baliq.jpg

参考引用文献

『フリー百科事典　ウィキペディア日本語版』2018.10.10「吐蕃」https://ja.wikipedia.org/wiki/吐蕃

『フリー百科事典　ウィキペディア日本語版』2018.10.10「ウィグル」https://ja.wikipedia.org/wiki/ウィグル

間野英二 1977「中央アジアの歴史」講談社

小松久男 2000「中央ユーラシア史」山川出版社

岩村忍 2007『文明の十字路＝中央アジアの歴史』講談社

十六、イスラム教の定着

1，イスラム帝国の成立

　ムハンマドはクライシュ族のハーシム家に生まれた。610 年、40 歳のとき神の啓示を受けたといわれている(16-1)。622 年、アラブ人伝統の多神教を信じるメッカの有力者たちの迫害を逃れ、メディナに移った（ヒジュラ）。彼はこの地に信者の理想の共同体（ウンマ）を建設しようとした。さらにこの理想社会の拡大を行い、アラビア半島全域を支配したが、632 年病死した。

　ムハンマドの死により、混乱したイスラム世界を統一したのが、「神の使徒の後継者」として初代カリフに選出されたアブー・バクルであった。彼以降、四代目のアリーまでを正統カリフ時代という。

　656 年に起こった三代目カリフ・ウスマーン暗殺に、四代目のカリフとなったアリーの関与を疑ったウマイヤ家のムアーウィアは、660 年に自らカリフを宣言した。翌年アリーが暗殺されると、カリフとして西北インドからスペインまでの広大な領地を支配した(16-2)。これがウマイヤ朝である。

　二代目カリフ・ヤズィードは、680 年アリーの子フサインとその一行をカルバラーで虐殺し「カルバラーの悲劇」を引き起こし、シーア派とスンナ派の対立を激化させる要因の一つとなった。ウマイヤ朝は 750 年まで 14 代続いた。

　イスラム世界では、非改宗者は人頭税であるジズヤや、税率が約五割の地租・ハラージュを払うのに対し、イスラム教徒はウシュル（十分の一税）を払うだけで済んだ。そのため、被支配地域の税収は、農民がイスラム教に改宗すると一挙に落ち込むことになった。そこで征服地では、たとえイスラム教に改宗しようともハラージュを徴収することにした。ウマイヤ朝の崩壊の原因は、シーア派とスンナ派の対立にくわえ、同じイスラム教徒である征服地の改宗者（マワーリー）とアラブ人との徴税格差を解消できなかったことにあった。

　こうした不満を受けて、イラン東部のホラーサーン地方において 747 年に反ウマイヤ朝軍が蜂起した(16-3)。反体制派のアラブ人とシーア派の改宗ペルシア人（マワーリー）

16-1 ムハンマド

16-2 イスラム帝国の拡大

からなる反ウマイヤ朝軍は、749年9月にイラク中部都市クーファに入城し、ムハンマドの叔父、アッバースの子孫アブー・アル・アッバース（サッファーフ）を初代カリフとする新王朝の成立を宣言した。翌750年、アッバース軍がザーブ河畔の戦いでウマイヤ朝軍を倒し、アッバース朝が建国された。アッバース朝ではアラブ人の特権は否定され、すべてのムスリムに平等な権利が認められた。

　アッバース朝ではウマイヤ朝の王族は弾圧されたが、第10代カリフ・ヒシャームの孫の一人は、モロッコまで逃れ、後にイベリア半島に移り、756年にコルドバで後ウマイヤ朝を建国して、アブド・アッラフマーン1世と名乗った。

　さらに、909年にはシーア派のイスマーイール派が、チュニジアにファーティマ朝を建国し、アッバース朝、後ウマイヤ朝とともに三人のカリフが鼎立することになった。

イスラム勢力の進出

　642年、ニハーヴァンドの戦いでササン朝に勝利したアラブ軍は、ホラーサーンに進出したが、656年三代カリフ・ウスマーンの暗殺に始まる内乱のために侵攻は頓挫した。

　この内乱をおさめ、ウマイヤ朝を建国したムアーウィヤは、ズィヤード・イブン・アビーヒをバズラ総督とした。これにより彼と彼の息子によって、ホラーサーンの統治とブハラへの侵攻がはじまった。

　イスラム勢力の進出以前のマー・ワラー・アンナフル（トランスオクシアナ）は、オアシス都市と周辺の農村をあわせたオアシス都市国家が形成され、それぞれを領主が支配していた。西突厥は7世紀後半までの約200年間、これらの都市国家を影響下に置き、ソグド人はその下で商人として植民都市を築き活躍した。7世紀後半、西突厥が滅ぶとソグディアナは唐の勢力下に入ることになった。しかし、吐蕃がタリム盆地に進出したため、唐はソグディアナを放棄した。したがって、西トルキスタンは地方領主が割拠する状態で、アラブ人の侵入に組織的に抵抗することは少なかった。

　アラブはホラズムを平定し、ソグディアナに迫り、674年にブハラが、676年にはサマルカンドもサイード・イブン・オトマンに占領された。しかし、アラブ人の間の部族紛争によってホラーサーンが混乱したことにより、その影響力も衰えた。

　705年ウマイヤ朝の第6代カリフにワリード1世が即位すると、クタイバ・イブン・ムスリムをホラーサーン総督に任命し、アラブの中央アジア遠征が始まった。

　クタイバの軍隊は、715年にはタシュケントを下し、フェルガナへの遠征も行った。クタイバは征服地にアラブ人を移住させ、各都市にモスクを建設し、住民のイスラム化を推し進めた。また、征服したペルシャ人に重要なポストを与えて各地域を治めた。しかし、この政策は一部のアラブ人の反感を買い、また、ペルシャ人民族主義者から

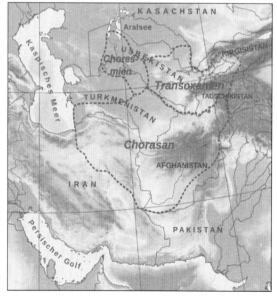

16-3 ホラーサーン

の反感も買うことになった。

　715 年ウマイヤ朝のカリフにスレイマンが即位すると、彼と不仲だったクタイバは反乱の意志を部下に伝えたが、部下はそれに同調しなかった。悪態をついて邸宅に戻ったクタイバは、それに怒った部下に襲撃されて、46 歳で殺された。

　クタイバの死の年から 737 年まで、マー・ワラー・アンナフル（トランスオクシアナ）は蘇禄（アブー・ムサーヒム）が率いる突騎施（テュルギシュ）によって占領される。

　アラブと突騎施の攻防、その間で迷走するオアシス都市国家の、三つどもえの支配権争いから逃れるため、多くのソグド人は東方に移住した。738 年、蘇禄はトハリスタンに出陣したが、アラブ軍に敗れ、本拠地にもどった。しかし、同族の莫賀達汗（バガ・タルカン）によって殺された。

　739 年にウマイヤ朝のホラーサーン総督ナスル・イブン・サイヤールは、川の河畔で突騎施（テュルギシュ）の莫賀達汗（バガ・タルカン）を捕らえ、マー・ワラー・アンナフル（トランスオクシアナ）の奪回に成功した。その後、突騎施（テュルギシュ）の内紛に乗じて唐はこれを統治下に置いた。

　ここにおいて、イスラム帝国と唐は対峙することになった。時に、イスラム帝国内ではホラーサーンを中心としてアッバース朝が起こり、東方のウマイヤ朝支配地域は混乱なくアッバース朝となり、751 年、東進するアッバース朝と西に向かう唐はタラス河畔の戦いを行うことになった。この戦いで、アッバース朝のズィヤード・イブン・サーリフが唐の高仙芝を破り、イスラム帝国による西トルキスタン支配を確固たるものとした。

イスラム教の浸透

　アッバース朝によって西トルキスタンが安定したことで、この地にイスラム教の学者や教育者が訪れ、8 世紀中葉、都市部ではその基礎を固め、イスラム教は発展した。しかし、遊牧民に浸透するにはまだ時間を要した。

　821 年ターヒル朝がアッバース朝の総督（アミール）としてホラーサーン以東を収めることになる。その後、サッファール朝、サーマーン朝、ズィヤール朝、そして 332 年にブワイフ朝が成立する。

　ブワイフ朝のムイッズ・ウッダウラはバグダードを占領してカリフから大総督（アミール・アルウマラー）の称号を得て、軍事・行政の権限を担い、カリフは大総督（アミール・アルウマラー）に保護されるという形になった。

　10 世紀頃にアラル海の東北に進出したセルジューク家出身のトゥグリル・ベクは、1038 年に王朝を創始し、1055 年にカリフであるアイームから「権力（者）」、「権威（者）」を意味するスルタンの称号を得て、ブワイフ朝に取って替わった。ブワイフ朝で導入されていた軍人に俸給として土地の徴税権を与えるイクター制は、セルジューク朝時代には軍人の領主化傾向を進めた。アフガンでは地方政権的なガズナ朝が、マー・ワラー・アンナフル（トランスオクシアナ）ではテュルク系遊牧民のカラ・ハン朝がブワイフ朝の頃から存在した。

　1077 年には、テュルク系のマムルーク（奴隷軍人）、アヌーシュ・テギーンがセルジューク朝からホラズムの総督に任命されたことにより、ホラズム・シャー朝（ホラズム朝）が成立し、中央アジアからイラン高原まで勢力を伸ばした。しかし、ホラズム・シャー朝

は 1231 年、モンゴル軍の襲撃によって滅ぼされてしまう。

　チンギス・ハンの孫フレグは、第 4 代大ハンのモンケから西アジア遠征を命じられ、1256 年にバクダードを攻略し、アッバース朝を滅ぼしてフレグ・ウルス（イル・ハン国）を建国した。

　フレグ・ウルスのモンゴル人は少数であったため、ペルシャ、イスラムに同化し、第 7 代君主カザン・ハンはイスラム教に改宗した。

　1411 年、フレグ・ウルスはティムール帝国に征服された。

2, ターヒル朝（16-4）

　アッバース朝のハールーン・アッラシードがマー・ワラー・アンナフルの反乱鎮圧に向かい、ホラーサーンで病死したとき、世継ぎの一人、マアムーンに付き添っていたのが、ターヒル・イブン・フサインであった。

　彼はマアムーンが七代カリフ位を獲得するのにも貢献し、821 年、アッバース朝の総督（アミール）としてホラーサーン以東を収めることになった。これがターヒル朝の始まりである。

　その後ターヒルとマアムーンは不仲となり、ターヒル朝は事実上独立したが、ターヒルの死後もターヒル朝の総督権はアッバース朝のカリフから引き続き認められた。

　873 年首都ニーシャープールがサッファール朝によって陥落し、891 年バグダードの総督職が廃止されて終焉（しゆうえん）した。ターヒル朝は総督の地位を世襲する地方有力家系の範疇（はんちゆう）に止まり、アッバース朝からの独立の度合いは低かった。

3, サッファール朝（16-5）

　ヤアクーブ・イブン・アル・ライス・アル・サッファールによって 861 年設立された王朝で、アフガニスタン、イラン東部、パキスタンの一部を征服した。

　首都はアフガニスタンのザランジであった。銅細工師（サッファール）であったといわれるヤアクーブは、一代にしてこの王朝を建てた。

　彼の死後、後継者の弟アルム・イブン・アル・ライスは 900 年にサーマーン朝に破れた。以後ザランジ周辺の豪族としてサーマーン朝やその後の政権に仕え、1003 年に滅亡した。

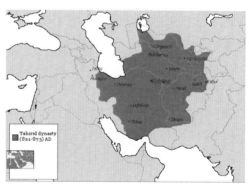

16-4 ターヒル朝

4, サーマーン朝（16-6）

　サーマーン家の祖先はササン朝の貴族の末裔（まつえい）といわれている。アッバース朝のカリフ、マアムーンに組し、ターヒル朝の総督からマー・ワラー・アンナフルの支配を委任された。

　873 年ターヒル朝が滅亡すると自立し、ナスル 1

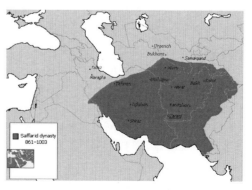

16-5 サッファール朝

世は、875 年にアッバース朝 15 代カリフ、ムウタミドから支配権を得てサーマーン朝を開いた。

　ナスル 1 世の弟がイスマーイール・サーマーニーで、ナスル 1 世のあとを継いで、カリフのムウタディドからアミールの地位の承認を受けた（16-7）。

　サーマーン朝はイスラム世界の東壁で、テュルク系遊牧民国家のカラ・ハン朝と対峙（たいじ）した。また、カリフ、ムウタディドの策略もあって、南方ではサッファール朝と争って、互いに勢力を消耗させられていた。

　900 年、バルフの戦いでイスマーイールはサッファール朝の君主アムル・イブン・アル・ライスに勝利し、サーマーン朝はカリフからマー・ワラー・アンナフルとホラーサーンの支配を認められた。

　イスマーイールの孫、ナスル 2 世の時代に王朝は弱体化しはじめ、領土の西側をブワイフ朝に割愛した。さらに、ファーティマ朝がダーイー（宣教員）を派遣し、王がシーア派に改宗するに及び、王子ヌーフに幽閉されてしまう。

　アブド・アル・マリク 1 世になると、グラーム（奴隷兵）出身の近衛隊長アルプテギーンが実力を誇ったため、961 年（962 年）、マリク 1 世は彼を中央から遠ざけるためホラーサーン総督に任命した。しかし、マリク 1 世はその年に死去し、弟マンスール 1 世がアミールとなるが、アルプテギーンはこれに反対し、アフガニスタンでガズナ朝を創設する。

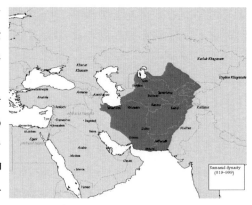

16-6 サーマーン朝

　北部ではカラ・ハン朝が南下し、992 年にはサマルカンドとブハラが陥落した。サーマーン朝のアミール、ヌーフ 2 世は、ガズナ朝のサブク・ティギーンに援助を求め、一度はカラ・ハン朝を押し返したものの、ヌーフ 2 世とサブク・ティギーンの不和から、ガズナ朝はカラ・ハン朝と講和してしまう。

　997 年マンスール 2 世が即位するが、マー・ワラー・アンナフルはカラ・ハン朝に、ホラーサーンはガズナ朝に浸食された。999 年にはマンスール 2 世が暗殺され、幼いアブド・アル・マリク 2 世が即位すると、カラ・ハン朝はマリク 2 世の保護を名目に進軍し、マリク 2 世を幽閉して獄中死させる。これによってサーマーン朝は滅亡する。

5，カラ・ハン朝（16-8）

　カラ・ハン朝の起源については諸説あるが、突厥起源説では、840 年にモンゴル高原のウイグル王朝崩壊後、突厥の阿史那氏の末裔が、カガン（ハン）と称し、部族連合体を形成していた

16-7 イスマーイール・サーマーニー廟

と考えられている。

　カラ・ハン朝には東にアルスラン・カラ・ハン（大ハン）、西はボグラ・イリグ・ハン（小ハン）という東西二人のハンがおり、その下に数名の下級君主がいて、順次昇格したとされている。

　テュルク系民族のイスラム化は、各地で徐々に行われていたが、3代ハン、サトゥクがイスラム教に改宗たことによって、カラ・ハン朝のイスラム化がいっそう進行することになった。イスラムに改宗した君主

16-8 カラ・ハン朝 11 世紀初頭

は他の君主に聖戦（ジハード）を挑み、王朝のイスラム化が進行してった。

　サトゥクの孫、アリーがアルスラン・ハンのとき、ボグラ・ハンだった従弟のハサンと共にマー・ワラー・アンナフルへ侵攻を開始し、999 年アリーの息子ナスルがブハラを攻略してサーマーン朝を滅ぼした。

　東トルキスタンでも、カラ・ハン朝は 1006 年までにホータン、11 世紀半ばにクチャを征服した。ホータンでは長らく仏教徒の反乱が続いたが、イスラム教への改宗を拒否する人間の大部分は他の国に亡命した。

　こうして、東部はハサン家、西部のマー・ワラー・アンナフルはアリー家の支配下に置かれたが、11 世紀半ばになると東西に完全に分裂し、互いに争うようになる。

　東カラ・ハン朝は、首都のベラサグンを、耶律大石に率いられたカラキタイ（西遼）に奪われ、カシュガルを支配する小国となった。その後、カラキタイの王位を奪取したクチュルクによって、1211 年に滅ぼされてしまう。

　西カラ・ハン朝はサマルカンドを首都としたが、1089 年、勢力を伸ばしたセルジューク朝に首都を占領され、支配下に置かれた。

　さらに、1141 年カトワーンの戦いで、セルジューク朝と西カラ・ハン朝の連合軍はカラキタイ軍に破れ、カラキタイはさらに進軍して、ホラズム・シャー朝のアトスズに歳幣を支払わせることで講和した。

　これにより西カラ・ハン朝の領土はカラキタイの支配下に入り、ホラズム・シャー朝の宗主権はカラキタイが握ることになった。しかし、カラキタイはホラズム地方の一部とブハラを含む領域を支配したに過ぎなかった。

　その後 1212 年に西カラ・ハン朝はホラズム・シャー朝に滅ぼされた。

6，ズィヤール朝（16-9）

　カスピ海南岸、イラン北西部ゴルガーン地方からマーザンダラーン（タバリスターン）地方を支配していた王朝。初代君主マルダーウィージュ（在位：928 年〜 934 年）が 927 年に樹立した。

　10 世紀頃のゴルガーンを中心とするズィヤール朝の宮廷は、サーマーン朝の首都ブハラやブワイフ朝のレイ、ホラズムなどと並ぶ、イラン高原から中央アジアにおけるイスラム社会の文化的中心地のひとつであった。

ブワイフ朝との抗争に敗れ、さらにガズナ
朝からの圧迫もあって衰退、第 6 代君主アヌ
ーシールワーン（在位 1029 年～ 1049 年）の治
世の 1043 年に、ガズナ朝に領土を併合された。

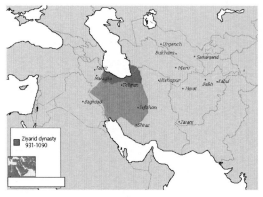

16-9 ズィヤール朝

7，ブワイフ朝（16-10）

　ブワイフを父に持つ三兄弟は、当初ズィヤ
ール朝の軍人であったが、イラン南部ファー
ルス地方に進出してブワイフ朝を確立した。
長男はファールスを、次男はジバール地方で、
三男はケルマーンを支配した。

　三男のムイッズ・ウッダウラは 946 年にバ
グダードに入城し、カリフから大総督（アミ
ール・アルウマラー）に任命され、世俗支配
はイラク政権の大総督（アミール・アルウマ
ラー）が行い、カリフはムスリムの統合の象
徴となり実権を失った。

　ブワイフ朝はファールス・ジバール・イラ
クの政権とそのほかの政権の連合で、ブワイ
フ家の家長が全体を指揮した。

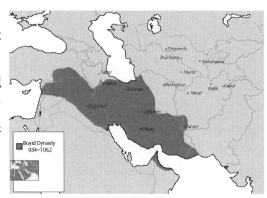

16-10 ブワイフ朝

　11 世紀になると、ブワイフ家の統治も形骸化し、テュルク系マムルーク（奴隷身分出
身の軍人）に支配されることが多くなった。やがて、勢力を伸ばしたセルジューク朝に取
って代わられた。

　ブワイフ朝の樹立を支えたのは、出身母体の強力な軍事力であったが、後にはマムルー
クを採用するようになった。しかし、これらの軍人に対する俸給を支払うための財政的な
基盤は、ブワイフ朝の建国時にはほとんど失われており、ムイッズ・ウッダウラはバグダ
ードを征服した際、土地の徴税権を軍人に授与するイクター制を導入した。

　イクター制は後の諸イスラム王朝で導入されたが、ブワイフ朝の頃は税の限度額などが
定められておらず、過重な税の徴収によって農村の荒廃を招く結果となった。

8，ガズナ朝（16-11）

　サーマーン朝のアブド・アル・マリク 1 世の治世では、グラーム（奴隷兵）出身の近衛
隊長アルプテギーンが実力を誇った。マリク 1 世は 961 年（962 年）に死去し、弟マンス
ール 1 世がアミールとなるが、アルプテギーンはこれに反対し、アフガニスタンでガズナ
朝を創設する。

　アルプテギーンのマムルークで、5 代目の支配者となったサブク・ティギーン（在位：
977 年～ 997 年）は勢力を拡張し、サーマーン朝に代わってアフガニスタンの大部分を支
配するようになり、南のパンジャーブにも進出した。

　6 代目のマフムード（在位：998 年～ 1030 年）はサーマーン朝を滅亡させ、南では本格
的にインドに進んで北インドやグジャラートに遠征を行い、勢力をインドに広げ、ヒンド

ゥー教の寺院などを破壊、略奪して莫大(ばくだい)な富を持ち帰った。ガズナ朝は、北は中央アジアのサマルカンド、西はクルディスタン、カスピ海から東はガンジス川に至るまで広がった。

しかし、マフムードのあとを継いだマスウード1世（在位：1031年〜1041年）は、1040年にセルジューク朝に敗れ、ホラーサーンなど支配領域の西半を失った。

1150年にはゴール朝によって首都ガズナが陥落し、1186年に滅ぼされた。

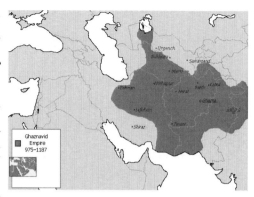

16-11 ガズナ朝

9，セルジューク朝（16-12）

10世紀後半頃にテュルク系遊牧集団の一部は、アラル海の北方から中央アジアに入り、ステップ地帯や丘陵部で遊牧生活を送りながら、イスラム教に改宗していった。その中にセルジューク家がいた。

10世紀末、サーマーン朝に使えて勢力をつけ

16-12 セルジューク朝

たセルジューク家のトゥグリル・ベグは、サーマーン朝を滅ぼしてトゥーラーン（現ウズベキスタン・タジキスタン）を支配したカラ・ハン朝と対立して、1035年にアム川を渡り、1038年にニーシャプール（現イラン東北部）に無血入城した。これがセルジューク朝の建国とされる。

1050年頃にはイランの大部分を占領してスルタンと名乗り始めた。

スンナ派のトゥグリル・ベグは、同じスンナ派のカリフに書簡を送り、シーア派のブワイフ朝を討つという名目を得て、1055年にバグダードに入城し、カリフから正式にスルタンの称号を授与された（16-13）。

16-13 トゥグリル・ベグ廟

トゥグリル・ベグの甥(おい)、アルプ・アルスラーンがスルタンになると、積極的に領土を広げ、1071年にはマラズギルトの戦い（マンツィケルトの戦い）で東ローマ帝国に勝利して、皇帝ロマノス4世ディオゲネスを捕虜とした（16-14）。このとき、セルジューク王権の強化を好まないテュルク系の人々がアナトリア地方に流入し、テュルク（トルコ）化が進んだ。

アルプ・アルスラーンの子マリク・シャーの時代に、セルジューク朝は中央アジアから地中海に及ぶ大帝国へと発展した。

この時期、東ローマ皇帝アレクシオス1世コムネノスはアナトリア奪回のため、ローマ教皇に援軍を要請した。これにより、1096年に第1回十字軍が編成された。

16-14 ロマノス4世ディオゲネスに
屈辱を与えるアルプ・アルスラーン

その後、セルジューク家は内紛を繰り返し、各地方政権が成立して、宗主として全体を統治する大スルタンの勢力は失われていった。しかし、1119 年にサンジャルが第 8 代スルタンの地位を確立すると(16-15)、イラン・イラクを支配する各地方政権に対して宗主権を行使するようになり、1123 年にはシリアのセルジューク朝の支配地域を取り戻し、いわゆる大セルジューク朝を復興させた。

　また、サンジャルはガズナ朝を征服し、1121 年にはゴール朝を服属させ、1130 年にはカラ・ハン朝を宗主権下に置いた。さらに、ホラズム・シャー朝のアトスズを攻撃して屈服させた。

　こうして大セルジューク朝の権威を東方へと拡大したが、1141 年に耶律大石率いるカラキタイ（西遼）にカトワーンの戦いで敗れた。また、キタイ人に追われて中央アジアから逃れてきた遊牧集団（トゥルクマーン）の増加によって、サンジャルの地盤であったホラーサーンが脅かされ、1153 年、トゥルクマーンの反乱を鎮圧しようとしたサンジャルは逆に捕虜となってしまった。

16-15 サンジャル

　これにより、大スルタン権威は完全に失墜し、1157 年のサンジャルの病死によって大スルタンは消滅して、大セルジューク朝は事実上滅亡した。

　以後、セルジューク朝は各地方政権として存続し、1306 年ルーム・セルジューク朝の最後のスルタンが没したことにより消滅した。

10, ホラズム・シャー朝(16-16)

　セルジューク朝に仕えたテュルク系のマムルーク（奴隷軍人）、アヌーシュ・テギーンが、1077 年にホラズムの総督に任命されたのを起源としている。その子クトゥブッディーン・ムハンマドがホラズム・シャーを自称した。

　ホラズムの地方政権としてセルジューク朝の次はカラキタイ（西遼）に服属を続けた。

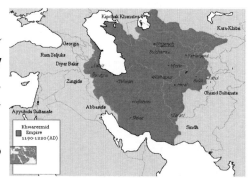

16-16 ホラズム・シャー朝

　アラーウッディーン・テキシュのとき、イランへの侵攻を行い、1197 年大セルジューク朝の後継者として、アッバース朝カリフからスルタンの称号を授与された。

　テキシュの子アラーウッディーン・ムハンマドは 1210 年頃、西カラ・ハン朝を滅ぼしてマー・ワラー・アンナフルを勢力下に置き、首都をサマルカンドに移した。1215 年にはゴール朝をも滅ぼした。1217 年にはイラクに遠征して、ホラズム・シャー朝の勢力は中央アジアから西アジアまで広がる大帝国へと発展した。

16-17 オトラルの発掘調査

同じ頃、モンゴル帝国はカラキタイの
政権を奪ったクチュルクを滅ぼし、中央
アジアでホラズム・シャー朝と境を接す
るようになっていた。

1216 年にスィル川河畔のオトラルで、
ホラズム・シャー朝のオトラル総督イナ
ルジュク・ガイールが、モンゴルの派遣
した商業使節一行 400 人を殺害して、そ
の保持する商品を奪う事件が起こった（オトラル事件）
(16-17)。

16-18 アバスクン島にて死去するアラーウッディーン

モンゴルは、イナルジュクの引き渡しを要求する使者
を送ったが、アラーウッディーンは彼の引き渡しを拒み、
使者を殺害、副使のひげを切り侮辱した。

チンギス・ハンは復讐を決意し、1219 年、モンゴル軍
を自ら率いて大規模な侵攻を開始した。

ホラズム・シャー朝は遊牧民諸部族の寄り合いだった
ため、常に内紛と反抗に脅かされていた。従って、モン
ゴルの侵攻に対して全軍を結集して対抗することができ
ず、見方の裏切りを恐れて、野戦での迎撃作戦ではなく、
各都市に兵力を分散して、籠城戦を行なった。

その結果、モンゴル側の各個撃破にあって、次々に落
城し、ホラズム・シャー朝の軍は短期間で崩壊した。

アラーウッディーン・ムハンマドは、逃亡先のカスピ
海上のアバスクン島で死亡した(16-18)。

16-19 インダス河畔の戦い

アラーウッディーン・ムハンマドの子ジャラールッディーンは、モンゴルと戦いながら
南下し、インダス川を渡ってインドの奴隷王朝に支援を求めたが拒絶された(16-19)。

彼は再びイランに戻って各地を転戦し、イラクを経てアゼルバイジャンに入り、1225
年にアタベク政権イルデニズ朝を滅ぼしてタブリーズに入城した。

ジャラールッディーンはアゼルバイジャンを拠点に勢力を広げるが、1227 年に弟ギヤ
ースッディーンの裏切りによってモンゴル軍に敗れた。ジャラールッディーンはギヤース
ッディーンを破り、イラクに進出した。

1230 年、東部アナトリアのエルズィンジャン近郊で、ルーム・セルジューク朝とアイ
ユーブ朝の連合軍に敗れ、ジャラールッディーンは兵力の半数を失った。

チンギスの死後、1231 年にオゴデイ・ハンはイラン方面に討伐隊を派遣する。モンゴ
ル軍の攻撃を受けたジャラールッディーンは、東部アナトリアのアーミド（現在のディヤ
ルバクル）近郊の山中に逃亡するが、現地のクルド人によって殺害された。

ジャラールッディーンの死で、ホラズム・シャー朝は滅びた。

11，カラキタイ（西遼）(16-20)

　1124 年、契丹族（キタイ族）が建国した遼は、金によって滅ぼされた。耶律大石は契丹族の一部を率いて西方に逃れた。その際、天山ウイグル王国によって東トルキスタンを横断することを阻まれたため、天山山脈の北側を回ることになった。

16-20 西遼

　テュルク系民族と敵対していた東カラ・ハン朝は、耶律大石に援助を求めた。耶律大石はテュルク系民族を撃退し、さらに 1132 年、東カラ・ハン朝の都ベラサグンを占領し、グズオルドと改称して、カラキタイの首都とした。

　1137 年にはホジェンドの近郊で西カラ・ハン朝を破り、これを従属させた。カラキタイは西カラ・ハン朝の内紛に介入したため、西カラ・ハン朝のマフムード 2 世は、叔父のセルジューク朝のスルタン、サンジャールに援軍を求めた。1141 年、カラキタイ軍とセルジューク朝・西カラ・ハン朝の連合軍は戦い（カトワーンの戦い）、カラキタイ軍が勝利を収めた。さらに、カラキタイはホラズム・シャー朝も従属させ、東西トルキスタンにまたがる地域を支配した。

　カラキタイの王（グル・ハン）は仏教徒であった。ただし、耶律大石はマニ教徒だともいわれている。カラキタイは中国式の統治方法をとり、税は戸単位で課税し、中国様式の貨幣を鋳造した。また、カラキタイでは各従属国の実権は地域の王が保持し、契丹人は代官を派遣して、徴税を行うのみであった。したがってカラキタイの末期になると、重税に苦しむ従属国の離反を招いた。

　1143 年耶律大石が病死すると、幼い耶律夷列が即位し、大石の后、塔不煙が摂政となった。1163 年に夷列が没すると、夷列の子耶律直魯古（チルク）が成人するまで夷列の妹、普速完（プスワン）が称制した。1177 年、普速完は不倫が原因で殺害され、直魯古が即位するが、彼は狩猟と享楽におぼれ、従属国の離反を招いた。

　1208 年、直魯古はチンギス・ハンとの戦いに敗れたナイマンの長、クチュルクを皇女の婿君として迎え入れた。1210 年にはホラズム・シャー朝アラーウッディーンによって西トルキスタンを奪われ、さらに、1211 年（もしくは 1212 年）反乱を起こしたクチュルクによって、直魯古は捕らえられ、1213 年没した。

　帝位を奪ったクチュルクはカシュガル、ホータンを征服し、現地のウラマーを拷問にかけたためムスリムから反感をかった。

　1218 年、モンゴル軍のジェベ将軍がカラキタイに侵攻した。ジュベ将軍はカシュガルを攻撃した際、信仰の自由を約束したため、カシュガルの住人はカラキタイの兵士を殺害した。クチュルクはバダフシャーンに逃亡するが、捕らえられ処刑された。これによりカラキタイは滅亡した。

　カラキタイが支配した地はチンギス・ハンの次男チャガタイに与えられ、チャガタイ・ウルス（チャガタイ・ハン国）となった。

図版出典

16-1　ムハマド https://commons.wikimedia.org/wiki/File:Mohammed_receiving_revelation_from_the_angel_Gabriel.jpg

16-2　イスラム帝国の拡大 https://ja.wikipedia.org/wiki/ウマイヤ朝#/media/File:Map_of_expansion_of_Caliphate.svg に加筆

16-3　ホラーサーン https://commons.wikimedia.org/wiki/File:Karte_Map_Chorasan-Transoxanien-Choresmien.png

16-4　ターヒル朝 https://commons.wikimedia.org/wiki/File:Tahirid_Dynasty_821_-_873_（AD）.png

16-5　サッファール朝 https://commons.wikimedia.org/wiki/File:Saffarid_dynasty_861-1003.png

16-6　サーマン朝 https://ja.wikipedia.org/wiki/サーマーン朝#/media/File:Samanid_dynasty_（819%E2%80%93999）.GIF

16-7　イスマーイール・サーマーニー廟 https://upload.wikimedia.org/wikipedia/commons/c/cf/Samanid_Mausoleum.jpg

16-8　カラ・ハン朝 11 世紀初頭 https://upload.wikimedia.org/wikipedia/commons/b/b8/Kara-Khanid_Khanate.png

16-9　ズィヤール朝 https://upload.wikimedia.org/wikipedia/commons/9/9a/Ziyardi_Dynasty_928_-_1043_%28AD%29.PNG

16-10　ブワイフ朝 https://commons.wikimedia.org/wiki/File:Buyid_Dynasty_934_1055_（AD）.PNG

16-11　ガズナ朝 https://commons.wikimedia.org/wiki/File:Ghaznavid_Empire_975_-_1187_（AD）.PNG

16-12　セルジューク朝　岩村忍 2007『文明の十字路＝中央アジアの歴史』講談社 p168 に加筆

16-13　トゥグリル・ベグ廟 https://commons.wikimedia.org/wiki/File:Borj-toghrul.jpg

16-14　ロマノス 4 世ディオゲネスに屈辱を与えるアルプ・アルスラーン

https://upload.wikimedia.org/wikipedia/commons/1/12/BnF_Fr232_fol323_Alp_Arslan_Romanus.jpg

16-15　サンジャル https://commons.wikimedia.org/wiki/File:Ahmad_Sanjar.jpg

16-16　ホラズム・シャー朝 https://commons.wikimedia.org/wiki/File:Khwarezmian_Empire_1190_1220.png

16-17　オトラルの発掘調査 https://upload.wikimedia.org/wikipedia/commons/f/f5/Ovidio_Guaita_16.jpg

16-18　アバスクン島にて死去するアラーウッディーン

https://upload.wikimedia.org/wikipedia/commons/7/7e/Mort_de_Muhammad_Hwârazmshâh.jpeg

16-19　インダス河畔の戦い

https://upload.wikimedia.org/wikipedia/commons/f/f5/Alal_al-Din_Khwarazm-Shah_crossing_the_rapid_Indus_river%2C_escaping_Chinggis_Khan_and_his_army.jpg

16-20　西遼 https://upload.wikimedia.org/wikipedia/commons/3/3b/南宋疆域图%EF%BC%88 繁%EF%BC%89.png

参考引用文献
『フリー百科事典　ウィキペディア日本語版』2018.11.10「イスラム帝国」https://ja.wikipedia.org/wiki/イスラム帝国
江上波夫 1987『中央アジア史』世界各国史 16　山川出版社
間野英二 1977「中央アジアの歴史」講談社
小松久男 2000「中央ユーラシア史」山川出版社
岩村忍 2007『文明の十字路＝中央アジアの歴史』講談社
『フリー百科事典　ウィキペディア日本語版』2018.11.04「マー・ワラー・アンナフル」https://ja.wikipedia.org/wiki/マー・ワラー・アンナフル
『フリー百科事典　ウィキペディア日本語版』2018.11.08「クタイバ・イブン・ムスリム」https://ja.wikipedia.org/wiki/クタイバ・イブン・ムスリム
『フリー百科事典　ウィキペディア日本語版』2018.11.10「アッバース朝」https://ja.wikipedia.org/wiki/アッバース朝
江上波夫 1987『中央アジア史』世界各国史 16　山川出版社
間野英二 1977「中央アジアの歴史」講談社

小松久男 2000「中央ユーラシア史」山川出版社

岩村忍 2007 年『文明の十字路＝中央アジアの歴史』講談社

『フリー百科事典　ウィキペディア日本語版』2018.11.10「ターヒル朝」https://ja.wikipedia.org/wiki/ターヒル朝

『フリー百科事典　ウィキペディア日本語版』2018.11.10「サッファール朝」https://ja.wikipedia.org/wiki/サッファール
朝

『フリー百科事典　ウィキペディア日本語版』2018.11.10「サーマーン朝」https://ja.wikipedia.org/wiki/サーマーン朝

『フリー百科事典　ウィキペディア日本語版』2018.11.10「カラハン朝」https://ja.wikipedia.org/wiki/カラハン朝

『フリー百科事典　ウィキペディア日本語版』2018.11.10「ズィヤール朝」https://ja.wikipedia.org/wiki/ズィヤール朝

『フリー百科事典　ウィキペディア日本語版』2018.11.10「ブワイフ朝」https://ja.wikipedia.org/wiki/ブワイフ朝

『フリー百科事典　ウィキペディア日本語版』2018.11.10「ガズナ朝」https://ja.wikipedia.org/wiki/ガズナ朝

『フリー百科事典　ウィキペディア日本語版』2018.11.10「セルジューク朝」https://ja.wikipedia.org/wiki/セルジューク
朝

『フリー百科事典　ウィキペディア日本語版』2018.11.10「ホラズム・シャー朝」https://ja.wikipedia.org/wiki/ホラズム
・シャー朝

『フリー百科事典　ウィキペディア日本語版』2018.11.10「西遼」https://ja.wikipedia.org/wiki/西遼

十七、モンゴル帝国の興亡

1, チンギス・ハンとホラズム・シャー朝の滅亡

　840年、内乱の中、キルギス族の攻撃を受けてウイグル王国が崩壊したあと、契丹や金の干渉もあって、モンゴル高原では群雄割拠の状態がつづき、統一政権が出現しなかった。

　1206年、モンゴル諸部族をまとめて即位したティムジンは、チンギス・ハンと名乗って権力の拡大をめざした（17-1）。1209年には西夏にモンゴルの宗主権を認めさせ、天山ウイグル王国を服属した。チンギス・ハンは通商・経済・国際事情に明るかったウイグル族を重用し、ウイグル王イドクート・バルジュックに娘を与えて、王家の一員とした。

　1211年にチンギスは金への遠征を開始し、1215年には首都燕京（北京）を陥落させている。一方、東トルキスタンでは西遼の王位を奪ったクチュルクを討伐するためにジェベ将軍を送り、カシュガル付近でこれを破った。これにより1218年にはモンゴル帝国はホラズム・シャー朝と接することになった。

　カラキタイ（西遼）と敵対関係にあったホラズム・シャー朝皇帝アラーウッディーン・ムハンマドは、モンゴルに使者を派遣し、友好と通商を求めた。チンギスはこれをもてなし、返礼として贈り物を携えた使者を派遣し、隊商を送った。

17-1 チンギス・ハン

　1216年、一行は、ホラズム・シャー朝の国境オトラルに到着したが、この地方の総督イナルジュク・ガイールは、彼らを中央アジアの情勢偵察を目的とする密偵として処刑し、商品を略奪してしまった。チンギスはこの「オトラル事件」の釈明と賠償を求め、使者を送るが、アラーウッディーンは使者を殺し、副使のひげをそり落として追い返した。

　これに怒ったチンギスは1219年ホラズム・シャー朝への軍事遠征をはじめる。ホラズム・シャー朝は遊牧民諸部族の寄り合いだったため、全軍を結集することができず、サマルカンド、ブハラなどの各都市に兵力を分散して籠城戦を行なった。諸都市は次々に陥落し、1220年にはチンギスはマー・ワラー・アンナフルの主要都市を支配下に収めた。

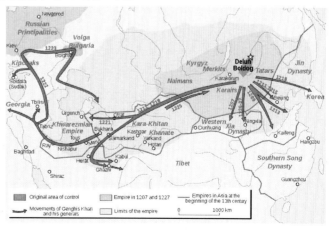

17-2 モンゴル軍の遠征

　ホラズム・シャー朝アラーウッディーン・ムハンマドは首都サマルカンドから敗走し、1220年カスピ海の小島で病死した。モンゴル

の追撃部隊はこのことを知らぬままカフカース山脈を越え、黒海の北でロシア諸侯連合軍と会戦しこれを破っている（1223年）。

　一方、アラーウッディーン・ムハンマドの後継者、ジャラールッディーンはアフガニスタンのガズナまで逃れ、体制を立て直し、パールワンでモンゴル軍の前衛部隊を殲滅する。チンギスは大軍を率いてバーミアンへ向かい城市を陥落させたが、この戦いで孫のモエトゥケンを戦死させてしまった。怒ったチンギスはその復習としてバーミアン城の生きとし生けるものを皆殺しにしたという。これによって、いまもバーミアンの廃墟は「亡霊の都」と呼ばれている。

　チンギスはジャラールッディーンを追ってガズナからインダス川に向かい、インダス川まで追い詰めるが、ジャラールッディーンは盾で矢を防ぎながら、馬でインダス川を渡ってインドへと逃げ落ちた（インダス河畔の戦い）。

　三年間インドに滞在した後、ジャラールッディーンは失地回復を目指して、再びインダス川をわたり、アフガニスタンへと戻った。ジャラールッディーンがインドへ逃亡している間、弟のギヤースッディーンはホラズム・シャー朝の君主としてイラク、ホラーサーン、マーザンダラーンを統治していたが、近隣の領主と対立していた。ジャラールッディーンは領主将校たちの支持を受け、イスファハーンへと進軍し、ギヤースッディーンを退けて王となった。さらに、ジャラールッディーンはアゼルバイジャンを拠点に勢力を広げるが、彼に怨恨をもつ弟ギヤースッディーンの裏切りによって、1227年にモンゴル軍に敗れた。しかし、ジャラールッディーンはギヤースッディーンを破り、イラクに進出した。

　1230年、ジャラールッディーンは東部アナトリアのエルズィンジャン近郊でルーム・セルジューク朝とダマスカスを支配するアイユーブ朝の地方政権の連合軍に敗れ、その兵力の半数を失った。

　モンゴル帝国はチンギスの死後の1231年、オゴデイ・ハンがイラン方面に討伐隊を派遣した。モンゴル軍の攻撃を受けたジャラールッディーンは、東部アナトリアのアーミド（現在のディヤルバクル）近郊の山中に逃亡するが、現地のクルド人によって殺害された。

　彼の死によって、ホラズム・シャー朝は完全に滅びた（17-2）。

　さかのぼって、チンギス・ハンは1223年からモンゴルへの帰還をはじめ、1224年の春、サマルカンドから出発し、1225年に帰り着いた。

　1226年にチンギスはホラズム遠征に参加しなかった西夏に遠征した。当時の西夏はチベット仏教の影響下に中国文化を吸収し、独自の文化を生み出していた。その経済的基盤は、貿易の中継地としての経済的繁栄であった。この経済力を利用して、灌漑など国内インフラの整備を行い、農業や畜産業も発展した。中継貿易で栄える西夏を、中央アジアを征服か

17-3 カラ・ホト（エチナに比定）

ら帰還したチンギス・ハンは攻略したのである。

　チンギスはオゴデイとトゥルイを従えて出発し、エチナ（黒城）などのオアシス都市を攻略した（17-3）。

　チンギスはさらに軍を進めたが、1227年、六盤山山麓にて病死した。臨終に際し枕元にいた皇子はトゥルイのみで、金の討滅と西夏王の処刑、寧夏住民の殺戮（さつりく）を命じたと伝えられている。

　遺骸は極秘のうちにモンゴリアに運ばれ、ケルレン河源のオルゲ（本営）に安置された後、ブルハン・カルドゥン山に埋葬されたという（17-4）。しかし、墓の所在は不明とされている。

　近年、各国の調査隊がチンギス・ハンの霊廟（れいびょう）の特定を行っている。しかし、「民族の英雄の眠りを妨げるべきではない」との地元民の意見を尊重して調査は行われていない。

　2004年、日本の調査隊は、ヘルレン川（ケルレン川）沿いの草原地帯にあるアウラガ遺跡の調査を行った。この遺跡はチンギス・ハンのオルド跡で、13世紀にはチンギス・ハンの霊廟として用いられていたことを明らかにした。また、調査隊はチンギス・ハンの墳墓もこの近くにある可能性が高いと報告している。

　一方、2009年に、チンギス・ハンの末裔（まつえい）とされる中国大連在住の80歳の女性が「チンギス・ハン墓は四川省カンゼ・チベット族自治州にあり、そのことは、末裔一族に伝わる秘密であった」と発表した。現地調査で証言と一致する洞窟があったため、中国政府は詳細な調査を開始した。

　2015年には、モンゴル族発祥の聖地で、チンギス・ハンの故郷であり、墓所であるといわれ神聖視される、ブルカン・カルドゥンが世界文化遺産に登録された。

17-4 ブルカン・カルドゥン

2，西夏（17-5）

　西夏の起源は唐初にまでさかのぼるといわれている。タングート族の拓跋赤辞（たくばつせきじ）は唐から李姓を下賜され、慶州（現在の寧夏回族自治区内）に移住して平西公となってこの地を収めた。唐末の黄巣の乱において、反乱の平定に功績があった拓跋思恭は、夏国公・定難軍節度使として、有力な藩鎮勢力となり、事実上独立国としての地位を維持した。

　宋（そう）の趙匡胤（ちょうきょういん）は、藩鎮の弱体化政策を推進したが、夏国公はこれに不満を持っ

17-5 西夏

ていた。1032 年に李元昊が夏国公に即位すると、宋の支配から離脱するようになった。李元昊は李姓を捨て嵬名氏を名乗り、改元して西夏独自の年号を使用しはじめた。また独自の文字である西夏文字を制定した。そして 1038 年 10 月 11 日に皇帝と称し、国号を大夏（西夏）として名実ともに独立した。

　西夏は建国後、遼と同盟して宋に対抗し、宋に侵攻した。そして、1044 年に宋との間で慶暦の和約を成立させた。同年、今度は遼との間で武力衝突が発生すると、西夏は宋・遼と対等な地位を獲得することになった。

　李元昊の死後、幼い李諒祚が即位し、その母の没蔵氏が摂政となると、西夏は遼に攻撃され、臣従する立場となった。その後、李乾順の親政のもとで遼や宋との和平政策が行われ、軍事行動は年々減少、西夏の社会経済は発展した。

　1115 年、金が成立して遼を侵攻し、1123 年に遼の天祚帝が西夏に亡命すると、金は遼帝の引渡しを西夏に求めた。西夏の李乾順はこれを受諾し、金に服属することとなった。金が北宋を滅ぼすと、その機会に乗じて広大な領土を獲得した。

　1206 年、李安全が帝位を簒奪し、金に依存した政策を見直してモンゴル族に依存する政策に転換した。李安全は金に対し十余年に及ぶ軍事行動を行ったが、これが西夏の国力を疲弊させた。さらに 1205 年から 1209 年までモンゴルによる三度の西夏侵攻が行われ、国力はさらに奪われた。

　1211 年にはクーデターがおこり、李遵頊が帝位を奪ったが、国力は回復しなかった。そのような状況の中で、チンギス・ハンは西夏に出兵を要請した。1216 年、西夏はチンギス・ハンの出兵要請を拒否した。これに憤慨したチンギス・ハンは 1217 年に第 4 次西夏遠征を行い、1223 年、李遵頊は太子の李徳旺に譲位し、1224 年にモンゴル軍により都、銀川が包囲されると、李徳旺はモンゴル軍に投降した。このときは人質を送ることで滅亡することを避けることができたが、1226 年帰国したチンギス・ハンによって第 5 次西夏遠征が行われた。同年、李徳旺が病死し李睍が皇帝になると、1227 年李睍はモンゴルに投降、その後毒殺され西夏は滅亡した。

3，元と各ハン国の成立

　チンギス・ハンは広大な領土を、ジョチ、チャガタイ、オゴデイ、トゥルイの四人の子供に分け与えた (17-6)。

　そのなかで中央アジアのほとんど全域は次子のチャガタイのものとなった。モンゴルの侵入で中央アジアは一時的に破壊されてしまったが、モンゴルは征服者として各地方の人々の生活に深く関与することはなく、貢納だけを求めた。またチャガタイは領内のイスラム教徒に配慮し、イスラム教徒の宰相を任命し、モスクやメドラッセを保護する政策をとった。よって各地方は自治的生活を営むことができ次第に復興した。

17-6 モンゴル帝国

　一方、チンギスのもつ大ハンの帝

位はクリルタイという話し合いで決められ
たが、この大ハンの帝位を巡る問題や、各
ハン国内の帝位争い、ハン国同士の争いが
勃発することになった。

　チンギス・ハンが没した後、二年間は末
子トゥルイが国政を代行した(17-7)。しかし
1229 年に開かれたクリルタイで大ハンの帝
位を継いだのは、チャガタイの支援を得た
三子オゴデイであった(17-8)。このことが後
に帝国内の確執を生む一因になる。

17-7 トゥルイ

　大ハンとなったオゴデイは金の打倒を行
い、帰還の途中でトゥルイが亡なると、オゴデイは名
実共にチンギスの後継者となり、皇帝（カアン）と称
して国家の統治機構を整えていった。また東西に遠征
して領土を拡大をはかった。

　東方遠征は失敗に終わったが、長子ジョチの次子バ
トゥを総司令官とする西方遠征軍は、1241 年にはウイ
ーン近郊まで進軍した。しかし、1242 年にオゴデイ死
去の知らせが届くとバトゥは軍を引き、ボルガ川流域
に留まってジョチ・ウルス（キプチャック・ハン国）
を建国した。

　1242 年、オゴデイ・ハンに相前後して、オゴデイの
後ろ盾だったチャガタイも没し、第六皇后ドレゲネの
摂政が行われた。1246 年皇帝（カアン）にはオゴデイ
家の幼いグユクが選出されたが 1248 年には他界した。

17-8 オゴデイ

　1251 年、ジョチ家のバトゥの支持を得て、トゥルイ
の長男モンケが皇帝（カアン）になると(17-9)、彼の
即位に反対したオゴデイ家とチャガタイ家の人々を粛
正し、チャガタイ・ウルス（チャガタイ・ハン国）の
当主には自派のカラ・フレグを指名した。

　モンケは次弟フビライに東方攻略を任せ、三番目の
弟フレグにイスマール派（ニザール派）の攻略を命じ
た。フレグは 1256 年にはこれを降伏させ、1258 年に
はバクダードを攻略した。アッバース家一族はエジプ
トへと逃れ、マムルーク朝の保護下に入った。

　1260 年にモンケの死を知ったフレグは、エジプトへ
の侵攻をやめ帰国の途についたが、兄フビライの即位
を知り(17-10)、イラクの地で政権を樹立した。これが

17-9 モンケ

フレグ・ウルス（イル・ハン国）である。

　フレグ・ウルス（イル・ハン国）とジョチ・ウルス（キプチャック・ハン国）はカフカースの領有権を巡り対立した。フレグ・ウルスと対立していたマムルーク朝はジョチ・ウルスと接近した。これに対抗して、フレグ・ウルスは西欧キリスト教世界と結ぼうとした。

17-10 フビライ

帝位継承戦争

　さかのぼって、1251 年モンケに東方攻略を任されたフビライは、南宋の背後に回り込み、金銀など地下資源の豊富な雲南の大理を落とし、自らは帰還して長期戦に持ち込もうとした。モンケは早く決着をつけるべく自ら進軍したが、陣中で疫病にかかり死亡する。フビライは南下してモンゴル軍として初めて長江を渡り、顎州（武漢）を包囲して（1258 年・1259 年）、雲南から北上する味方と合流し、北へ帰還した。

　1260 年フビライはクリルタイを開き皇帝に就任した。同じ年、トゥルイの末子アリク・ブケもクリルタイを開いて皇帝となった(17-11)。ここに 4 年にわたって帝位継承戦争が勃発した。

　末子相続の風習からアリク・ブケには正当性があり当初優位であったが、漢地からの十分な物資を補給できたフビライに対し、アリク・ブケはフビライの経済封鎖や1261 年のシムルトゥ・ノールの戦いでの敗戦などで、次第に追い込まれていく。

17-11 アリク・ブケ

　このころ、チャガタイ・ウルスではカラ・フレグが亡くなると、その皇后オルガナ・ハトンが摂政となったが、1261年、オアシスからの物資を期待したアリク・ブケの後見で、アルグが政権を奪取した。しかしアルグはアリク・ブケに反旗を翻したので、アリク・ブケはアルグを攻め、チャガタイの本拠地イリ渓谷を占領した。しかし、アリク・ブケは捕虜とした敵将を皆殺しにして人心を失ってしまう。

　1263 年イリ渓谷で飢餓が起こり、アリク・ブケの軍隊は崩壊し、1264 年にフビライに降伏した。

　1266 年にフビライはジョチ家のベルケ、フレグ・ウルス（イル・ハン国）のフレグ、チャガタイ家のアルグに、クリルタイを開催することを呼びかけたが、三人は相次いで亡くなり、混乱が深まることになる。

ハイドゥと中央アジアの紛争

　モンケに粛正されたオゴデイ家に生まれたハイドゥは、フビライとアリク・ブケによる帝位継承戦争では弟のアリク・ブケに加担していた(17-12)。ハイドゥは両者の争いによ

る混乱の中でオゴデイ家の権力を握っていった。しかし、アリク・ブケが敗れ、フビライはハイドゥに帰順の要求をしたが、ハイドゥはこれを拒否し、1266年フビライ配下の軍を攻撃した。

　一方、フビライはチャガタイ家を吸収するために、ムバーラク・シャーの叔父イェスン・トアの次男バラクを、チャガタイ家の補佐として本領イリに派遣した。しかし、バラクは当主の位を奪うと、西進し、隣接するハイドゥの勢力を襲った。ハイドゥとバラクはマー・ワラー・アンナフル（現在

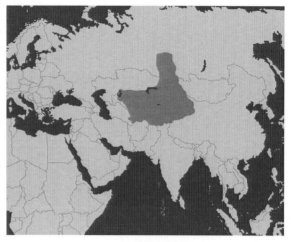

17-12 ハイドゥが支配したウルス

のウズベキスタン）にある肥沃なモンゴル皇帝直轄領の支配権横領をめぐって争ったが、1269年、ハイドゥ、バラクおよびジョチ・ウルス（キプチャク・ハン国）の代表者と会盟し、マー・ワラー・アンナフル領を両家で分割し、共同でフビライへ反旗を翻すことを決した。

　1270年、バラクはイランに侵攻するが、フレグ・ウルス（イル・ハン国）の君主でフビライの甥アバカにカラ・スゥ平原の戦いで敗れ、この機に乗じてハイドゥは再びバラクと争った。バラクはハイドゥと再度講和した直後に急死する。

　ハイドゥは、バラクの後継者にニグベイを立てたが、ニグベイはハイドゥに反抗して戦死した。ハイドゥはバラクの遺児ドゥアを擁立し、チャガタイ・ウルスを自らのオゴデイ・ウルスの支配下に置いた。

　一方、フビライは、1271年に四男のノムガン率いる軍を中央アジアに派遣し、チャガタイ家の本拠地アルマリクを占領した。しかし、1276年、この軍に参加していたモンケの遺児、シリギが反乱を起こしてノムガンをハイドゥに引き渡した。このシリギの乱はフビライによってすぐに鎮圧された。

　フビライの弟アリク・ブケの遺児メリク・テムルら、モンゴリア東部にいた王族・貴族もハイドゥのもとに投じた。これによってハイドゥの支配地域は、ジュンガリアのオゴデイ・ウルス（オゴデイ・ハン国）を中心に、東はアルタイ山脈東麓のアリク・ブケ家のウルス、北はトゥヴァ地方のオイラト部族、西はイリ川流域のチャガタイ・ウルスからトランスオクシアナに至り、アム川でフレグ・ウルス（イル・ハン朝）と境を接する広大な領土に広がった。

　1287年、モンゴリア東部を支配していた、チンギス・ハンの弟テムゲ・オッチギンの子孫のナヤンが、フビライの日本遠征政策に不満をもって、カチウン家、ジョチ・カサル家など、東方三王家を率いて反乱を起こした。ハイドゥはこれに呼応し、カラコルムを攻略しようとモンゴリアに侵攻したが、元のモンゴリア駐留軍に阻まれた。フビライは親征してナヤンを敗死させた。さらに1289年にはカラコルムに出兵したため、ハイドゥは軍を引いた。

1294 年、フビライが病没し、テムルが大ハン位を継ぐと(17-13)、元の政権安定を見てハイドゥのもとから元に投降する者が続出した。

1300 年、ハイドゥは中央アジアの諸勢力の総力を挙げて出征したが、1301 年のカラコルムの戦い、タミールの戦いと元軍に大敗し、この戦で負った傷がもとで死亡した。

ハイドゥの死後、チャガタイ家の傀儡当主のドゥアが中央アジアの最高実力者となり、1306 年、ハイドゥの遺児チャパルを追ってオゴデイ家を併合した。

これによってモンゴル帝国は東アジアの大元ウルス（元朝）、中央アジアのチャガタイ・ウルス（チャガタイ・ハン国）、キプチャク草原のジョチ・ウルス（キプチャク・ハン国）、西アジアのフレグ・ウルス（イル・ハン国）の政権が樹立し、元の大ハンを盟主とする緩やかな連合国家となった(17-14)。

17-13 テムル

モンゴルの安定と繁栄そして滅亡

モンゴル帝国の安定によって、ユーラシア大陸全域を覆う平和の時代が訪れ、陸路と海路には様々な人々が自由に行き交う時代が生まれた。

モンゴルは関税を撤廃して商業を振興したので国際交易が隆盛し、この時代には日本から東南アジア、インド、エジプト、ヨーロッパが海路でで結ばれ、交易のネットワークが形成された。この繁栄の時代はパクス・モンゴリカ（あるいはパクス・タタリカ）と呼ばれた。

東の仏教国となった元王朝に比して、アルタイ山脈より西方に位置した三王家はテュルク系の民族の影響をうけ、テュルク化し、イスラム教を受容していった。

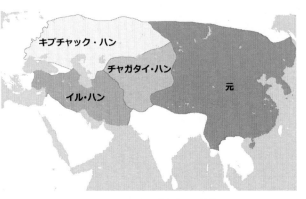

17-14 モンゴル帝国 14 世紀

4, ジョチ・ウルス（キプチャク・ハン国）(17-15)

ジョチ・ウルスは 1206 年、チンギス・ハンが長男ジョチにアルタイ山脈方面に千人隊からなる 4 個のウルスを与え、イルティシュ川流域に遊牧させたのが起源である。

ジョチの死後、次男のバトゥがジョチ家の家長となり、南シベリアから黒海北岸に至る諸地方の征服を行った。

1235 年、第 2 代皇帝オゴデイ・カア

17-15 ジョチ・ウルス 13 世紀

ンはバトゥを総司令官とするヨーロッパ遠
征軍を派遣し、バトゥはヴォルガ中流域の
ブルガール、草原地帯のキプチャクなどの
テュルク系、フィン・ウゴル系の諸民族、
北カフカスまで征服し（モンゴルのヴォル
ガ・ブルガール侵攻）、ルーシ（キエフ大
公国）、ポーランド、ハンガリーまで進撃
した（モンゴルのルーシ侵攻、モンゴルの
ポーランド侵攻）（17-16）。

17-16 ワールシュタットの戦い

　1242年、バトゥはオゴデイの訃報を受け
て引き返したが、オゴデイの後継争いを見
て、ヴォルガ川下流に留まることを決め、
サライを都とする自立政権を築いた（ジョ
チ・ウルス　キプチャク・ハン国）。

　バトゥは兄オルダに国を分割統治した。
バトゥ（シバン）の右翼ウルスをバトゥ・
ウルス（キョク・オルダ、Blue Horde - 青
帳ハン国）、オルダの左翼ウルスをオルダ
・ウルス（アク・オルダ、White Horde - 白
帳ハン国）と呼んだ（17-17）。さらに属国と
して、ルーシの諸公国を従えた。

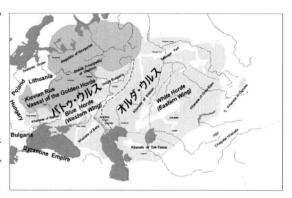

17-17 青帳ハン国と白帳ハン国

　ルーシの諸公は納税の義務を負い、しばしばサライへの出頭を命ぜられ、公の任免や生
殺与奪をハンに握られた。ルーシの人々は、ジョチ・ウルスの人々をタタールと呼び、こ
の属国としての状況を「タタールのくびき（татарское иго）」という。

　1253年に第四代モンゴル皇帝モンケの発議によるフレグの西方遠征には、ジョチ・ウ
ルスも、オルダ家の次男クリ、バトゥの四男バラカン、ボアルの次男メンクカダルの息子
トタルなどの王族と軍を派遣した。1256年バトゥが亡くなると、弟のベルケがジョチ・
ウルスを継いだ。ところが、1260年にバラカンが遠征軍総司令フレグに対して呪詛を行
ったとして捕縛され、処刑されるという事件が起きた。ほどなくトタル、クリら他の二名
も不審死し、1262年8月にはジョチ・ウルスから出向した諸軍が逃亡するという事態に
なった。

　ベルケは、これらの事件をフレグによる陰謀とみなし、フレグ率いる遠征諸軍と激しく
反目した。『集史』のフレグ・ハン紀によると、アイン・ジャールートの戦いの敗北の後
の宴席でバラカンが急死し、これを毒殺と疑ったトタルがフレグを呪詛したため処刑され、
クリも急死したとされている。

　1262年11月、ジョチ・ウルスのベルケは、トタルの従兄弟であったノガイを前線司令
とする3万の軍勢を派遣し、南カフカスのアゼルバイジャンを巡ってフレグと戦争となっ
た。両軍は一進一退を繰り返していたが、フレグの死後、その子アバカが即位してからは
フレグ・ウルス軍が優勢となった。ジョチ・ウルスのベルケは自ら親征軍を率いてムーガ

ーン低地へ侵攻しが、この遠征中グルジアのティフリス付近で 1266 年に陣没した。

　これによってジョチ・ウルスのアゼルバイジャン遠征は失敗に終わり、1267 年にベルケを継いだモンケ・テムルは、フレグ・ウルスと一時和平を結んだ。

　モンケ・テムルの義母ケルミシュ・アガはトゥルイの三男クトクトの一人娘で、フビライ、フレグらの姪であった。モンケ・テムルが即位して以降、彼女は大元ウルス、トゥルイ家のフレグ・ウルス（イル・ハン国）とジョチ・ウルス（キプチャック・ハン国）との友好関係の再構築に尽力を尽くした。

　1260 年に大元ウルスのモンケが雲南遠征で陣没し、フビライとアリク・ブケの兄弟による帝位継承戦争が勃発すると、ジョチ・ウルスは中立的立場を維持し、1264 年にフビライがモンゴル皇帝（カアン）位を獲得するとこれを追認している。

　モンケ・テムル時代にはオゴデイ家のハイドゥを討伐しようとしたが結局和平を結び、バラクへの牽制に協力した。また、この頃マムルーク朝のバイバルスに、フレグ・ウルス（イル・ハン国）のアバカが治める北西イランを挟撃するよう秘かに要請していた。

　1277 年、フビライによって中央アジアのハイドゥらの討伐に派遣された四男のノムガンとココチュが、モンケの息子シリギらによって捕縛される事件が起きた（シリギの乱）。ハイドゥらに引き渡されたノムガンらはジョチ・ウルスのモンケ・テムルのもと護送された。フビライは将軍バヤンを派遣してハイドゥの鎮圧へ向わせた。

　このように中央アジアが緊迫したなか、1280 年にモンケ・テムルが没し、ジョチ・ウルスではクリルタイが招集され、モンケ・テムルの同母弟トデ・モンケがハン位についた。

　1282 年にシリギが将軍バヤンに降服し、ノムガンらもジョチ・ウルスから大元ウルスへ送り返された。ジョチ・ウルスでノムガンらは歓待を受け保護されていたため、大元ウルスからの報復はなかった。

　トデ・モンケの即位を快く思わなかった王族の一部は、1287 年反乱を起こしてトデ・モンケを廃位してトレブカをジョチ・ウルスのハン位につかせ、反乱王族たちによる共同統治をはじめた。反乱に参加しなかったモンケ・テムルの五男トクタは、兄アルグイらから追われて右翼の統帥ノガイに助けを求めた。彼はノガイと共謀して、反乱を起こした王族たちを誘い出して処刑した。こうして 1291 年にトクタがハン位を継ぎ、ジョチ家王族の年長ノガイが、君主のトクタ・ハン以上に権力を行使し、バトゥ家の当主たちに干渉した。

　ノガイはハンガリー、ブルガリアに勢力を伸ばし、バルカン半島方面に一大勢力を築き上げた。しかしノガイはハンの改廃にも干渉したため、1299 年にトクタ・ハンと争うことになり殺害された。

　ノガイ没落後の 14 世紀初頭、トクタ及びそのあとを継いだ甥のウズベク・ハンのもとで、バトゥ家のウルスは最盛期を迎え、首都サライは国際交易と商工業の中心として栄えた。また、ウズベク・ハンは支配下の遊牧民をイスラム教に改宗させ、ジョチ・ウルスのイスラム化が進んだ。

北東ルーシの小国であったモスクワ公国のイヴァン 1 世は、ウズベク・ハンに取り入り、北東ルーシ諸公の収税を集め遅滞なく支払う責任と引き換えに 1328 年ウラジーミル大公の位を獲得し、モスクワ大公国を築き上げた(17-18)。

17-18 イヴァン 1 世

バトゥ・オルダ両王家の断絶とトカ・テムル家の台頭

1359 年にウズベク・ハンの孫ベルディベク・ハンが死ぬと、バトゥ・ウルスではバトゥの王統が断絶し、1379 年までの 20 年間に 21 人以上のハンが交代する混乱に陥いった。

そのような中、キヤト部族のママイ（1380 年没）が黒海北岸を押えて勢力を誇り、事実上の支配者となった。

また東部のオルダ・ウルスでも、王統がオルダ家からジョチ家に移り、ジョチ家の 13 男トカ・テムルの子孫オロスが支配した。

1376 年、トカ・テムルの末裔<ruby>末裔<rt>まつえい</rt></ruby>トクタミシュは、オロスと対立してサマルカンドに逃れ、ティムールの援助を受けて 1378 年にオルダ・ウルスの支配者となった。

トクタミシュはサライに遠征してサライのハンの座につき、さらに 1380 年にはクリコヴォの戦いでモスクワ大公国に敗れて再起をはかる途上のママイを討ち、ジョチ・ウルスの再統一を果たした。

しかし、トクタミシュは支援を受けたティムールと対立し、1395 年、ティムールによるサライ遠征に敗れて没落し、マンギト部族のエディゲに倒された。

ジョチ・ウルスの分裂と滅亡(17-19)

これ以降、ジョチの様々な家系の王族によりサライのハン位が争奪され、争奪戦に敗れた王族は他地方で自立し、ヴォルガ中流のカザン・ハン国、カスピ海北岸のアストラ・ハン国、クリミア半島のクリミア・ハン国が次々に勃興した。またマンギト部族が形成した部族連合ノガイ・オルダや、大オルダと呼ばれるサライを中心とするジョチ・ウルス正統の政権（黄金のオルド）などの諸勢力が興亡した。

一方、東方の旧バトゥ・ウルス（青帳ハン国）ではジョチの五男シバン（シャイバーン）の子孫が率いるウズベク族（シャイバーン朝・シャイバーニー朝）と、オロスの子孫が率いるカザフ（カザフ・ハン国）の二大遊牧集団が形成され、南シベリアではシビル・ハン国が誕生し、15 世紀の間にはジョチ・ウルスの政治的統一は完全に失われていった。

1380 年、ママイを破ったクリコヴォの戦い以降、モスクワ大公国は急速に力をつけ、貢納を滞るようになった。1480 年サライの大オルダのアフマド・ハンは、モスクワ大公

イヴァン 3 世に敗れてルーシの支配力を失った（ウグラ河畔の対峙）。

その後、大オルダは 1502 年にクリミア・ハン国によってサライを攻略されて滅んだ。

16 世紀の間にカザン・ハン、アストラ・ハン、シビル・ハンの各ハン国も次々にロシア・ツァーリ国に併合された。大オルダのハン位の継承者を名乗った最後のハンとなったクリミア・ハン国は、フメリニツキーの乱でザポロージャ・コサックの独立に影響力を見せたが、1783 年にロシア・ツァーリ国に併合された。多くの場合、大オルダの滅びた 1502 年もしくは、クリミア・ハン国が滅びた 1783 年をもってジョチ・ウルスの滅亡とする。

なお、1804 年、ウズベクではジョチの子孫のハンが絶えた。カザフではロシア革命までジョチの子孫が王族として君臨しつづけた。

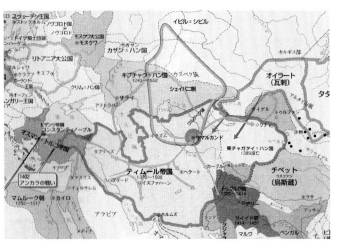

17-19 15 世紀の中央アジア

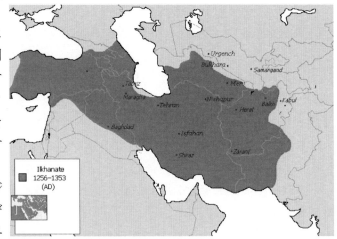

17-20 イル・ハン国

5，フレグ・ウルス（イル・ハン国）（17-20）

フレグは兄のモンゴル帝国第 4 代大ハン、モンケにより西アジア遠征（フレグの西征）を命ぜられ、1253 年にモンゴルを出発した。1256 年にイランの行政権を獲得し、ニザール派（暗殺教団）のルクヌッディーン・フルシャーを降伏させると、イル・ハン朝が事実上成立した。

1258 年にはバグダードを攻略し（バグダードの戦い）、アッバース朝を滅ぼして、さらに 1260 年にはシリアのアレッポとダマスカスを支配した。

同年、兄モンケの訃報を受け、カラコルムへ引き返し始めたが、途中で次兄フビライ（元世祖）と弟アリク・ブケによる帝位継承戦争が始まったことを聞くと、フレグは西アジアに留まり自立王朝を開いた。

モンゴルへの帰路に際し、フレグは軍の一部をシリアに残留させたが、アイン・ジャールートの戦いでマムルーク朝に敗れてシリアの地を失った。これ以降マムルーク朝と対立することになる。また、隣接するジョチ・ウルス（キプチャク・ハン国）のベルケとはホラズムとアゼルバイジャンの支配権を巡って争い（ベルケ・フレグ戦争、1262 年）、チャガタイ・ウルスとはマー・ワラー・アンナフルの支配権を巡って対立した。さらに、ジョ

チ・ウルス、チャガタイ・ウルスの両国がオゴデイ
家のハイドゥを大ハンに推戴したため、フレグ・ウ
ルスはフビライを推して、大元ウルスと友好関係
を保った。

　ジョチ・ウルスのベルケはマムルーク朝のバイ
バルスと友好を結んでフレグ・ウルスを挟撃しよう
としたので、フレグ・ウルスは東ローマ帝国と友好
を結んだ。

　1282 年のフレグの子アバカの死後、たびたび激
しい後継者争いが起こった。その結果、国家財政
の破綻や、モンゴル政権構成員としての意識が失
われ、ウルス崩壊の危機に見舞われた。

イスラム王朝への転身

　1295 年、アバカの孫ガザンは、叔父ゲイハトゥ
を殺したバイドゥを倒し、第 7 代ハンに即位した。
ガザンはハン位奪取にあたってイスラム教に改宗
したが(17-21)、各部族がこれに従ったのでフレグ・
ウルスはイスラム化した。

17-21 ガザンのイスラム改宗

　ガザンはアバカに仕えていたラシードゥッディー
ンを宰相にすると、臨時課税などを廃止し税制
をイスラム伝統の地租（ハラージュ）税制に改正
し、部族の将軍たちに与えていた恩給をイクター
制にするなど、イスラム世界に適合した王朝へと
改変した。さらに、モンゴル政権構成員のアイデ
ンティティー回復のため「モンゴル史」の編纂を
行い、各部族にモンゴル帝国諸王家との結びつき
を再認識させてフレグ・ウルスの復興を図った。ガ
ザンは自ら「イスラムの帝王（パードシャー）
（Pādshāh-i Islām）」を名乗って、イラン・イスラム
的なモンゴル国家としてのフレグ・ウルス再建と、
モンゴル帝国諸王家との融和政策をとった。これ
らの政策は次の第 8 代ハン、オルジェイトゥにも
受継がれた。

17-22 オルジェイトゥ廟

　1304 年にカザンが死亡し、弟のオルジェイトゥ
がハンに即位した(17-22)。

　1301 年にハイドゥが戦死して、大元ウルスを宗主国とするモンゴル帝国の緩やかな連
合が回復したことによって、東西交易は隆盛しフレグ・ウルスは繁栄した。オルジェイト
ゥは新首都スルターニーヤ（ソルターニーイェ）を造営し、当時知られていた世界のあら
ゆる地域の歴史を集成した『集史』や医学、薬学、農書、コーラン、宗教諸学、博物学、

天文学など様々な分野の写本が作成され、イラン・イスラム文化の成熟期を迎えた。

　1316 年、オルジェイトゥが死ぬと息子アブー・サイードは 12 歳であったため、スルドス部族のチョパンが宰相となり実権を握った。

　アブー・サイードは成人すると、有力なアミールに嫁いでいたチョパンの娘バグダード・ハトゥンを妃にするとしてチョパンと対立し、1327 年にチョパンを殺害した。しかし、この内紛に乗じて、ジョチ・ウルスのウズベク・ハンが来襲し、1335 年、アブー・サイードはこれを迎撃するために出陣した。しかし、アブー・サイードは陣中で死亡した。これをもってフレグ王統は断絶し、フレグ・ウルスの滅亡とすることが多い。

　アブー・サイードの陣没後、フレグの弟アリク・ブケの玄孫にあたるアルパ・ケウンがハン位についた。しかし、即位から半年後の 1336 年、アルパ・ケウンに反対するオイラト部族のアリー・パーディシャーに敗れて殺害された。以来、チンギス・ハンの様々な家系の子孫が、将軍たちによって次々に擁立される混乱の時代になった。

　1353 年にはホラーサーンを支配していたトガ・ティムール・ハンが殺害されて、イランからはチンギス・ハン一門の君主は消滅した。

　アブー・サイードの死後、イランの各地では遊牧部族と土着イラン人による様々な王朝が乱立していたが、1381 年からのティムールのイラン遠征によって、これらの王朝はティムール朝の支配下に組み入れられていった。

6，チャガタイ・ウルス（チャガタイ・ハン国）

　13 世紀前半にチンギス・ハンが次男のチャガタイにアルタイ山脈方面をウルスとして与えたことに始まる（17-23）。

　チャガタイの直接の支配は遊牧民のみで、イスラム教徒の定住民からの徴税はカラコルム中央政府直属のダルガチ（行政総督）のヤラワチ親子が行っていた。

　チャガタイ・ウルスは帝国中央の権力闘争にしばしば巻き込まれ、歴代の大ハンやオゴデイ家のハイドゥの干渉を受けた。

　チャガタイは、バーミヤーンでの戦闘中に戦死した息子モエトゥケンの遺児カラ・フレグを後継者に指名し、1242 年カラ・フレグがウルスを相続した。しかし、第 3 代大ハンとなったオゴデイの長子グユクは、大ハン位の後継者争いで彼を支持したイェス・モンケをカラ・フレグにかえてチャガタイ・ウルスの支配者に任命した。

　1251 年にモンゴル帝国の第 4 代大ハン位がトゥルイ家のモンケに移ると、彼の即位に反対したチャガタイ家（チャガタイ・ウルス）、オゴデイ家（オゴデイ・ウルス）の勢力は削減され、中央アジアは大ハン位につ

17-23 チャガタイ・ハンの葬儀

いたトゥルイ家のモンケとジョチ家のバトゥによって分割される。モンケはイェス・モンケを廃してカラ・フレグをウルスの統治者に復帰させたが、カラ・フレグは元に向かう途中で病死した。その後、彼の妃のオルガナが代わりに政務をとった。オイラト王家の当主クドカ・ベキの次男トレルチとチンギス・ハンの第二皇女チチェゲンとの間に生まれたオルガナは、事実上、大ハン・モンケの傀儡(かいらい)で、モンケの命令に従ってイェス・モンケを処刑した。カラ・フレグとオルガナの間にはバラリク・シャーが生まれている。

第4代大ハンのモンケの死後に、フビライとアリク・ブケが大ハンの地位を争い、1260年にオルガナはアリク・ブケを正統として認める態度を表した。

1261年にアリク・ブケはチャガタイ家の傍流出身のアルグを送り込み、物資の輸送と引き換えにチャガタイ・ウルスの当主の地位を、アルグに約束した。

アルグはカシュガルで権威を確立し、ジョチ家からマー・ワラー・アンナフルのオアシス都市を奪回し、アフガニスタン北部に進出する。アルグはオルガナから実権を奪い、ムバーラク・シャーを後継者とすることを条件にオルガナはアルグの妃となった。

アルグはアリク・ブケに敵対する姿勢をとり、モンケ政権とアリク・ブケ政権に不満を抱く王族・将軍はアルグを支持した。アリク・ブケの攻撃によってアルマリクは占領され、アルグはサマルカンドに退却した。

アリク・ブケは捕虜としたチャガタイ家の兵士を殺害したので、これに憤慨したアリク・ブケの将校たちはフビライに投降し、アリク・ブケは戦力を喪失してフビライに破れた。

フビライは1266年にクリルタイを開催するため、チャガタイ・ウルスのアルグ、フレグ・ウルスのフレグ、ジョチ・ウルスのベルケに呼びかけるが、3人が相次いで没したためクリルタイは開かれなかった。

アルグの死後、カラ・フレグとオルガナの子ムバーラク・シャーが地位を継承した。フビライはモエトゥケンの孫バラクをムバーラク・シャーの共同統治者として派遣するが、バラクはムバーラク・シャーを廃し単独統治をはじめる。

オゴデイ家のハイドゥと交戦したバラクは、シル河畔の戦闘でいったんは勝利を収めるが、ハイドゥはジョチ家の王族ベルケチャルの援軍を得てバラクに勝利し、バラクはマー・ワラー・アンナフルに退却した。

1269年にバラク、ハイドゥ、ジョチ家のモンケ・テムルはタラス河畔で会合を行い、バラクはマー・ワラー・アンナフルから得られる収入の3分の2を確保した。

1270年にバラクはイランに侵攻するが、カラ・スゥ平原の戦いでフレグ・ウルスのアバカに敗北し、翌1271年に没した。

バラクの子供たちはハイドゥに抵抗したが、勝利することはできず、ハイドゥはニグベイを擁立し、1272年ニグベイが反旗を翻すとこれを殺した。

1282年にハイドゥはバラクの子ドゥアを擁立した。

一方ハイドゥとドゥアの同盟に入れなかったチャガタイ家の王族はフビライの下に亡命し、アルグの遺児チュベイを中心とする勢力が、元の西端である天山山脈東部から甘粛にかけての地域に領地をえた。

1300 年〜 1301 年の間、ハイドゥ・ドゥアの連合軍はモンゴル高原からアルタイ山脈に至る地域に進出し、元朝の軍隊と衝突した。元の軍に圧倒されたハイドゥ軍は西方に退却し、ハイドゥはこの戦いで負った傷がもとで 1301 年に死亡した。

　ドゥアはオゴデイ家の内部分裂を画策し、ハイドゥが生前に後継者に指名していたオロスに代えて長子のチャパルを後継者に擁立した。また、フビライの死後、元の大ハン位についたテムルに使節を送り、臣従の意思を伝え、トルキスタンの領有権を承認された。

　ドゥアの和平工作により、1304 年 9 月に元朝・チャガタイ家・オゴデイ家の使節団がフレグ・ウルスの宮廷を訪れ、元の大ハンを盟主とする緩やかな連合国家となり、ユーラシア大陸全域を覆う平和の時代、パクス・モンゴリカ（パクス・タタリカ）が訪れた。

　その後もチャガタイ家ドゥアは大ハン・テムルの勅令を楯にオゴデイ家のチャパルにチャガタイ家が本来領有する中央アジアの返還を要求した。

　1305 年から 1306 年にかけて両者は衝突し、ドゥアはチャパルに勝利して、アルマリク近郊のクナース草原で大クリルタイを開催しチャパルの廃位を宣言した。これによって、中央アジア全体がチャガタイ家の支配下に入り、ドゥアは実質的な「チャガタイ・ウルス（チャガタイ・ハン国）」の創始者となった。

　さかのぼって、ドゥアはアフガニスタン、インドにも勢力を拡大し、1299 年から 1300 年にインドへ遠征してデリー近郊にまで進軍したが、ハルジー朝のスルタン、アラー・ウッディーン・ハルジーに敗北した (17-24)。1302 年にもチャガタイ軍はデリーに進軍したが退却した。1306 年の遠征軍はムルターンを略奪するが、インダス河畔で襲撃を受けて壊滅した。

　1307 年にドゥアは病没し、翌年、あとを継いだゴンチェクも没する。ゴンチェクの死後に非ドゥア家出身のナリクが当主となり、ドゥア家の王族やアミールに圧力を加えたため、ドゥア家を支持するアミールたちは反乱を起こしたが鎮圧された。しかし、ドゥアの子ケベクを支持する将校によってナリクと彼の党派は宴席の場で殺害された。この混乱に乗じて、ドゥアによって廃位させられたオゴデイ家のチャパルが挙兵するが、ケベクたちに破れ、元に亡命した。

　第 7 代大ハン（元朝皇帝）カイシャンはチャパルの亡命を歓迎し、中国内の旧ハイドゥの領地の収入と常州路を与え、楚国公に封じた。

　1309 年夏にクリルタイが開催され、ケベクの兄エセン・ブカがチャガタイ・ウルスのハンに推戴され

17-24 アラー・ウッディーン・ハルジー

た。アフガニスタン方面に派遣されていたエセン・ブカは、ケベクにフェルガナ地方とマ
ー・ワラー・アンナフルの統治を委ねた。

　エセン・ブカの治世では大元ウルス、フレグ・ウルスとの戦争が再び勃発する。アフガ
ニスタン方面の後任ダウド・ホージャがフレグ・ウルスの攻撃を受けて追放され、同時期
にフレグ・ウルスは元に使節を派遣した。

　チャガタイ・ウルスは、フレグ・ウルスと元による挟撃を恐れ、元軍が駐屯するアルタイ
山脈方面に進軍した。元軍はこれを破ってチャガタイ・ウルスの領土に侵攻した。

　1313 年にはケベクなどが率いるチャガタイ・ウルスの遠征軍は、アム川を越えてフレグ
・ウルスの領土に侵入した。遠征軍はホラーサーン地方に進んだものの、元の攻撃に備え
て帰還することになった。

　その帰途、1316 年〜 1317 年に王族の一人で、フレグ・ウルスに内通していたヤサウル
は、配下を従えてサマルカンド、キシュ（シャフリサブス）、ナフシャブなどで略奪を行
いながらフレグ・ウルスに亡命した。ヤサウルの専横に悩まされたフレグ・ウルスはチャガ
タイ・ウルスに援助を求め、1320 年にヤサウルはチャガタイ・ウルスとフレグ・ウルスの
軍隊の挟撃されて打倒された。ヤサウルの亡命は、反対勢力の一掃につながり、チャガタ
イ・ウルスの王権強化が図られた。

　エセン・ブカのあとをケベクが継ぐと、元朝との関係の改善や、国内の整備に力を入れ
た。ケベクはフレグ・ウルスを模して行政や租税の制度を整え、イスラム世界の貨幣制度
に従ったディナール銀貨とディルハム銀貨を鋳造させた。これらの改革の背景にはムスリ
ム官僚や在地の有力者の協力があった。ケベクがカシュカ川流域のナフシャブの町に建て
た宮殿は、ウイグルの言語で「宮殿」を意味するカルシの名前で呼ばれた。ケベクはイス
ラム教徒ではなかったが、イスラム教徒の知識人からは「公正な人物」として賞賛された。

　ケベクのあと、彼の兄弟たちがハン位につき、タルマシリンがハン位についたときは、
モンゴルの伝統的な信仰と慣習を維持しようとする保守派と、イスラム法に基づく新体制
を築こうとする改革派が争っていた。

　タルマシリンは改宗し敬虔なイスラム
教徒であったが、伝統的な信仰と慣習を
維持する中間の立場をとった。

　彼は、イスラム国家のトゥグルク朝へ
遠征したが、国内のテュルク系アミール
（貴族）からの反発を招いた。また、他
の王族を擁する反イスラム勢力からも非
難された。

　結果、イリ地方の遊牧民はイスラム教
を信仰するタルマシリンをヤサ（モンゴ
ルの伝統的な法）に背く人間と非難し、
ドゥアの孫のブザンを、ブザンの次にジ
ンクシを擁立した。

17-25 イブン・バットゥータ

タルマシリンは 1334 年に反乱軍によって殺害された。

14 世紀の旅行家イブン・バットゥータはブハラ近郊で逃亡するタルマシリンと面会し、当時のチャガタイ・ウルスの政情を『大旅行記』に記している（17-25）。彼の著した旅行記は当時のウルスの内情を知る重要な史料の一つになっている。

7，東西分裂とティムール帝国の成立

14 世紀前半になると、チャガタイ・ウルスでは王族のテュルク化、イスラム化、定住化が進行した。

西部のマー・ワラー・アンナフル方面に住むモンゴル人は、都市生活をはじめ、イスラム社会との結びつきを強めて、その生活や習慣を受け入れて行くことになった。一方、東部のセミレチエ地方のモンゴル人は、遊牧生活を送り、伝統的な習慣を保持しており、双方の社会的・文化的な差異はしだいに隔たっていった。

正統な後継者であることを自負する西チャガタイ・ウルスの人々は「チャガタイ」と名乗り、東チャガタイ・ウルスの人々を「ジェテ（盗賊）」と呼んだ。一方、東チャガタイ・ウルスの人々は遊牧民の伝統を守る者としての誇りを持って、ペルシア語で「モンゴル」を意味する「モグール」と称し、西チャガタイ・ウルスの人々を「カラウナス（混血児）」と呼んだ。

ケベクの治世からマー・ワラー・アンナフルではアミールの土地所有が進展し、中央集権化を図るハンと封建的な地方支配者であるアミールの対立が深まった。

1340 年代に非ドゥア一門出身のカザンがハンとなったが、1346 年にカルシ郊外で、カラウナス集団を率いるカザガンとの戦闘に敗れて死亡した。カザガンはオゴデイの末裔のダーニシュマンド（ダーニシュマンドチャ）をハンとして立てるが、彼を殺害してドゥア家のバヤン・クリを傀儡のハンとして擁立する。このようにチャガタイ・ウルス西部では、1346 年以降はカザガンが傀儡のハンを擁立して実権を握った。

1357 年〜 1358 年にはカザガンは暗殺され、息子のアブドゥッラーフがあとを継いだ。アブドゥッラーフはバヤン・クリを殺害して、ティムール・シャーを代わりにハンとした。

しかしティムール・シャーは権限を超えた行為によってアミールの支持を失い、スルドゥズ部族のバヤンとバルラス部族のハージーによってその地位を追われた。

1360 年代の西部ではチャガタイ・アミールと呼ばれる地方勢力が割拠し、それぞれの本拠地を通る河川の流域を勢力圏としていた。西部地域におけるハンの権力の弱体化と遊牧勢力の台頭の時代を「アミール国の時代」という。

一方、東部の天山山脈西部からイリ川流域にかけての地域では 1340 年代後半にドゥア家のトゥグルク・ティムールがハンに擁立され、独立してモグーリスタン・ハン国が成立し、チャガタイ・ウルスは東西に分裂した。

トゥグルク・ティムールは、1360 年と 1361 年の 2 度にわたってマー・ワラー・アンナフルに侵入し、一時的にチャガタイ・ウルスの再統一に成功した。

1360 年の遠征の際、トゥグルク・ティムールはバルラス部族のティムールの帰順を受け入れ、1361 年にはティムールにバルラス部族の指揮を委ねた（17-26）。

その後、トゥグルク・ティムールは有力なチャガタイ・アミールを処刑したので、危機感を抱いたティムールはカザガンの孫アミール・フサインと同盟して、トゥグルク・ティムールと対立するようになる。

1364 年にティムールとフサインの連合軍は、トゥグルク・ティムールのあとを継いだイリヤス・ホージャのモグーリスタン軍をシル川以北の地域に追放し、チャガタイ家のカブール・シャーを君主に擁立して実権を握った。

その後、ティムールはフサインと対立し、フサインが立て籠もったバルフを陥落させた。

ティムールはカザガンが擁立していた、オゴデイの末裔ダーニシュマンドの子、ソユルガトミシュを傀儡のハンに擁立し、1370 年にティムール朝を創始した。

17-26 ティムール

図版出典

17-1　チンギス・ハン https://upload.wikimedia.org/wikipedia/commons/3/35/YuanEmperorAlbumGenghisPortrait.jpg

17-2　モンゴル軍の遠征

https://upload.wikimedia.org/wikipedia/commons/thumb/f/f3/Genghis_Khan_empire-en.svg/1017px-Genghis_Khan_empire-en.svg.png

17-3　カラ・ホト（エチナに比定）https://upload.wikimedia.org/wikipedia/commons/6/60/Khara-khoto.jpg

17-4　ブルカン・カルドゥン https://commons.wikimedia.org/wiki/File:Burkhan_Khaldun_mount2.jpg

17-5　西夏 https://upload.wikimedia.org/wikipedia/ja/9/91/宋%EF%BD%A5金時代.PNG

17-6　モンゴル帝国　岩村忍 2007 年『文明の十字路＝中央アジアの歴史』講談社 p199 に加筆

17-7　トゥルイ https://upload.wikimedia.org/wikipedia/commons/4/48/TuluiWithQueenSorgaqtani.jpg

17-8　オゴタイ https://upload.wikimedia.org/wikipedia/commons/9/9e/YuanEmperorAlbumOgedeiPortrait.jpg

17-9　モンケ https://upload.wikimedia.org/wikipedia/commons/9/98/Mongke.jpg

17-10　フビライ https://upload.wikimedia.org/wikipedia/commons/1/1b/YuanEmperorAlbumKhubilaiPortrait.jpg

17-11　アリク・ブケ https://upload.wikimedia.org/wikipedia/commons/4/43/Ariq_Böke.jpg?uselang=ja

17-12　ハイドゥが支配したウルス https://upload.wikimedia.org/wikipedia/commons/d/d1/Reich_Tschagatai.png

17-13　テムル https://upload.wikimedia.org/wikipedia/commons/7/75/YuanEmperorAlbumTemurOljeituPortrait.jpg

17-14　モンゴル帝国 14 世紀 https://ja.wikipedia.org/wiki/チャガタイ・ハン国#/media/File:MongolEmpireDivisions1300.png に加筆

17-15　ジョチ・ウルス 13 世紀 https://upload.wikimedia.org/wikipedia/commons/1/1d/GoldenHorde1300.png

17-16　ワールシュタットの戦い https://ja.wikipedia.org/wiki/ワールシュタットの戦い#/media/File:Legnica.JPG

17-17　青帳ハン国と白帳ハン国 https://upload.wikimedia.org/wikipedia/commons/3/3d/Golden_Horde_2.png

17-18　イヴァン 1 世 https://upload.wikimedia.org/wikipedia/commons/3/3a/Ivan_Kalita.jpg

17-19 15 世紀の中央アジア　浜島書店編集部 1998『プロムナード世界史』浜島書店 p57 の部分

17-20　イル・ハン国 https://ja.wikipedia.org/wiki/イルハン朝#/media/File:Ilkhanate_in_1256%E2%80%931353.PNG

17-21 カザンのイスラム改宗 https://upload.wikimedia.org/wikipedia/commons/6/64/GhazanConversionToIslam.JPG

17-22 オルジェイトゥ廟 https://upload.wikimedia.org/wikipedia/commons/f/f9/Soltaniyeh_exterior.jpg

17-23 チャガタイ・ハンの葬儀 https://upload.wikimedia.org/wikipedia/commons/8/87/Funérailles_de_Tchaghataï.jpeg

17-24 アラー・ウッディーン・ハルジー

https://upload.wikimedia.org/wikipedia/commons/6/6e/Portrait_of_Sultan_%27Ala-ud-Din%2C_Padshah_of_Delhi.jpg

17-25 イブン・バットゥータ https://upload.wikimedia.org/wikipedia/commons/0/02/Harîrî_Schefer_-_BNF_Ar5847_f.51.jpg

17-26 ティムール https://upload.wikimedia.org/wikipedia/commons/4/43/Tamerlan.jpg

参考引用文献

『フリー百科事典　ウィキペディア日本語版』2018.11.10「チンギス・カン」https://ja.wikipedia.org/wiki/チンギス・カン

『フリー百科事典　ウィキペディア日本語版』2018.11.10「モンゴル帝国」https://ja.wikipedia.org/wiki/モンゴル帝国

江上波夫 1987『中央アジア史』世界各国史 16　山川出版社

間野英二 1977「中央アジアの歴史」講談社

小松久男 2000「中央ユーラシア史」山川出版社

岩村忍 2007『文明の十字路＝中央アジアの歴史』講談社

『フリー百科事典　ウィキペディア日本語版』2018.11.10「西夏」https://ja.wikipedia.org/wiki/西夏

『フリー百科事典　ウィキペディア日本語版』2018.11.10「ジョチ・ウルス」https://ja.wikipedia.org/wiki/ジョチ・ウルス

『フリー百科事典　ウィキペディア日本語版』2018.11.10「イルハン朝」https://ja.wikipedia.org/wiki/イルハン朝

間野英二 2007 世界大百科事典「中央アジア」平凡社

十八、ティムール帝国の興亡

ティムール朝

　ティムールによって創始されたティムール朝はモンゴル帝国の継承政権のひとつで、イスラム王朝（1370 年〜 1507 年）である(18-1)。ティムール帝国と呼ばれることもある。

　ティムールは、テュルク語を話し、イスラム教を信仰し、チャガタイ・ハン国に仕えていたモンゴル軍人（チャガタイ人）で、彼は一代で大版図を実現した。その最盛期には北東は東トルキスタン、南東はインダス川、北西はヴォルガ川、南西はシリア・アナトリア方面にまでに及び、かつてのモンゴル帝国の西南部地域を制覇した。

　彼の死後、息子たちによって帝国は分割され急速に縮小し、15 世紀後半にはサマルカンドとヘラートの二政権が残った。16 世紀初頭、ウズベクのシャイバーニー朝によって領土を奪われた。

　王族の一人のバーブルはアフガニスタンのカーブルを経てインドに入り、19 世紀まで続くムガル帝国を打ち立てた。

ティムールの時代

　1340 年頃チャガタイ・ウルス（チャガタイ・ハン国）は東西に分裂し、西チャガタイ・ウルスは遊牧貴族による群雄割拠の状態となった。この中で盗賊行為などを行いながら勢力を伸ばしたのが、名門バルラス部族出身の没落貴族ティムールである(18-2)。

　1360 年、モグーリスタン・ハン国（東チャガタイ・ウルス）のトゥグルク・ティムー

18-1 ティムール朝

ルが西チャガタイ・ハン国に侵攻して一時的に東西統一を成し遂げたとき、ティムールはこれに服属してバルラス部の旧領を回復した。

　トゥグルク・ティムールが東トルキスタンに戻ると、ティムールは諸部族と同盟・離反を繰り返しながら勢力を広げ、1370年までにマー・ワラー・アンナフルの覇権を確立した。

　彼はチンギス・ハンの三男オゴデイの子孫ソユルガトミシュを西チャガタイ・ハン国のハンとして擁立し、自身はカザガンの孫アミール・フサインの妻の一人であった、チャガタイ・ウルス第26代ハンのカザンの娘、サライ・ムルク・ハーヌムを娶って「ハン家の婿（アミール・キュレゲン）」という立場でチャガタイ人の諸部族の統帥権を握った。一般にこの年（1370年）をティムール朝の確立とする。

18-2 ティムール像

18-3 グル・エミール

　新王朝の確立後、ティムールは東トルキスタンに遠征してモグーリスタン・ハン国を服属させ、さらに、西のホラズムを征服した。また、ジョチ・ウルス（キプチャク・ハン国）から亡命してきたトクタミシュを支援して、これを再統一させ、北西のキプチャク草原を友好国として中央アジアの支配を固めた。さらに、1335年フレグ・ウルス（イル・ハン国）のフレグ王家断絶後、諸勢力が割拠していたイラン方面へ進軍し、1388年までにイランの全域を服属させ、アルメニア、グルジアからアナトリア東部までを勢力下に置いた。1393年にはムザッファル朝を征服してイランの全土を完全に制圧し、さらにカフカスからキプチャク草原に入って、ホラズムの支配権をめぐって対立したトクタミシュを討って、ジョチ・ウルス（キプチャク・ハン国）の都サライを破壊した。

　1398年にはインドに侵攻し、デリー・スルタン朝の都デリーなどを占領し、1400年にはアゼルバイジャンからシリア、イラクを席巻してマムルーク朝を破り、1402年にはアンカラの戦いでオスマン帝国を破って一時的に滅亡させ、サマルカンドに帰還した。こうしてティムールはモンゴル帝国の西半分をほぼ統一することに成功した。

　さらに、ティムールは東方のモンゴル帝国の大ハン直轄領回復をこころざし、明への遠征に向かう途中、1405年に病死した（18-3）。

　1404年、「ティムール紀行」を記したルイ・ゴンサレス・デ・クラヴィホがティムール朝を訪れたが、ティムールが病気になったため、フランス王シャルル6世とカスティーリャ王エンリケ3世への返書を得ること無く帰国している。

シャー・ルフとウルグ・ベク時代

　ティムールは王子たちを征服した地方の知事に任命して支配を任せたので、王子たちは各地方で勢力を伸ばしていた。

　ティムールは後継者としてピール・ムハンマド・ジャハーンギールを指名していたが彼の勢力は弱く、ティムールの死後王子たちの間で継承争いが勃発した。

　三男のミーラーン・シャーの子でタシュケント知事のハリール・スルタンが首都サマルカンドを奪い、ティムールの後継者として即位したが、寵姫シャーディ・ムルクの政治介入を許して首都での支持を失い、ホラーサーン地方の知事でティムールの四男シャー・ルフに倒された。

　シャー・ルフは、サマルカンドの支配を長男ウルグ・ベクに任せて(18-4)、ホラーサーンに帰り、ヘ

18-4 ウルグ・ベクの天文台

ートを本拠地としてティムール朝の再統一に乗り出し、他の三人の兄の子孫たちから権力を次第に奪っていった。

　40年近く続いたシャー・ルフの治世で商業活動が振興し、国際商業とオアシスの豊かな農業生産に支えられて繁栄し、中央アジアのイスラム文化が発展した。明との外交も樹立されて1415年、1422年、1431年頃の3度にわたり鄭和が明の永楽帝の命を受けてホルムズを訪れている。しかし、西方辺境の東アナトリアからイランの西部ではトゥルクマーン遊牧民の活動がしだいに活発化し、黒羊朝のカラ・ユースフがアゼルバイジャン地方を治めるようになった。

　サマルカンドの統治を任されたウルグ・ベクは、チンギス家の血を引く人を傀儡のハンに据えた。この時代のハンは一室に軟禁された状態で「ハンの囲い」と呼ばれ、モグーリスタン王家のサトク・ハン以外は名前も知られていない。

　1447年、シャー・ルフが没すると長男のウルグ・ベクが正統な後継者として4代君主に即位するが、1449年に長男アブドゥッラティーフの手によって殺害された。翌年にはアブドゥッラティーフも暗殺されて、王子たちが各地で自立して王位を争い、混乱が続いた。この間に黒羊朝が急速に勢力を広げ、イランの西部から東部まで進出してホラーサーンのヘラートまで占領した。

政権分立とティムール朝の滅亡

　1451年、トゥルクマーンとウズベクの支援を受けて、シャー・ルフの兄ミーラーン・シャーの孫アブー・サイードがサマルカンドを奪取し、第7代君主に即位した(18-5)。

　アブー・サイードはイスラム神秘主義教団ナクシュバンディー教団の支援を受け宗教的権威のもとに勢力を強めた。彼は1457年にアゼルバイジャンで起こった反乱制圧のために支配していたヘラートを放棄する黒羊朝と交渉し、イラン東部をティムール朝に返還さ

せて、シャー・ルフ以来の単独君主となった。

　1467 年にアゼルバイジャン方面で白羊朝が黒羊朝を
破ると、アブー・サイードは西方へと遠征したが、1469
年に白羊朝のウズン・ハサンの軍と戦って大敗し殺害さ
れた。

　彼の死後、その長男スルタン・アフマドがサマルカン
ドで即位するが、マー・ワラー・アンナフルを確保する
だけで、ホラーサーンではティムールの次男ウマル・シ
ャイフの曾孫フサイン・バイカラがヘラートで勢力を確
立した。こうしてティムール朝はサマルカンド政権とヘ
ラート政権が分立することになった。

18-5 アブー・サイード

　サマルカンド政権ではナクシュバンディー教団の権威
のもとで安定が保たれたが、ウルグ・ベクの時代に繁栄
した都市文化は衰退に向かった。1494 年にアフマドが
没すると、王子たち、有力将軍たち、ナクシュバンディ
ー教団の教主たちの間で内紛が起こり、さらに北方のウ
ズベク・シャイバーニー朝の南下・侵入によって急速に
崩壊した。

　1500 年にシャイバーニー朝のムハンマド・シャイバ
ーニー・ハンがサマルカンドを征服して政権は滅びた。

　1503 年にアブー・サイードの孫バーブルが一度はサ
マルカンドを奪還するも、数ヶ月後には再びシャイバー
ニー・ハンに奪取されてしまう。

　一方、ヘラート政権は 40 年近く続いたフサイン・バ
イカラの治世に繁栄した。首都ヘラートでは宮廷文化が
絶頂を迎えた。しかし、1506 年にフサインが死亡し、
翌 1507 年にシャイバーニー・ハンが南下して来ると、
政権はあっけなく降伏しティムール朝は消滅した。

18-6 バーブル

　1511 年、カーブルを本拠地としていたバーブルは、イランの新興王朝サファヴィー朝
の支援を受けてサマルカンドを再び奪還した。しかし、彼はサファヴィー朝の援助を受け
るためシーア派に改宗したために住民の支持を失い、1512 年、再びサマルカンドを失な
った。これ以降、バーブルは中央アジアの支配奪還を断念し、南下に転じ、デリーのロー
ディー朝を破って、1526 年ムガル帝国を立てた (18-6)。

図版出典

18-1　ティムール朝　浜島書店編集部 1999『最新図説　世界史』浜島書店 p93 部分に加筆

18-2　ティムール像　筆者撮影

18-3　グル・エミール　筆者撮影

18-4　ウルグ・ベクの天文台　筆者撮影

18-5　アブー・サイード https://upload.wikimedia.org/wikipedia/commons/5/53/Sultan_Abu_Said_Mirza.jpg

18-6　バーブル https://upload.wikimedia.org/wikipedia/commons/8/80/Babur_of_India.jpg

参考引用文献

『フリー百科事典　ウィキペディア日本語版』2018.810.14「ティムール朝」https://ja.wikipedia.org/wiki/ティムール朝

小松久男編 2005『世界各国史 4 中央ユーラシア史』山川出版社

岩村忍 2007『文明の十字路＝中央アジアの歴史』講談社学術文庫

間野英二 2007 世界大百科事典「中央アジア」平凡社

間野英二 1977「中央アジアの歴史」講談社

十九、三藩国の時代とソビエト連邦の成立（西トルキスタン）

1，ブハラ・ハン国
シャイバーニー朝

　15 世紀、ジョチ・ウルス（キプチャク・ハン国）が解体し、テュルク化したモンゴルは、新たにウズベクとよばれた。彼らを率いたのは、ジョチの 5 男シバンの子孫であるアブル・ハイル・ハン（在位：1428 年〜1468 年）で、1428 年に即位した(19-1)。

　1430 年〜 1431 年にホラズムに遠征し、1446 年にはキプチャク草原東部を統一した。さらにシル川中流域のオアシス都市を占領して政治的・軍事的拠点とした。その間にウズベク人の一部は農耕化し、都市民となった。

19-1 アブル・ハイル・ハン

　ジョチの 13 男トカ・テムルの子孫のケレイとジャニベク・ハンの集団は、アブル・ハイル・ハンの支配から離れ、モグーリスタン辺境に移住し、カザフ草原で遊牧生活を送り、カザフと呼ばれた。彼らはさらにシルダリヤの北岸へも侵入した。1468 年にアブル・ハイル・ハンが没すると、ウズベクのウルスは分裂状態になり、その多くがカザフ・ハン国に移った。

　1496 年〜 1497 年、アブル・ハイル・ハンの孫であるムハンマド・シャイバーニー・ハン（在位：1500 年〜1510 年）がシル川中流域に拠点を置き、ウズベク集団を再統合し、1500 年にサマルカンドを占領した(19-2)。

　その後もフェルガナ盆地、タシュケント、ホラズム地方といった地域を支配下に置き、1507 年にはヘラートを占領して、ティムール朝を滅ぼした。

19-2 ムハンマド・シャイバーニー・ハン

しかし、カザフ遠征、ハザーラ族遠征に失敗し、1510 年、サファヴィー朝のシャー・イスマーイール（在位：1501 年〜1524 年）の侵攻によって、メルヴ郊外で敗死した。

　1511 年、ティムール朝のバーブルが、サファヴィー朝シャー・イスマーイール

19-3 ブハラ

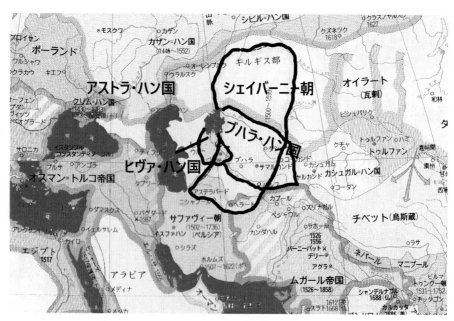

19-4 17世紀シャイバーニー・ハン

の援助を受けてサマルカンドを奪い返したが、翌年、シャイバーニー朝は再びサマルカンドを奪還して首都とした。

ウバイドゥッラー（在位：1533年〜1539/40年）がシャイバーニー朝のハン位に就くと、彼の所領であったブハラに中心地が移っていった(19-3)。

次のアブドゥッラーフ1世（在位：1539/40年〜1540年）の死後、アブドゥッラーフ家のサマルカンド政権とウバイドゥッラー家のブハラ政権に分かれて対立したが、1552年にバラク・ハン（ナウルーズ・アフマド・ハン）（在位：1552年〜1556年）によって統一された。バラク・ハンの没後はアブドゥッラーフ2世が権力を握り、最長老のピール・ムハンマド（在位：1556年〜1561年）をハン位に就かせ、彼が没すると1561年に父のイスカンダル（在位：1561年〜1583年）を就かせた。1557年には首都をサマルカンドからブハラに遷した。以後、ブハラに首都を置き、ハンを推戴するシャイバーニー朝、ジャーン朝、マンギト朝の3王朝をブハラ・ハン国という(19-4)。

1583年、イスカンダル・ハンが亡くなるとアブドゥッラーフ2世（在位：1583年〜1598年）がハン位に就き、シャイバーニー朝の中央集権化を進めた。1584年にアム川上流のバダフシャンを占領すると、1588年にはヘラート、ホラーサーンを支配下に入れ、1593年〜1594年にホラズム地方を征服し、中央アジア南部を領土とした。

1598年アブドゥッラーフ2世のあとを継いだ子のアブドゥル・ムウミンは、わずか6ヶ月で暗殺され、国内は混乱状態となった。この機に侵攻してきたカザフ・ハン国をピール・ムハンマド2世（在位：1598年〜1599年）が撃退し、シャイバーニー朝が勝利した。

1599年、ピール・ムハンマド2世が亡くなり、男系が断絶したため、対カザフ戦で活躍したジャーニー・ムハンマドをハンに推挙する動きがあったが、ジャーニー・ムハンマド自身が「シャイバーニー家の血を引く者がハン位に就くべき」と拒んだため、ジャーニー・ムハンマドの子でシャイバーニー朝の血を引くバーキー・ムハンマドがハン位に就い

た。以降の王朝をジャーニー・ムハンマドの名からジャーン朝、もしくは彼らの出身地からアストラハン朝と呼ばれる。

19-5 17世紀後半ブハラ・ハン国

ジャーン朝（アストラハン朝）

　ジョチの13男トカ・テムルの子孫で、アストラハンに住んでいたヤール・ムハンマドは、ロシア軍の侵攻を受け、アストラハンからシャイバーニー朝へ逃れた。

　シャイバーニー朝のイスカンダル・ハン（在位：1561年〜1583年）は娘をヤール・ムハンマドの子のジャーニー・ムハンマドに嫁がせた。

　1598年、カザフ・ハン国の侵攻に際し、シャイバーニー朝軍のピール・ムハンマド2世（在位：1598年〜1599年）はジャーニー・ムハンマドの援軍を得て、カザフ軍に勝利した。

　1599年、ピール・ムハンマド2世が没し、シャイバーニー朝の男系が断絶した。ハン位に推挙されたジャーニー・ムハンマドは「シャイバーニー家の血を引く者がハン位に就くべき」と拒んだため、ジャーニー・ムハンマドとイスカンダル・ハンの娘との間に生まれた、ディーン・ムハンマドを推挙された。しかしディーン・ムハンマドはサファヴィー朝との戦いで敗死したため、弟のバーキー・ムハンマド（在位：1603年〜1605年）がハン位に就いた。これによってジャーン朝が成立した。

　1611年頃に即位したイマーム・クリ（在位：1611年頃〜1642年）は、国内の治安と経済の発展、さらに首都ブハラに著名な学者を招いて学芸の振興に努めた(19-5)。しかし彼の死後は後継争いが相次ぎ、荒廃していった。

　1740年、ペルシャのアフシャール朝の創始者ナーディル・シャーが中央アジアに侵入すると、ジャーン朝のハン、アブール・ファイズ（在位：1711年〜1747年）はナーディル・シャーからの贈り物を受け取り、婚姻関係を結んでアフシャール朝に従属した。

　この頃、宰相となったマンギト部族出身のムハンマド・ラヒームは、アブール・ファイズのあとを継いだアブドゥル・ムウミン（在位：1747年〜1748年）を暗殺し、ウバイドゥッラー2世（在位：1748年〜1753年）をたてて権力を掌握し、1753年にはアミール（在位：1753年〜1756年）と称し、1756年にはジャーン朝のハン、アブール・ガーズィー（在位：1753年〜1756年・1758年〜1788年/89年？）を廃して自らハン位（在位：1756年〜1758年）に就き、マンギト朝を創始した。

マンギト朝

　マンギト朝はチンギス・ハンの男系男子の系統ではなかったため、アミールを名乗ったりハンを名乗ったりと、君主号が一定ではなかった。しかし、シャー・ムラード（在位：1785年〜1799/80年）がアミール（信徒の長）を正式な君主号とし、イスラム国家として明確化した。

19 世紀になると、インド洋を目指す
ロシア帝国の南下政策と、インドの征
服事業を進めた英国との間でアフガニ
スタンの争奪が展開された。いわゆる
「グレート・ゲーム」によって、ロシ
ア帝国は、1868 年にサマルカンドを占
領してブハラ・ハン国をロシア帝国の
保護国とした（19-6）。

ロシアでは 1917 年 3 月（ロシア暦 2
月）に勃発した二月革命によって帝政
ロシアが滅びた。そして同年の十月革
命によりソビエト権力が樹立された。

19-6 19 世紀後半の西トルキスタン

この影響で 1920 年 10 月マンギト朝でも労働者の蜂起が起こり、国王ムハンマド・アーリ
ム・ハン（在位：1911 年〜 1920 年）は逃亡し、ブハラ人民ソビエト共和国が樹立した。

1924 年にはブハラ社会主義ソビエト共和国と改称したが、直後に実施された民族境界
画定工作によって、トルキスタン自治共和国やホラズム社会主義ソビエト共和国とともに
廃止され、ウズベク・ソビエト社会主義共和国とトルクメン・ソビエト社会主義共和国へ
再編された。

2，ヒヴァ・ハン国

1510 年にシャイバーニー・ハンがサファヴィー朝との戦闘で敗死し、ホラズム地方は
サファヴィー朝の支配下に入った。

ホラズムの住民はシャイバーニー朝と敵対関係にあった家系出身のイルバルスとバイバ
ルス兄弟に、サファヴィー朝からの解放をうったえた。

1512 年にイルバルスはホラズム地方を奪回し、ウズベク諸部族、トルクメン系遊牧民、
オアシス都市のイラン系、テュルク系の定住民を支配して王朝を樹立し、イルバルス 1 世
（在位：1512 年〜 1517 年）となった。しかし、イラン系の住民はサファヴィー朝の支配
を支持してイルバルス 1 世に抵抗した。1559 年にはヒヴァとブハラの使節がモスクワを
訪れ、ウズベク国家とロシアの交流が始まった。

1570 年代にアムダリヤの水路が変化
して首都だったクフナ・ウルゲンチは
衰退し、またコサックから略奪を受け
たこともあり、アラブ・ムハンマド（在
位：1603 年〜 1621 年）の治世の末期に、
都はヒヴァに遷都された（19-7）。

17 世紀前半は、カザフやオイラト（カ
ルムィク）などの遊牧民の侵入と王室
の内紛に苦しみ、イランの王朝やブハ

19-7 ヒヴァ

ラ・ハン国との抗争で不安定な状態であった。

1621 年、アラブ・ムハンマドは、子のハバシュとイルバルスによって廃位されたが、そのイルバルスも追放され、トルクメン人の支持を受けたイスファンディヤール（在位：1622/23 年～ 1641/43 年）が即位した。しかし彼はハン位をうかがう兄弟との抗争が絶えなかった。次のアブル・ガーズィー（在位：1643/44 年～ 1663 年）とアヌーシャ（在位：1663 年～ 1685 年）親子はハンの権力を強化し、積極的な灌漑事業、都市建設、軍事遠征が実施された。しかしブハラ・ハンへの遠征など、度重なる遠征に疲弊したアミールたちはアヌーシャを廃位し、その後約 30 年間に 10 人以上が即位した。

18 世紀になると遊牧民の侵入、王家の内紛に加えて、ウズベクとトルクメンの対立とロシアの介入によって領土は荒廃した。

1714 年からロシア帝国のピョートル 1 世の命令を受けた将校ベコヴィチ・チェルカスキー（デヴレト・ギレイ）が、カスピ海東岸地域を調査し要塞を建設していた。1717 年にベコヴィチはヒヴァ遠征を行ったが、シール・ガーズィー・ハン（在位：1714 年～ 1726/28 年）はロシア軍を壊滅させベコヴィチを殺害した。1720 年にシール・ガーズィーはロシアに謝罪の使者を送ったが、使者は幽閉され獄死した。

1728 年にはカザフ族のイルバルス 2 世（在位：1728 年～ 1740 年）がハンに選出された。その頃イランで台頭したアフシャール朝のナーディル・シャーの攻撃に対して、ヒヴァは激しく抗戦した。1736 年にアフシャール朝の王子レザー・クリーが中央アジアに侵入すると、イルバルス 2 世はブハラの軍と連合して勝利を収めた。しかしその後、ブハラはアフシャール朝ナーディル・シャーに降伏した。ヒヴァは激しく抵抗したが、1740 年にナーディル・シャーに占領され、イルバルス 2 世は処刑された。これによって 1740 年から 1747 年までの間、イラン・アフシャール朝に従属することになった。

18 世紀後半、カザフ出身のハン・カイプ（在位：1747 年～ 1757/58 年）は王権回復のため、実権を握っていたアミールのアタリク・フラズ・ベクと、彼の出身部族のマンギト部の人間を処刑した。しかし、課税に反発した住民が暴動を起こしたため、カイプはカザフスタンに逃亡した。新たにハンとなったカイプの兄弟カラバイ（在位：1757/58 年）は、ブハラ・ハン国の仲裁によって、ブハラの傀儡であるテムル・ガーズィー（在位：1757/58 年～？）をハンとすることで反乱者と和解した。

1763 年からは、コンギラト族出身のイナク（宰相）のムハンマド・アミーンが実権を握った。しかし、1770 年にヒヴァの町はヨムド部族によって占領・略奪され、さらにハン国南部で発生した飢饉のために、住民はブハラ方面に移住した。ムハンマド・アミーンはブハラに亡命し、ブハラのダーニヤール・ビーの支援を受けてヨムド部族からヒヴァを奪回した。ムハンマド・アミーンは自らハン位に就かず、傀儡のハンを立てて他のアミールと争った。

イナク朝

実権を握るイナク（宰相）たちはチンギス・ハンの子孫を代々傀儡のハンとして擁立したが、1804 年にムハンマド・アミーンの孫イルテュゼル（イルタザル）は、アブル・ガ

ーズィー5世（在位：1802年～1804年）を廃位しイナク朝を創始した。

イルテュゼル（在位：1804年～1806年）の簒奪に反対したウイグル族のアタリク・ベク・プラドは殺害され、アタリクの一族はブハラに亡命する。その後ウイグル族は次のムハンマド・ラヒームの治世まで抵抗を続けた。

1806年にイルテュゼルがブハラとの抗争で戦死すると、弟のムハンマド・ラヒームはアブル・ガーズィー5世を復位させるが、1806年末に再び廃位し、自らハンとなった。

ムハンマド・ラヒーム・ハン（在位：1806年～1825年）はカラカルパク人を服属させ、ホラーサーンに遠征した。1821年にはブハラとの戦争が再開され、1825年の和議ではヒヴァのトルクメニア支配が強化された。次のアッラーフ・クリ（在位：1825年～1842年）も領土の拡張を続け、18世紀半ばまでトルクメニアの支配権を巡ってヒヴァ、ブハラ、イラン・カージャール朝が争った。

度重なる抗争で国力が低下した各ハン国は、軍事力を背景としたロシア帝国からの要求に従わざるをえなくなった。1873年にヒヴァ・ハン国はロシア軍の攻撃を受け陥落する（ヒヴァ戦争）。ムハンマド・ラヒーム・ハン（在位：1864年～1910年）は陥落前にヒヴァから脱出し、ムハンマドの兄弟アタジャーンがハンに擁立された。ロシア帝国のカウフマンはアタジャーンをハンとすることを認めず、ムハンマドを召還してハンの地位を返還させた。

1873年ロシアは、南下政策に対するイギリスの批判を抑えるとともに現地のムスリムの反乱を防ぐためヒヴァ・ハン国を保護国とした。ハン国は保護国化とともに巨額の賠償金、外交権の放棄、ロシア船舶のアムダリヤの優先通行権という条件を呑まなければならなかった。

イスファンディヤル・ハン（在位：1910年～1918年 19-8）の時代には大臣のイスラーム・ホジャが近代化政策を進め、郵便局、学校、病院を建設するが、彼の人望を恐れたハンと聖職者によってイスラーム・ホジャは処刑された。

中央アジアでジャディード運動（改革派ムスリム知識人による改革運動）が展開する中、ヒヴァでは「青年ヒヴァ人」たちがジャディード運動を展開し、王政の改革、教育制度の改革を主張した。しかし、1907年からのロシア革命の反動期に中央アジアのムスリム民族運動に圧力がかけられる。

1916年にトルクメン人のジュナイド・ハンによってヒヴァは占領されたが、イスファンディヤルはロシア軍の力を借りてトルクメン人を追放した。

1917年の2月革命によって帝政ロシアが打倒されると、青年ヒヴァ人はハンに対して議会の設置を要求した。同年4月5日にイスファンディヤルは立憲君主制の宣言に調印し、メジリス（議会）の設置に同意したが、青年ヒヴァ人の指導者層は逮捕され、イスフ

19-8 イスファンディヤル・ハン

ァンディヤルは権力を回復する。1918 年 1 月にイス
ファンディヤルはジュナイド・ハンを呼び戻して司
令官に任命し、トルクメンの軍事力を背景にボリシ
ェビキに対抗しようとするが、同年 9 月に暗殺され、
ジュナイド・ハンによる独裁政治が行われた。メジ
リスは解散され、青年ヒヴァ人の指導者は逮捕・処
刑されたが、ジャディードたちはタシュケント、ペ
トロ・アレクサンドルフスク（トゥルトクル）で委
員会を組織してヒヴァの革命を支援した。

19-9 サイード・アブドゥッラー・ハン

　1919 年夏にチムバイに駐屯していたカザフ騎兵隊
がソビエト政権に反乱を起こしたことをきっかけに、
トルキスタン赤軍がペトロ・アレクサンドルフスク
に進軍した。また、11 月初頭にはヒヴァ北部でトル
クメン人の反乱が勃発した。1920 年にジュナイド・
ハンは赤軍とトルクメン人の攻撃を受け、ヒヴァを
放棄してカラクム砂漠に逃亡した。1920 年 1 月末に
赤軍はサイード・アブドゥッラー・ハン（在位：1918
年～ 1920 年 19-9）の要請に応じてヒヴァに入城し、
1920 年 2 月 2 日にサイード・アブドゥッラーは退位を宣言して 4 月にホラズム人民ソビ
エト共和国が成立した。

　その後、ヒヴァ・ハン国の領域はトルクメニスタンとウズベキスタンのカラカルパク自
治州に分割された。

3，コーカンド・ハン国

　17 世紀末、ブハラ・ハン国はマー・ワラー・アンナフルの一部しか支配できないほど
に弱体化し、フェルガナ地方はイスラム神秘主義ナクシュバンディー教団出身のホージャ
（指導者）たちが都市の自治を行うようになっていた。

　18 世紀前半にはウズベク部族の一派ミング部族のビー（部族長）が、ホージャ権力を
打倒して自立政権を樹立し、1740 年には都をコーカンドに定め、コーカンド・ハン国が
建国された。

　当初ハン国の勢力はきわめて弱く、ジュンガル帝国による度重なる侵攻を受けていた。18
世紀半ばには清がジュンガル帝国を討って東トルキスタンを併合すると、カシュガル地方
において清と直接接触することになった。コーカンドの君主エルデニ（在位：1746 年頃
～ 1770 年）は、清の脅威に対してドゥッラーニー朝（アフガニスタン）に援助を求めた
が果たせず、清に朝貢し関係を樹立した。清はその代償に新疆（東トルキスタン）との
通商権をコーカンドに与え、経済的繁栄がもたらされた。コーカンドの君主たちはキルギ
ス人の傭兵や砲兵を受け入れて軍事力を増強し、18 世紀末までにフェルガナ地方の統一
に成功した。

　1800 年、コーカンドの君主アーリム（在位：1800 年～ 1809 年）は、ロシアと東方との
間の中継基地として繁栄しつつあったタシュケントを征服し、カザフ草原にまで進出した。

この成功によりアーリムはハンに推戴され、チンギス・ハンの血を引かないハンとなった。

1810 年頃に即位したアーリム・ハンの弟ウマル・ハン（在位：1810 年頃〜 1822 年）のとき、最盛期を迎え、カザフ人やキルギス人に宗主権を認めさせ、その勢力圏は北はバルハシ湖、西はシル川流域に及んだ。通商では清朝への朝貢関係に加えてロシアとの間でも通商関係を結び、東西交易の通商路を拡大し大きな経済的利益をえた。特に清とは緊密な関係を結び、コーカンド商人は新疆における東西交易に独占的な地位を得た。ハン国の経済的成長にともなってフェルガナは軍事・宗教・商業施設や水路などの社会資本の整備が進み繁栄した。

19 世紀初頭に入ると清はコーカンドの進出と強大化を警戒し、コーカンド商人の活動を規制しようとした。コーカンド・ハン国は、清の征服以前にカシュガルを支配していたホージャ一族の末裔（まつえい）を利用してこの地方に干渉しようとした。

1826 年、ウマル・ハンの子ムハンマド・アリー（在位：1822 年〜 1842 年）は、カシュガル・ホージャ家のブルハーヌディーンの孫ジハーンギールを支援してカシュガル、ヤルカンドに直接出兵した。ジハーンギールの侵入は大規模な反乱に発展し、清はなんとかこれを撃退した。しかしこの反乱によって清はコーカンドに対して妥協せざるを得なくなった。1830 年、清はコーカンド・ハン国と講和を結び、コーカンド・ハン国がアクサカル（長老）と呼ばれる領事を新疆のオアシス都市に派遣する特権を認めた。アクサカルは新疆でのコーカンド商人を保護するだけでなく新疆に居住するコーカンド商人からの徴税も行い、東西交易の利潤をコーカンド・ハン国が独占した。

ハン国は繁栄の一方で、国内政治では支配層内部の対立やカザフ、キルギスの遊牧民たちの反乱が絶えず、政権は不安定であった。

1842 年、ナスルッラー率いるブハラ・ハン国（マンギト朝）の攻撃を受けてブハラの支配下に入った。首都コーカンドはブハラの軍によって占領され、コーカンドのハンにはブハラの傀儡（かいらい）が立てられた。しかし、ブハラの支配はコーカンド・ハン一族のシェールアリー・ハン（在位：1842 年〜 1845 年）によって覆され、短期間に終わった。以後、ハン位をめぐる争いが激化して国内政治はますます混乱し、またカザフやキルギスなど遊牧民たちが勢力を増してハン国の権威を脅かした。さらにロシア帝国は勢力を南進させ、ウズベク三ハン国のうちもっとも北に位置するコーカンド・ハン国に対して軍事的圧力を強めた。1853 年にワシーリ・ペロフスキー将軍（Vasily Alekseevich Perovsky）率いるロシア軍にアク・メチェト要塞（現クズロルダ）は占領された。

19 世紀半ばには東トルキスタンで反乱が続発、コーカンド・ハン国の繁栄を支えた中継貿易が衰えはじめる。

1864 年、クチャで起こった反乱は新疆（しんきょう）全土に拡大し、カシュガルで樹立された在地のムスリムによる自立政権の要請に応じ、カシュガル・ホージャの子孫とハン国の軍隊を派遣した。カシュガルに入ったコーカンドの軍人ヤクブ・ベクがこの混乱に乗じて新疆のほとんど全域を支配した（ヤクブ・ベクの乱、1862 年〜 1877 年）。ヤクブ・ベクはコーカンドから独立し、かえってこの地域の混乱を深め、新疆貿易の利益を滞らせた。

4，ロシア帝国の進出

1864 年、ロシア帝国はコーカンド・ハン国への侵攻を開始し、1865 年にタシュケントを征服した。

1868 年 3 月、コーカンド・ハン国はロシアとの間に保護条約を締結し、ロシアの属国となった。敗戦に伴う政変によってコーカンドの君主となったフダーヤール・ハン（在位：1845 年〜 1858 年・1862 年〜 1863 年・1866 年〜 1875 年 19-10）は、コーカンド市内にロシア様式を取り入れたハンの新たな宮殿を造営するなど、ハン国の再建と専制の増強をはかったが、ハン国の瓦解をとどめることはできなかった。やがてブハラ・ハン国（マンギト朝）の攻撃と、遊牧キルギスたちの反乱が勃発し、1875 年にフダーヤールは退位し、反乱者たちはナースィルッディーン（在位：1875 年〜 1876

19-10 フダーヤール・ハン

年）をハンに擁立したが、これはロシア軍のさらなる侵攻を招き、ロシア軍は翌 1876 年 2 月 19 日にコーカンドに入城して、コーカンド・ハン国を滅ぼし、フェルガナ盆地の全域を支配した。

コーカンド・ハン国の領地は植民地化され、タシュケントにロシアのトルキスタン総督府が置かれ、コーカンド・ハン国の旧領とヒヴァ・ハン国およびブハラ・ハン国から奪った領土を加えて、シルダリア州およびフェルガナ州が設けられた。

ソビエト連邦の成立と崩壊

1917 年 3 月（ユリウス暦 2 月）に起こった二月革命によって帝政ロシアは打倒され、同年の 11 月（ユリウス暦 10 月）の十月革命により、レーニンがソビエト政権を樹立した。

この革命は、帝政ロシアの支配下の中央アジアにも波及し、ボリシェビキはトルキスタン総督府の置かれたタシュケントにおいても政治権力を握り、1918 年トルキスタン社会主義連邦共和国が樹立した。1924 年以降ウズベク、タジク、キルギス、トルクメンの各共和国が成立し、帝政ロシア時代ステップ総督府支配下にあったカザフでも、1936 年に共和国が成立して、ソビエト連邦構成国となった。その後 1991 年のソ連崩壊によって、各国は独立した。

図版出典

19-1　アブル・ハイル・ハン https://upload.wikimedia.org/wikipedia/commons/c/cb/Abdulxair.jpg

19-2　ムハンマド・シャイバーニー・ハン　https://upload.wikimedia.org/wikipedia/commons/7/7f/Shaybani.jpg

19-3　ブハラ　筆者撮影

19-4　17 世紀シャイバーニー・ハン浜島書店編集部 1991『最新図説世界史』浜島書店 p95 の一部に加筆

19-5　17 世紀後半ブハラ・ハン国　浜島書店編集部 1998『プロムナード世界史』浜島書店 p59 の一部に加筆

19-6　19 世紀後半の西トルキスタン浜島書店編集部 1998『プロムナード世界史』浜島書店 p122 の一部に加筆

19-7　ヒヴァ　筆者撮影

19-8　イスファンディヤル・ハン

https://upload.wikimedia.org/wikipedia/commons/c/c5/Isfandiyar_Jurji_Bahadur.png?uselang=ja

19-9　サイード・アブドゥッラー・ハン

https://upload.wikimedia.org/wikipedia/commons/1/1d/Said_Abdullakhan.jpg?uselang=ja

19-10　フダーヤール・ハン https://upload.wikimedia.org/wikipedia/commons/9/93/Portrait_of_Khudayar_Khan.jpg

参考引用文献

『フリー百科事典　ウィキペディア日本語版』2018.810.14「ブハラ・ハン国」https://ja.wikipedia.org/wiki/ブハラ・ハン国

小松久男編 2005『世界各国史 4 中央ユーラシア史』山川出版社

岩村忍 2007『文明の十字路＝中央アジアの歴史』講談社学術文庫

『フリー百科事典　ウィキペディア日本語版』2018.810.14「ヒヴァ・ハン国」https://ja.wikipedia.org/wiki/ヒヴァ・ハン国

『フリー百科事典　ウィキペディア日本語版』2018.810.14「コーカサンド・ハン国」https://ja.wikipedia.org/wiki/コーカンド・ハン国

『フリー百科事典　ウィキペディア日本語版』2018.10.14「トルキスタン総督府」https://ja.wikipedia.org/wiki/トルキスタン総督府

『フリー百科事典　ウィキペディア日本語版』2018.10.14「2 月革命 (1917 年)」https://ja.wikipedia.org/wiki/2 月革命_(1917 年)

二十、遊牧国家の滅亡と中華人民共和国の成立（東トルキスタン）

1，モグーリスタン・ハン国(20-1)

　12 代目チャガタイ・ハン・ドゥアの子、エミル・ホージャの落胤とされるトゥグルク・ティムール（在位：1347/48 年〜1362/63 年）が、1347 年（もしくは 1348 年）に東チャガタイ・ウルス（東チャガタイ・ハン国）のハンに即位し、モグーリスタン・ハン国が始まる(20-2)。トゥグルク・ティムールは即位後にイスラムに改宗しが、イスラム教はモグーリスタン・ハン国にはまだ浸透しておらず、社会全体に広まるには時間がかかった。

　トゥグルク・ティムールは「偶像を崇拝する異教徒」との戦いを大義名分に、1360 年と 1361 年の 2 度、群雄割拠状態の西チャガタイ・ウルスに遠征を行って、一時、東西チャガタイ・ウルスを再統一した。

　彼は後継者に息子のイリヤース・ホージャ（在位：1362/63 年〜1365 年）を指名するが、1365 年にイリヤース・ホージャはカマルッディーンによって暗殺される。

　カマルッディーン（在位：1365 年〜1389 年）はハンを称するが、チンギスの血統を尊重する部族長たちはカマルッディーンの即位を認めず、モグーリスタンは内戦状態に陥った。その間、西トルキスタンのティムールが 1371 年から 1390 年にかけて 7 回以上、モグーリスタン遠征を行っている。1389 年にティムールはモグーリスタンに対して遠征し、トルファンにまで進軍した。翌 1390 年に再びティムール軍の攻撃を受けると、カマルッディーンは首都のアルマリクを放棄して逃走し、消息を絶った。カマルッディーンの甥のホダーイダードは、カマルッディーンに追放されていたトゥグルク・ティムールの子でイリヤース・ホージャの弟ヒズル・ホージャを支持した。ヒズル・ホージャ（在位：1389 年？〜1403 年？）はハンに即位し、ティムールと講和した。

　1397 年、ティムール朝に人質となっていたヒズル・ホージャの息子シャムイ・ジャハーンがモグーリスタンに送り返され、ティムールとヒズル・ホージャの娘テュケル（トゥカル）の婚姻が成立すると両国は講和した。

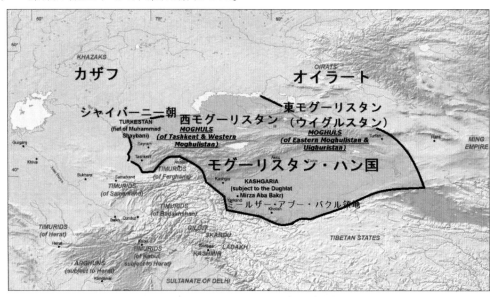

20-1 モグーリスタン・ハン国（1490 年頃）

1400 年頃にティムールの孫ミールザー・ウ
マルがウイグルスタンに侵入したが、モグー
リスタン・ハン国は明の洪武帝に使節を送り、
ティムールが中国への遠征を計画しているこ
とを伝えた。

　明はモグーリスタン・ハン国が朝貢したこ
とで冊封体制に組み込まれたと見なし、両国
の間で隊商が往来するようになり、モグーリ
スタン・ハン国はシルクロード交易によって
莫大な利益を得ることになった。これにより
中国と西域の経済・文化交流が促進された。

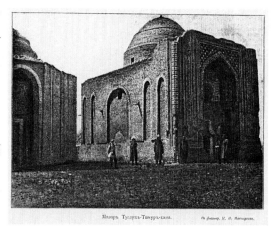

20-2 トゥグルク・ティムール廟

ドゥグラト部の当主は 1533 年まで強力な権限を世襲した。

　1418 年に即位したワイス・ハン（在位：1418 年〜 1421 年？・1425 年？〜 1432 年）は、
従兄弟のシール・ムハンマド（在位：1421 年？〜 1425 年？）とハンの位を争った。ワイ
スは、シール・ムハンマドを破ってハンに復位したが、オイラトに敗れ捕虜となった。

　ワイスの死後、彼の子であるユーヌスとエセン・ブカがハン位を争う。劣勢のユーヌス
は従者を伴ってティムール朝のウルグ・ベクの元に亡命し、さらにイランに移って学問を
修めた。

　ユーヌスが亡命したので、エセン・ブカ（在位：1432 年〜 1461/62 年）はモグーリスタ
ンの単独ハンとなった。彼の時代、ウズベクから分離した一団（カザフ）がモグーリスタ
ンに移住し、エセン・ブカは彼らをモグーリスタンの辺境部に住まわせた。

　エセン・ブカはたびたびティムール朝に侵入し、これに悩まされたティムール朝の君主
アブー・サイードはチャガタイ家の内部分裂を画策して、1456 年、モグーリスタンにユ
ーヌスを送り返した。

　ユーヌスはアミール（貴族）の中に支持者を獲得し、カシュガルに進軍するが、カシュ
ガル北東のフワニー・サーラールでエセン・ブカとサイイド・アリーの連合軍に敗北す
る。敗戦後ユーヌスはアブー・サイードを頼り、イリ地方、イシック・クル周辺に政権を
樹立した。ユーヌスは再びモグーリスタンに戻り、アミールたちの支援を受けて戦ったが、
エセン・ブカに決定的な勝利を収めることはできなかった。これによってユーヌスはイリ
からタシュケントに至る西側の地域、エセン・ブカは東のウイグルスタンを領有する構図
となった。

　1462 年にエセン・ブカが没し、モグーリスタンはユーヌスとエセン・ブカの子ドース
ト・ムハンマド（在位：1461/62 年〜 1468/69 年）を支持する派閥に二分された。ムハン
マドはアクスを本拠地としてモグーリスタン東部（ウイグルスタン）を支配したが、1468
年〜 69 年にユーヌスはアクスでムハンマドを討ち、ムハンマドの遺児ケベク・スルタン
はトルファンに逃れ、数年の間トルファンを支配した。

　1468 年（1469 年）にユーヌス（在位：1468/69 年〜 1487 年）はハンに即位した。ユー
ヌスの次子アフマド・アラク（在位：1487 年〜 1502/03 年）はトルファンを中心とするウ
イグルスタンで独立し、クムルを巡って争っていた明と講和した。

1502年（もしくは1503年）に、アフマドはウズベクのシャイバーニー朝の君主ムハンマド・シャイバーニー・ハンとの戦いで敗死した。ユーヌスのあとを継いでモグーリスタンの西を領有した長男マフムード（在位：1487年～1508/09年）も1508年（もしくは1509年）にムハンマド・シャイバーニー・ハンに殺害され、タシュケントはシャイバーニー朝に占領された。

　アフマドとマフムードが戦死した後、カザフはモグーリスタン北のイルティシュ川流域まで進出し、ドゥグラト部の一部がカザフに合流した。さらにエニセイ川上流域から移動したキルギスが、天山山脈西部に進出した。モグーリスタン・ハン国は天山北路より北をほとんど放棄し、その地はカザフ族とキルギス族が遊牧する地域となった。モグーリスタン・ハン国は次第にタリム盆地のオアシス地帯に追いやられていく。

　アフマドのあとを継いだマンスール（在位：1502/03年～1514年・1514年～1545年）は、クムルを巡って再び明と争うようになり、1529年にこの地の支配権を勝ち取った。アフマド、マンスール親子のもとでトルファンのイスラム化が進み、クムルがマンスールの支配下に入った際に、一帯の仏教徒は明に移住し、クムル以西の地域から仏教徒は姿を消した。

　マンスールと明が戦っている頃、弟のスルタン・サイード（在位：1514年～1537/38年）はカーブルでバーブルの保護を受けていたが、東トルキスタンに帰国し、ドゥグラト部のミールザー・アブー・バクルを討って1514年にハンと称した。当初マンスールとサイードは対立していたが、やがて和解し、東西にモグーリスタンのハンが並立した。

　サイードは西の草原地帯への進出を試みるがウズベクとカザフに阻まれ、カシュガル、ヤルカンドを中心とするタリム盆地西部のみを領有するに至った。サイードと彼の一族の王朝は、ヤルカンド・ハン国、カシュガル・ハン国と呼ばれる。

　ウイグルスタン・ハン国はマンスールの死後急速に衰退し、やがてヤルカンド・ハン国に併合された。

　16世紀以降、ドゥグラト部に代わり、モグーリスタン・ハン国ではスフィーの一派ナクシュバンディー教団の指導者（ホージャ）が強大な影響力を有するようになった。

　17世紀末にヤルカンド・ハン国がジュンガルのガルダン・ハンによって滅ぼされると、中央アジアからチャガタイ家の国家は消滅した。

2，ヤルカンド・ハン国（カシュガル・ハン国）（20-3）

　モグーリスタン・ハン国のアフマド・アラク・ハンの次男スルタン・サイードは、ドゥグラト部の有力者ミールザー・アブー・バクルを追放し、1514年にハンを称した。

　当初は兄マンスールのウイグリスタン・ハン国と争っていたが、やがて和解し、モグーリスタンに二つの政権が並立した。サイードは草原地帯の確保を試みるが、ウズベク、カザフに圧迫され、支配領域

20-3 ヤルカンド・ハン国

はカシュガル、ヤルカンドを中心とするタリム盆地西部のオアシス地帯にとどまった。北方の草原地帯を喪失したサイードはラダック、バルーチスターンに聖戦を行った。

　サイードのあとを継いだアブドゥッラシード（在位：1537/38 年〜 1559/60 年）はドゥグラト部と対立し、ドゥグラト部の有力者サイイド・ムハンマド・ミールザーを処刑し、サイードの治世に功績を挙げたミールザー・ハイダル・ドゥグラトは国外に亡命した。

　サイードの治世以降、マー・ワラー・アンナフルのスーフィー（イスラム神秘主義の修行僧）が東トルキスタンで布教するようになり、サイードとアブドゥッラシードはスーフィーに帰依した。次のアブドゥル・カリーム・ハン（在位：1559/60 年〜1591 年）の時代には、スーフィーのアフマド・カーサーニー（マフドゥーミ・アーザム）の子ホージャ・イスハークがカシュガルを訪れた。イスハークはホータン、アクス、クチャを歴訪し、アブドゥル・カリームの弟ムハンマドに教えを伝承してサマルカンドに帰還した。

　1591 年にアブドゥル・カリームが没した後、ムハンマド（在位：1591/92 年〜 1609/10 年）がハンに即位した。イスハークの遺児、ホージャ・ムハンマド・ヤフヤーはカシュガルのムハンマドを頼り、彼を通して父の教えを継承した。ヤフヤーは 7 人のハンの師父となってハン位の継承問題にも介入した。

　ヤフヤーの従弟ムハンマド・ユースフもカシュガルを訪れたが、ヤフヤーと対立し、東の粛　州、西寧で布教活動を行った。イスハークの系統のイスハーキーヤ（黒山党）と、ムハンマド・ユースフの子で中国で布教を行ったヒダーヤット・アッラー（ホージャ・アーファーク）の系統のアーファーキーヤ（白山党）は、ヤルカンド・ハン国の主導権を巡って争うことになる。

　1636 年にアブー・アル・アフマド・ハージ・ハン（在位：1630/31 年〜 1632/33 年・1635/36 年〜 1638/39 年）は清に入貢し、東トルキスタンの諸勢力と清の間の朝貢貿易が成立する。1648 年から 1649 年にかけての甘粛で発生したイスラム教徒の反乱の後、一時的に交流は断絶するが、1655 年から再開される。

　1678 年にジュンガルのガルダンによってハミ、トルファンが占領され、1680 年にはカシュガル、ヤルカンドが陥落する。ガルダンはイスマーイール・ハン（在位：1670 年〜 1680 年）を廃位し、トルファンのハン・アブドゥッラシード（在位：1680 年〜 1682 年）をヤルカンド・ハンに擁立した（アブドゥッラシード・ハン 2 世）。ガルダンの侵攻の前、カシュガルから追放されたヒダーヤットがチベットに行き、ダライ・ラマ 5 世の親書を携えてガルダンの元に赴いている。

　ジュンガルの支配下に置かれた後もイスハーキーヤ（黒山党）を支持するハンとアーファーキーヤ（白山党）の抗争は続き、アブドゥッラシード・ハン 2 世がジュンガルによってイリに拉致された後、彼の兄弟ムハンマド・アミーン（在位：?〜 1692 年）がハンに擁立されるが、1692 年にムハンマド・アミーンは、アーファーキーヤ（白山党）によって殺害される。次のハンのムハンマド・ムッミーン（在位：1692 〜 1696/97 年）は、1696 年〜 97 年にアーファーキーヤ（白山党）との戦闘で陣没する。

　1696 年にガルダンが清軍に敗れた後、イリのアブドゥッラシード・ハン 2 世は清に降伏し、北京へ移住した（1697 年没）。北京に移住した彼の子孫を除いてモグーリスタン・

ハン国の王統は途絶え、モグーリスタン・ハン家の王女を祖母に持つヒダーヤット・アッラーの孫アフマドがハンを称した。

3，ジュンガル帝国(20-4)

　ジュンガルは、オイラトの一部族で、14世紀モンゴリア統一を果たしたオイラトのトゴン・タイシ、エセン・ハンの後裔とされる。17世紀から18世紀にかけてオイラト部族連合の盟主となってジュンガル盆地を中心とする地域に一大遊牧帝国を築き上げた。この帝国をジュンガル帝国と呼ぶ。

　ジュンガル帝国の滅亡後、このような遊牧帝国が生まれなかったため、最後の遊牧帝国とも呼ばれる。

　1619年頃、モンゴル・ハルハ部でのアルタン・ハンと名乗ったウバシ・ホンタイジ(在位：1609年～1623年)はロシア皇帝ミハイル・ロマノフに使節を送り、「カルムィクのカラクラ・タイシャがモンゴルとロシアの間にいて、使節の往来を妨げているので、カラクラ・タイシャの部族を両方から挟撃しましょう」と提案した。この「カルムィク」は「カルマーク」が訛ったもので、イスラム教に改宗しなかったオイラトを指している。「カラクラ・タイシャ」というのはジュンガルの始祖「ハラフラ」である。ロシアはこの提案を断ったが、ウバシ・ホンタイジは1620年頃に攻めてきたオイラトのトルグート部、ジュンガル部を撃退している。この時、ジュンガル部長であったハラフラは妻子を奪われ、シベリアのロシア領内に逃げ込んだ。1623年、オイラトの連合軍はウバシ・ホンタイジを殺し、モンゴルの宗主権から離脱した。

　1636年、チベット仏教ゲルク派の要請により、オイラトのホシュート部長トゥルバイフ(在位：1606年～1655年)は、青海のカルマ派のチョクト・ホンタイジを討伐した。

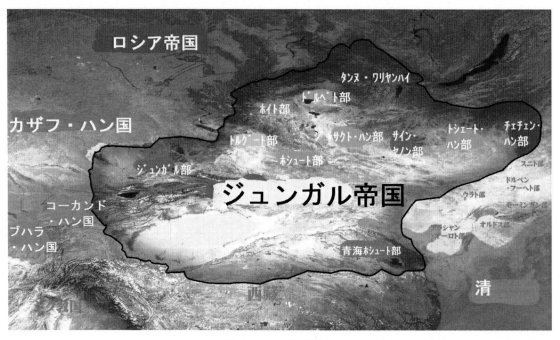

20-4 ジュンガル帝国

翌年、トゥルバイフはダライ・ラマ5世から「持教法王」の称号を受け、グーシ・ノミーン・ハーン（国師法王）となった。トゥルバイフは自らチベット王の位に就き（1642年）、中央アジアのオイラトは、青海遠征に同行したジュンガル部長ホトゴチン（在位：1637年〜1653年）に「バートル・ホンタイジ」の称号を与えて任せた。オイラト諸部の盟主となったバートル・ホンタイジは、ロシアと盛んに使節を交わして交易をおこなった。

　1653年、バートル・ホンタイジが亡くなると、息子のセンゲ（在位：1653年〜1670年）が後継者となったが、異母兄たちは相続争いを起こし、1670年にセンゲは殺害された。センゲの弟のガルダン（在位：1671年〜1696年）は当時チベットに留学していたが、帰国して還俗（げんぞく）すると兄ゼンゲの仇（あだ）を討ってジュンガル部長となった。翌1671年、ダライ・ラマ5世はガルダンに「ホンタイジ」の称号を授けた。1676年には、ガルダンは舅（しゅうと）でホシュート部長であるオチルト・ハンを捕虜とし、ジュンガル部がオイラト部族連合の盟主となった。これによりダライ・ラマ5世はガルダンに「持教受命王」の称号を授け、ゲルク派の擁護者として全オイラトのハンに認定した。ハンと称したのはガルダンだけである。

　1678年、ガルダン・ハンはハミとトルファンを征服し、1680年にはカシュガル、ヤルカンド、ホータンといったオアシス都市を征服して、モグーリスタンのアブドゥッラシード・ハン2世とイスハーキーヤ（黒山党）のホージャをイリに幽閉した。ガルダンはイスハーキーヤ（黒山党）と対立するアーファーキーヤ（白山党）の王をヤルカンド・ハンに擁立し、タリム盆地を支配して、莫大（ばくだい）な貢納を取り立てた。

　1681年以降は西方遠征を行い、カザフ草原のカザフ人やキルギス人を攻撃し、1684年にはタシュケントとサイラムを占領し、さらに1685年にアンディジャンに遠征した。

清との戦争（清・ジュンガル戦争）(20-6)

　ハルハ部でトシェート・ハンのチャグンドルジ（察琿多爾済・在位：1673年〜1700年）とジャサクト・ハンのチェングン（成袞・在位：1670年〜1687年）の間で内紛が起きた。その講和を図るため1686年にフレーンビルチェール会盟が開かれた。この席で、ダライ・ラマ5世の名代と対等に振る舞ったチャグンドルジの弟で活仏のジェブツンダンバ・ホクト1世を、ガルダン・ハンはダライ・ラマ5世に対して不敬として激怒した。

　1687年にはジャサクト・ハンのチェングンがガルダン・ハンを頼ってジュンガル部に向かった。しかし、トシェート・ハンのチャグンドルジに追いつかれ、また、ジュンガル部から救援に来たガルダン・ハンの弟もチャグンドルジによって殺された。1688年ガルダン・ハンは、弟を殺したチャグンドルジを討つべく、東モンゴリア（外モンゴル）のハルハ部に侵攻し、トシェート・ハンの軍を破り、仏教寺院エルデニ・ジョーとチェチェン・ハンの領地を略奪した(20-5)。

　チャグンドルジとジェブツンダンバ・ホクト1世は清の康熙帝（こうきてい）に庇護（ひご）を求めた。ガルダン・ハンは2人の引き渡しを求めたが、清は応じなかったため、1690年9月、北京北方

20-5 仏教寺院エルデニ・ジョー

300 キロのウラーン・ブトンでガルダン・清朝両軍は衝突した（ウラーン・ブトンの戦い）。しかし、決着はつかずガルダン・ハンは退いた。

1693 年、ハミのダルハン・ベク、アブド・アッラーらは、ジュンガルの搾取を嫌って清と結び、またハルハ部のトシェート・ハンらも康熙帝に臣従を誓い、モンゴル族すべてが清の支配下に入ることとなった。この頃、オイラト本国ではセンゲの長子ツェワンラブタン（在位：1694 年〜 1727 年）が叔父ガルダン・ハンに反旗を翻して自立し、1694 年、ダライ・ラマ 5 世から「エルデニ・ジョリクト・ホンタイジ」の称号と鉄の菊印の印璽を与えられた。

20-6 清・ジュンガル戦争

一方、清の康熙帝はハルハ部民の故地を奪還するという名目で、1696 年ジュンガル親征を開始し、ガルダン・ハンをジョーン・モドで破った（ジョーン・モドの戦い）。ガルダン・ハンは敗走し、1697 年 4 月 4 日にアルタイ山脈北のコプトで病死した。ガルダン・ハンの息子タンチラはハミに亡命したが、アブド・アッラーによって捕らえられ、清に引き渡された。翌 1698 年ハミ地区は清の版図となった。

この抗争の結果、オイラトは清に朝貢することになったが、歴代のジュンガル部族長たちはガルダン・ハンの地盤を引き継いでオイラトを支配し続け、チベットや青海をめぐって時に清と対立した。

ツェワンラブタン（在位：1694 年〜 1727 年）

ガルダンの死後、正式なジュンガル部長となったツェワンラブタンは、カザフ草原や中央アジアへ侵略する一方、清朝とは一時友好的な関係を保っていた。1715 年、ツェワンラブタンはハミを襲撃したが失敗し、追撃する清は翌 1716 年、敦煌、ハミ、バリクルに屯田をもうけた。以降、ジュンガル帝国と清は戦争状態となった。

チベットへの侵攻

チベットではダライ・ラマ 5 世（在位：1642 年〜 1682 年）の死は 1696 年まで隠され、その後、ダライ・ラマ 6 世が乱立し混乱状態になった。

1716 年、ツェワンラブタンはツェレン・ドンドプ将軍にチベット侵攻を命じた。翌年、ジュンガル軍はラサを占領、トゥルバイフ（グシ・ハン）を祖とするチベットのグシ・ハン王朝の王ラサン・ハンを討ち取った。しかしジュンガル軍はゲルク派以外の寺院や僧侶などを殺略したため、チベット人たちに敵意を抱かせた。

1718 年 9 月、清はジュンガルに対抗するべく第 1 次派遣軍を出したが壊滅し（サルウィン川の戦い）、1720 年、第 2 次派遣軍を進軍させてジュンガル軍を破り、ダライ・ラマ 7 世を擁立した。さらに、富康安、傅爾丹（フルタン）に命じてトルファンに侵攻させた。

当時ツェワンラブタンはロシアとの紛争に忙しく、東部はおろそかになっていたので、

清軍は翌年までにピチャン、ルクチュン、トルファン城を攻め落とし、1722 年にはトルファンに屯田を開き、翌 1723 年には吐魯番漢城を築いた。康熙帝はジュンガル侵攻中の1722 年に病死した。

　1725 年、清とジュンガルは講和し、清軍はバリクルより撤退した。このとき、トルファンのウイグル人はジュンガルを恐れて粛州に移住した。1727 年、ツェワンラブタンは毒殺された。

ガルダンツェリン（在位：1727 年～ 1745 年）

　ツェワンラブタンの子のガルダンツェリンは毒殺の罪で継母を処刑し、その子のロブサンショノを追放すると、ジュンガル部長となってホンタイジの位に就いた。ガルダンツェリンは西方ではカザフ草原やシル川流域，フェルガナ，バダフシャーンに侵攻し、東方では 1731 年にモンゴル高原に侵入してコブドの西で清軍を破り（和通泊の戦い）、ハルハ各地を侵犯した。ジュンガル軍は、翌年再びハルハに侵入したが今度はハルハ軍に大敗した。

　1739 年、ハルハ部とオイラト諸部の間で境界が画定し、お互いアルタイ山脈を越えないことを決めた。これによって、東方の脅威が無くなり、ガルダンツェリンは西方攻略に専念できた。

　ジュンガル帝国はカザフ・ハン国を頻繁に侵攻したので、1740 年カザフ・ハン国はロシア帝国に庇護を求めた。カザフ草原への侵入は阻まれたがジュンガル軍は、タシュケントとトルキスタンを占領し、コーカンド・ハン国のバダフシャン王子をイリに連行した。

ジュンガル帝国の滅亡

　1745 年、ガルダンツェリンが亡くなると、部族連合は分裂状態となった。

　1750 年にガルダンツェリンの息子ラマダルジャー（在位：1750 年～ 1752 年）があとを継いだが、異母兄に幽閉され、1752 年にホイト部長のアムルサナー(20-7)によってバートル・ホンタイジの玄孫のダワチ（在位：1752 年～ 1755 年）が擁立された。しかし、翌年からドルベト部などが清に投降するようになり、1754 年にはダワチと不和になったアムルサナーも清に投降した。

　1755 年、清の乾隆帝はこの機に乗じてジュンガルに大軍を進軍させ、ダワチ（1759 年没）を捕獲しジュンガル帝国を滅ぼした。

　清朝は帰属したオイラトの人々を四部に分け、各部にハンを置こうとした。アムルサナー（在位：1755 年～ 1757年）がこれに不満を抱いて自らホンタイジと称し独立を宣言した。しかし、アムルサナーは清軍の追撃を受けてカザフに逃げ、天然痘を発病して 1757 年トボリスクで死亡した。

　その後もジュンガルの残党は、しばしば清軍を襲撃した。それを掃討する清軍によって天然痘が持ち込まれた結果、オイラトの人口は激減し、特にジュンガルの人々はほぼ全滅した。

20-7 アムルサナー

4，清朝の支配

1759 年、清はジュンガルを平定し、1762 年、天山山脈北部にイリ将軍府を設置し、旗人による軍政を敷き、ウイグル族の住む地域と合わせて、「新しい土地」を意味する新疆と呼んだ。

一方、ムスリム社会の末端行政は、従来からの在地の社会構造がそのまま温存され、在地の有力者に官職を与えて自治を行わせる「ベグ官人制」が敷かれた。このベグ官人制は 1884 年の新疆省まで存続した。

1820 年には、コーカンド・ハン国でアーファーキーヤ（白山党）のジャハーンギールが、清朝による統治に反発し、ホージャ復活を訴え反乱を起こした。息子のワリー・ハンもカシュガルを占領した。

こうしたアーファーキーヤ（白山党）の反乱をうけて、清は東トルキスタン地域に軍 5 万を駐屯させ九つの砦を築いた。これらイリ駐屯軍の財政は、中央政府の助成に依存していた。しかし、1840 年からのアヘン戦争、1850 年から 1864 年にかけての太平天国の乱、1856 年のアロー戦争などのため、中央政府からの助成は見込めなくなった。そこでイリ将軍府は現地税の増税を行ったが、これにより住民は不満を募らせ、西北ムスリム大反乱（回民蜂起）など、多くの反乱を招いた。

清朝は反乱の鎮圧のためにロシア帝国に援助を求めた。ロシアは反乱がロシア国内に波及することを防ぐことを優先し、積極的な援助を行わなかった。情勢はさらに悪化し、1866 年新疆経営の拠点であった恵遠城が陥落してイリ地方は清の支配から離れた。

20-8 ヤクブ・ベク

ヤクブ・ベクの乱

1864 年にはカシュガルでキルギス人と回民が蜂起したが、他の地域ほど成功しなかった。そこでコーカンド・ハンのアリム・クリーに援助を求めた。アリム・クリーは精神的援助としてワリー・ハンの弟でアーファーキーヤ（白山党）のホージャのブズルグ・ホージャを送り、物質的な援助としてヤクブ・ベクをコーカンド・ハン軍とともに派遣した。しかし、ヤクブ・ベクは反乱を起こし政権を奪取した(20-8)。

1865 年、コーカンド・ハンがロシア軍によって滅ぼされると、逃げてきた兵士がヤクブ・ベクに合流した。増強したヤクブ・ベクの軍はカシュガル・ホータンを占領し、ヤクブ・ベクを排除しようとしたブズルグ・ホージャを追放した。さらにスーフィーとして権威を持ち勢力を拡大していたラシッディーン・ホージャを破った。

1867 年にはヤクブ・ベクはバダウレト・ハンと名乗り、政権を樹立した。中央アジア進出をかけて、いわゆる「グレート・ゲーム」をおこなっていた大英帝国とロシア帝国は、英国領インドと南下政策をとるロシアとの緩衝地帯（かんしょうちたい）として、東トルキスタンのヤクブ・ベク政権を承認した。

20-9 左宗棠

清は、左宗棠を欽差大臣に任命し、1876年に出兵して新疆討伐を行った(20-9)。1877年にはヤクブ・ベクは死亡し、その後は白彦虎とヤクブ・ベクの長子ベク・クーリ・ベクが清に対して抵抗を続けたが、両者は敗走しロシアへ逃れた。こうして1878年イリ地方を除く東トルキスタンは再び清の支配下に入った。

　さかのぼって1871年、ロシア帝国はイリ地方を占領したが、1878年、東トルキスタンは清朝によって再征服された。当時ロシアは露土戦争を始めており、清軍の動向に対応できなかった。1879年、清とロシアはクリミア半島のリヴァディア宮殿で十八カ条条約（リヴァディア条約）を調印した。しかし、この条約はイリ西部・南部をロシアに割譲するなど、ロシア側に有利であったため、再度交渉が行われ、露土戦争直後のロシアは清との戦争を避けるため妥協し、1881年イリ条約が締結されて、イリ東部は清に返還された。清はロシアとの国境地帯の東トルキスタンの支配を重視し、1884年に新疆省として清朝内地と同様の行政制度がしかれた。

新疆ウイグル自治区の成立
　1911年の辛亥革命により中華民国が誕生すると、清朝の政治機構は廃止され、漢人の袁大化が新疆都督に任命されたが、イリの反体制秘密結社哥老会の圧力により、政治経験と軍事力を持つ楊増新が新たに省長として実権を握った(20-10)。
　これ以降、漢民族の省主席によって半独立的な領域支配が行われた。楊増新は軍の最高司令官である辺防督弁を兼任し、楊増新の暗殺後に新疆の実権を握った金樹仁も(20-11)、1933年、参謀処長陳中のクーデターで失脚すると、盛世才が辺防督弁として実権を握った(20-12)。
　1936年、盛世才は新疆省入境に査証を義務化し、事実上独立国とした。
　盛世才政権は、当初、省政府の要職にはソ連の支援を受けたムスリム住民の有力者を任命し、政府の各部門にはソ連より派遣された要員を顧問として配置した。しかし、1937年に盛世才はソ連要員を追放して、中国共産党に接近した。1941年の独ソ開戦により、盛世才はソ連に見切りをつけ、反ソ・反共に向かい、国民党の傘下に入ることとなった。しかし、1944年、盛世才は失脚し、中国国民党の呉忠信が省政府主席となった(20-13)。
　この間、1933年と1944年の二度にわたって土着のムスリム

20-10 楊増新

20-11 金樹仁

20-12 盛世才

（イスラム教徒）によって東トルキスタン共和国の建国がなされた(20-14)。

　1949 年に国共内戦が終結すると、アフメトジャン・カスィミらイリの旧共和国系勢力と(20-15)、ブルハンら省政府の国民党系勢力は、それぞれ中国共産党への合流を表明し、新疆省は中国共産党の支配下に入った。

　1955 年には、新疆省に民族区域自治が適用され、新疆ウイグル自治区が成立した。

20-13 呉忠信　　　　20-14 東トルキスタン・イスラム共和国独立宣言　　　　20-15 カスィミ

図版出典

20-1　モグーリスタン・ハン国（1490 年頃）

https://upload.wikimedia.org/wikipedia/commons/1/1c/Chagatai_Khanate_%281490%29.png に加筆

20-2　トゥグルク・ティムール廟

https://upload.wikimedia.org/wikipedia/commons/5/5a/Tughlugh_Timur_Mausoleum_-_exterior.jpg

20-3　ヤルカンド・ハン国　https://upload.wikimedia.org/wikipedia/commons/7/72/Yarkent_Khanate.jpg に加筆

20-4　ジュンガル帝国　　https://upload.wikimedia.org/wikipedia/commons/b/b1/ジュンガル帝国.png に加筆

20-5　仏教寺院エルデニ・ジョー https://ja.wikipedia.org/wiki/ハルハ#/media/File:ErdeneZuuKhiidTemple.jpg

20-6　清・ジュンガル戦争 https://upload.wikimedia.org/wikipedia/commons/b/bb/The_Emperor_at_the_Kherlen_river.jpg

20-7　アムルサナー https://upload.wikimedia.org/wikipedia/commons/2/25/Amursana.jpg

20-8　ヤクブ・ベク https://upload.wikimedia.org/wikipedia/commons/a/ad/Veselovski-1898-Yakub-Bek.jpg

20-9　左宗棠 https://commons.wikimedia.org/wiki/File:Zuo_Zongtang2.jpg

20-10　楊増新 https://commons.wikimedia.org/wiki/File:Yang_Zengxin.jpg

20-11　金樹仁 https://upload.wikimedia.org/wikipedia/commons/9/94/The_Rulers_Chin_Shu-jen_c._1928.jpg

20-12　盛世才 https://commons.wikimedia.org/wiki/File:Sheng_Shi-tsai.jpg

20-13　呉忠信 https://upload.wikimedia.org/wikipedia/commons/0/0b/Wu_Zhongxin.jpg

20-14　東トルキスタン・イスラム共和国独立宣言

https://upload.wikimedia.org/wikipedia/commons/b/b2/Establishment_of_the_Turkish_Islamic_Republic_of_East_Turkistan.png

20-15　カスィミ https://upload.wikimedia.org/wikipedia/commons/f/ff/Ehmetjan_Qasimi.jpg

参考引用文献

『フリー百科事典　ウィキペディア日本語版』2018.10.14「モグーリスタン・ハン国」https://ja.wikipedia.org/wiki/モグーリスタン・ハン国

『フリー百科事典　ウィキペディア日本語版』2018.10.14「ヤルカンド・ハン国」https://ja.wikipedia.org/wiki/ヤルカンド・ハン国

『フリー百科事典　ウィキペディア日本語版』2018.10.14「ジュンガル」https://ja.wikipedia.org/wiki/ヤルカンド・ハン国

『フリー百科事典　ウィキペディア日本語版』2018.10.14「ガルダン・ハーン」https://ja.wikipedia.org/wiki/ガルダン・ハーン

小松久男編 2005『世界各国史 4 中央ユーラシア史』山川出版社

『フリー百科事典　ウィキペディア日本語版』2018.10.14「イリ将軍」https://ja.wikipedia.org/wiki/イリ将軍

『フリー百科事典　ウィキペディア日本語版』2018.10.14「ヤクブ・ベク」https://ja.wikipedia.org/wiki/ヤクブ・ベク

『フリー百科事典　ウィキペディア日本語版』2018.10.14「ヤクブ・ベクの乱」https://ja.wikipedia.org/wiki/ヤクブ・ベクの乱

『フリー百科事典　ウィキペディア日本語版』2018.10.14「新疆ウイグル自治区」https://ja.wikipedia.org/wiki/新疆ウイグル自治区

おわりに

　中央アジアはシルクロードの要所に位置していたがために、大国に翻弄されてきた。かれらは元々遊牧民も多く、国家よりも部族意識が強い人々であるが、現在の国境は大国によって引かれたもので、部族や民族を寸断してしまっている。そのことが多くの禍根を残し、課題を生み出している。さらに地下資源や生産力の違いが経済格差を生み、宗教問題も絡んで、問題をいっそう複雑化している。中央アジアはまさに「世界の縮図」であり、現在の世界の課題を代弁しているかのようである。

　中央アジアに限らず、世界中の複雑に絡み合った問題を解決する端緒は、なかなか見つからない。根気強く、時間をかけて解決方法を模索するしかないように思われる。また解決には当事者だけではなく、世界各国の協力が必要であり、インターネットで結ばれた情報社会の現代では、国家を越えた企業や組織、そして一人ひとりの力も大きな役割を果たすのではないかと思う。

　このように、国際的問題解決のために、今求められているのは「自国を知り、世界を知る」世界人としての視野をもった人々で、彼らを育成する教育の充実こそ最も重要な課題の一つであろう。

　私が中央アジアで、そして日本でやってきた考古学・歴史学・博物館学の教育が、少しでも次世代の人々の役にたってくれたらと思う。

　本書の参考引用文献は各章の終わりに記しているが、私の専門分野以外の部分は『フリー百科事典　ウィキペディア日本語版』2018 年版に負う所が多い。したがって、文章は「ウィキペディアを 2 次利用する」に従った。また、使用図版も『フリー百科事典　ウィキペディア日本語版』2018 年版からのものが多い。これらの使用にあたっては、ウィキペディアコモンズのガイドラインに従った。

参考引用文献

https://ja.wikipedia.org/wiki/Wikipedia:ウィキペディアを引用する

https://ja.wikipedia.org/wiki/Wikipedia:ウィキペディアを二次利用する

https://commons.wikimedia.org/wiki/Commons:ウィキメディア内のコンテンツを外部で再利用する?uselang=ja

第二版　　中央アジアの歴史と考古学
THE HISTORY AND ARCHAEOLOGY OF CENTRAL ASIA　Second Edition

2019年8月29日　　初 版 発 行
2021年2月16日　　第二版発行

著　者　　古庄　浩明

発行所　　株 式 会 社　三 恵 社
〒462-0056 愛知県名古屋市北区中丸町2-24-1
TEL:052(915)5211
FAX:052(915)5019
URL:http://www.sankeisha.com

ISBN978-4-86693-358-0